W0227244

HAYMON verlag

Robert Sedlaczek

Die Tante Jolesch und ihre Zeit

Eine Recherche

In Zusammenarbeit mit
Melita Sedlaczek und Wolfgang Mayr

Wir danken Peter Wrabetz, dass er uns angehalten hat,
dieses Buch zu schreiben.

Ein besonderer Dank gilt auch David Axmann, Jindrich Foltin,
Georg Gaugusch und Julius Müller für die Unterstützung
bei der Recherche und für zahlreiche wertvolle Hinweise.

Auflage:
4 3 2 1
2016 2015 2014 2013

HAYMON verlag
Innsbruck-Wien
www.haymonverlag.at

ISBN 978-3-7099-7069-0

Umschlag- und Buchgestaltung:
hœretzeder grafische gestaltung, Scheffau/Tirol
Umschlagfoto: Georg Eisler: „Im Kaffeehaus“. Mit freundlicher Genehmigung der Georg und Alice Eisler Stiftung, Wien.

Gedruckt auf umweltfreundlichem,
chlor- und säurefrei gebleichtem Papier.

Inhalt

Der Zufall ist der größte nicht kalkulierbare Faktor

Wer will behaupten, dass Abendgesellschaften vergeudete Zeit wären? Bei einer solchen, es muss irgendwann im Jahr 2002 gewesen sein, kam ich mit dem Wiener Rechtsanwalt Dr. Peter Wrabetz ins Gespräch. Ich kannte seinen Sohn, dieser war damals ein erfolgreicher Manager in der verstaatlichten Industrie. Ich war zu diesem Zeitpunkt bald 15 Jahre lang Geschäftsführer eines großen Verlages, Abendgesellschaften gehörten zu meinem Berufsalltag.

Wir sprachen damals vor allem über unsere Hobbys. Dr. Wrabetz erzählte mir, dass er gerade das Buch *Österreichische Rechtsanwälte in Vergangenheit und Gegenwart* herausgebracht hatte. Bei seinen Recherchen habe ihn eine Biografie besonders interessiert, jene des Rechtsanwalts Dr. Hugo Sperber: „Sie kennen ihn wahrscheinlich aus Friedrich Torbergs *Die Tante Jolesch*."

Natürlich kannte ich ihn aus diesem Buch.

„Ich habe viele Details seines Lebens rekonstruiert. Nur eines ist mir nicht geglückt: Ich konnte kein Foto auftreiben. Wir wissen nicht, wie Hugo Sperber ausgesehen hat."

Ich freute mich, bei dieser Frage dagegenhalten zu können: „Aber *ich* weiß, wie Dr. Sperber ausgesehen hat! Es ist mir gelungen, ein Foto aufzutreiben, aber aus einer ganz anderen Motivation. Gemeinsam mit meinem Freund Wolfgang Mayr, Chefredakteur der Austria Presse Agentur, habe ich das *Große Tarockbuch* herausgebracht. Wir recherchierten damals, welche berühmten Persönlichkeiten Tarock gespielt haben – Mozart, Strauß und Freud, aber auch der Schriftsteller Leo Perutz. Über ihn sind wir zu Hugo Sperber gekommen. Die beiden haben in Kaffeehäusern häufig Karten gespielt, oft auch in Perutz' Wohnung. Viele Anekdoten aus dem Milieu der Kaffeehausspieler gehen auf diese Runde zurück."

Dann lenkte jemand das Tischgespräch in andere Bahnen. Wie selbstverständlich versicherten wir einander beim Abschied, in Kontakt zu bleiben, doch unsere guten Vorsätze verliefen im Sand.

Im Herbst 2011, ein knappes Jahrzehnt später, sah ich zufällig im Internet, dass Dr. Peter Wrabetz im *Österreichischen Anwaltsblatt* einen Aufruf mit dem Titel „Wer kannte Dr. Hugo Sperber?" veröffentlicht hatte, und las den Artikel sofort online. Dr. Wrabetz schilderte auf mehreren Seiten, was er „über diese ungewöhnliche Anwaltspersönlichkeit, die durch Legenden und Anekdoten präsent bleibt", herausgefunden hatte. Er schloss mit der Frage: „Wer kannte Dr. Hugo Sperber wirklich? Zuschriften erbeten an ..."

Jetzt tat es mir leid, dass ich Dr. Peter Wrabetz nicht kontaktiert hatte. Hugo Sperber hätte ursprünglich Bruno Kreisky verteidigen sollen, als dieser im März 1936 im sogenannten „Sozialistenprozess" unter Anklage stand. Dr. Peter Wrabetz schreibt in diesem Artikel, dass ihm Bruno Kreisky ausführlich erklärt habe, warum er damals nicht von Hugo Sperber verteidigt werden wollte.

Meist bereut man ja nicht Dinge, die man getan hat, sondern Dinge, die man versäumt hat. Drei Jahre lang hatte ich für Bundeskanzler Bruno Kreisky gearbeitet, war damals sein jüngster Sekretär. Leider war ich nie auf die Idee gekommen, ihn nach Hugo Sperber zu fragen.

Hoch motiviert wollte ich auf der Stelle Dr. Peter Wrabetz kontaktieren. Allerdings war er inzwischen in Pension gegangen, im Telefonbuch war er nicht zu finden. Also bat ich Alexander Wrabetz per E-Mail, sein Vater möge mich in Sachen Hugo Sperber anrufen. Einen Tag später kam der Rückruf und wir verabredeten uns zu einem Gespräch im Café Tirolerhof.

Ich treffe Wolfgang Mayr vor der Wiener Staatsoper und gehe mit ihm durch die Operngasse zum Albertinaplatz, vorbei an Alfred Hrdlickas „Mahnmal gegen Krieg und Faschismus", wo mich der „kniende und straßenwaschende Jude" jedes Mal aufs Neue berührt.

Im Kaffeehaus eingetroffen, präsentieren wir unserem Gesprächspartner ganz stolz das Foto Hugo Sperbers in unserem Tarockbuch. Peter Wrabetz ist überrascht: „So habe ich ihn mir nicht vorgestellt. Friedrich Torberg hat für den ORF *Die Tante Jolesch* als Spielfilm gestaltet. Der Schauspieler, der den Dr. Hugo Sperber dargestellt hat, sah ganz anders aus."

Ich frage, wie das Gespräch mit Bruno Kreisky verlaufen sei.

„Bei einem Empfang am Ballhausplatz im Rahmen des Österreichischen Anwaltstages 1979 habe ich Bruno Kreisky erzählt, dass ich Leute suche, die Hugo Sperber wirklich gekannt haben. Darauf sagte Kreisky: ‚Wissen Sie, *ich* habe den Dr. Sperber wirklich gekannt. Und ich kann Ihnen sagen, der Torberg hat die meisten dieser Anekdoten von mir.'“

Dr. Peter Wrabetz zeigt uns eine dicke blaue Mappe mit Unterlagen über Sperber und erzählt, wo er überall recherchiert hat: in den Archiven der Rechtsanwaltskammer, im Kriegsarchiv, im Dokumentationsarchiv des österreichischen Widerstandes, im Jüdischen Museum und, und, und. Seine Umfrage im *Anwaltsblatt* hatte neue Erkenntnisse gebracht. Hugo Sperber hat zwei Bücher geschrieben: *Todesgedanke und Lebensgestaltung* und *Die Lüge im Strafrecht*. Beide Bücher weisen Sperber als einen Anhänger der Individualpsychologie Alfred Adlers aus. In der blauen Mappe, die uns Dr. Wrabetz übergibt, befinden sich Fotokopien beider Werke.

„Warum machen nicht *Sie* ein Buch daraus?“, frage ich Dr. Wrabetz.

„Ich werde bald achtzig und bin gerade dabei, meine Lebenserinnerungen niederzuschreiben.“

„Machen wir es doch gemeinsam!“

„Nein. Aber ich gebe Ihnen gerne diese Unterlagen. Wenn Sie daraus ein Buch machen wollen ... Erwähnen Sie halt, dass Sie die Sachen von mir haben.“

Wir bedanken uns höflich und beginnen zu überlegen.

Es wäre eine reizvolle Aufgabe. In dem Buch *Die Tante Jolesch* ist dem Rechtsanwalt Dr. Hugo Sperber ein ganzes Kapitel gewidmet: „Räuber, Mörder, Kindsverderber, gehen nur zu Dr. Sperber“, außerdem spielt er eine Nebenrolle in dem Kapitel „Kaffeehaus ist überall“. Im zweiten Band *Die Erben der Tante Jolesch* werden Ergänzungen nachgeliefert. Torberg würdigte ihn als „der Anekdote liebstes Kind nach Franz Molnár“.[1]

Vielleicht können wir auch das Rätsel um „die Tante Jolesch“ lösen. Hat sie wirklich existiert? Oder ist sie eine erfundene Figur, in die der Schriftsteller Torberg gängige Anekdoten hineinprojiziert hat? Ich erinnerte mich vage an einen Artikel im *Kurier*. Hat es den Neffen Franzl und die Lieblingsnichte Louise wirklich gegeben? Wieso wissen wir so wenig über diese Familie?

Wir müssen uns auf das Feld der Genealogie begeben. Die Familiengeschichtsforschung, volkstümlich Ahnenforschung genannt, ist eine historische Hilfswissenschaft. Durch den „Ariernachweis“ oder „Arierschein“ in der Zeit des Nationalsozialismus war die Genealogie diskreditiert. Beamte, Ärzte, Juristen, Wissenschaftler mussten in einer beglaubigten Ahnentafel eine „rein arische Abstammung“ nachweisen. Auch für die Aufnahme in die NSDAP sowie in viele Berufsverbände war ein „Ariernachweis“ Voraussetzung.

Der „Ariernachweis“ war ein Mittel zur Ausgrenzung der „Nichtarier“, vor allem der Juden. Wer keinen „Ariernachweis“ erbringen konnte, verlor seine Bürgerrechte. Die letzte Konsequenz war die Deportation in ein Konzentrationslager, Stätte des industriellen Massenmordes. Rund sechs Millionen Juden sind in der Shoah ums Leben gekommen.

Erst seit wenigen Jahrzehnten erfreut sich die Familiengeschichtsforschung wieder einer großen Beliebtheit, ausgehend von den Vereinigten Staaten. Viele Menschen wollen wissen, wer ihre Ahnen sind. Sie betreiben Ahnenforschung als Hobby, nicht aus Schutz vor Diskriminierung.

Nachdenklich gehen wir nach Hause. Wir wissen, uns steht eine Menge Arbeit bevor. Es wird nicht so einfach sein, Hugo Sperber und die Mitglieder der Familie Jolesch wieder zum Leben zu erwecken. Fast jeder kennt *Die Tante Jolesch* und viele kennen *Die Erben der Tante Jolesch*. Sie haben die Bücher gelesen und zitieren daraus. Aber was wissen wir über die Schöpfer der Zitate und ihr Leben in einer so unruhigen Zeit? Wir müssen Torbergs Bücher neu lesen und schauen, was zwischen den Zeilen steht. Da Torberg eine umfangreiche Korrespondenz hinterlassen hat, werden wir auch seinen Nachlass in den Bibliotheken durchforsten.

Ausgangspunkt für unsere Recherche ist Hugo Sperber. Sein Leben umspannte die letzten Jahre der Monarchie, die Zeit des Ersten Weltkriegs, die Ausrufung der Republik, die Ausschaltung des Parlaments durch Engelbert Dollfuß, die Februarkämpfe, der „Ständestaat“ samt dem Verbot der politischen Parteien, letztlich die Auslöschung Österreichs durch den „Anschluss“ an Hitler-Deutschland.

Die Tante Jolesch ist ebenfalls in diese Zeit hineingeboren, nur ist sie laut Torberg bereits 1932 in Wien im Kreise ihrer Familie gestorben. Der „Ständestaat" und die Nazi-Herrschaft blieben ihr erspart. Ob die anderen Mitglieder der Familie Jolesch die Shoah, die Massenvernichtung der Juden unter der nationalsozialistischen Herrschaft, überlebt haben? Was ist aus der Lieblingsnichte Louise geworden? Wir nehmen uns vor, so viel wie möglich über die Mitglieder dieser Familie herauszufinden. In Form einer Reportage werden wir in diesem Buch über unsere Recherche berichten und Ihnen die Möglichkeit geben, uns über die Schulter zu schauen.

Wenn wir uns mit dem Rechtsanwalt Hugo Sperber und mit den Mitgliedern der Familie Jolesch beschäftigen, kommen wir um eine Frage nicht herum: Vermitteln Anekdoten Realität? Können Personen, über die wir sonst nichts wissen, in Anekdoten lebensecht abgebildet werden? Die Antwort auf diese Frage soll ein wenig auf sich warten lassen.

Der Mann mit dem Franz-Hals-Gesicht

Unsere Suche beginnt also im Café Tirolerhof. Wir sitzen Rechtsanwalt Dr. Peter Wrabetz im Raucherzimmer des Cafés gegenüber. Die Rauchschwaden, Torberg möge mir verzeihen, sind für Nichtraucher ein Härtetest. Dr. Wrabetz fühlt sich hier sichtlich wohl, er zündet sich elegant eine „Smart export" nach der anderen an und legt die von ihm gesammelten Dokumente auf die Marmorplatte des Kaffeehaustisches.

Hugo Sperber wurde am 26. November 1885 in Wien 2, Wallensteinstraße 34 geboren, als Sohn des Fabrikanten Jacob Sperber und der Ottilia (Etelka) Sperber, geborene Sommer. So steht es in der Geburtsurkunde, die uns als Kopie vorliegt. In Torbergs Anekdotenband *Die Tante Jolesch* erfahren wir, dass Jacob Sperber aus Mähren stammte, „wo die deutschen, slawischen, magyarischen und jüdischen Elemente der alten Monarchie eine besonders fruchtbare Mischung eingegangen waren." [2] Hugo Sperber war übrigens mit dem aus Galizien stammenden Schriftsteller und Philosophen Manès Sperber nicht verwandt, dürfte ihn aber gekannt haben.

Hugo Sperbers Vater starb im Dezember 1895, der Bub war zu diesem Zeitpunkt erst zehn Jahre alt.

„Wie in solchen Fällen üblich, übernahm ein naher Verwandter die Vormundschaft", erklärt uns Wrabetz. „Sperbers Mutter Ottilia hatte eine Schwester, die auf den Vornamen Aranka hörte. Diese war mit dem wohlhabenden Generaldirektor Georg Lewy verheiratet. Es lag also auf der Hand, dass er es war, der gebeten wurde, die Vormundschaft für den Buben zu übernehmen." Hugo Sperber kam so in die Obhut seines Onkels – genauer: des Ehemanns seiner Tante.

Er legte in Baden die Matura ab und inskribierte dann an der Universität Wien Jus, vom Wintersemester 1904/05 bis zum Sommersemester 1908. Zu dieser Zeit lehrte die Crème de la Crème der österreichischen Rechtswissenschaft an der Universität. Sperber absolvierte das Studium innerhalb kürzester Zeit und promovierte am 22. Dezember 1909 zum Doktor der Jurisprudenz.

Dr. Wrabetz hat auch im Archiv der Universität Wien recherchiert. Dort ist der Absolvent als „Hugo J. Sperber" mit folgendem Hinweis vermerkt: „... so in den Nationalien, Unterschrift im Promotionsprotokoll ohne ‚J.'". Als Konfession ist „jüdisch" angegeben.

Sperber hörte auch Vorlesungen in den Fächern Geschichte, Kunstgeschichte, Klassische Philologie und Philosophie. Außerdem geht aus den Aufzeichnungen des Kriegsarchivs hervor, dass Sperber Englisch, Französisch und Italienisch beherrschte.

In der Liste der Advokatskonzipienten ist die Seite über Hugo Sperber erhalten geblieben. Sperber machte Gerichtspraxis beim Landesgericht für Strafsachen, beim Landesgericht für Zivilrechtssachen und beim Handelsgericht, dann Anwaltspraxis bei Alfred Schlesinger und vier weiteren Advokaten. Irgendwann im Jahr 1913 wurde Hugo Sperber in die Verteidigerliste eingetragen, am 16. Mai jenes Jahres legte er die Advokatenprüfung ab. Dann machte er bis zum Beginn seiner Kriegsdienstleistung am 16. August 1915 Praxis bei zwei weiteren Anwälten.

Dr. Wrabetz nahm auch in das „Hauptgrundbuchblatt" des k. u. k. Feldjägerbataillons Nr. 25 Einsicht. Aus diesem erfahren wir, dass Sperber 1906 bei der Assentierung (= Musterung) 176 cm groß war. Haare schwarz, Augen braun, Augenbrauen schwarz, Nase kurz, Kinn und Gesicht rund, Schuhgröße 13 (entspricht vermutlich heutiger Schuhgröße 47). Unter „etwaige Gebrechen" wird auf eine Sehschwäche auf beiden Augen verwiesen.

Franz Elbogen, Egon Dietrichstein und Hugo Sperber (von links nach rechts), Wien, ca. 1912

Nun zeigen wir Dr. Wrabetz das Foto: „Neben Sperber sind Franz Elbogen und Egon Dietrichstein abgebildet. Mit ihnen spielte Sperber Tarock, in Kaffeehäusern und in der Wohnung des Schriftstellers Leo Perutz."

Sperber trägt auf dem Bild einen hellen, leicht zerknitterten Anzug mit Gilet. Warum sich die drei zu diesem Fototermin gesellt haben und was sie mit diesem Bild bezwecken wollten, wissen wir nicht.

Elbogen und Dietrichstein sind ebenfalls Figuren in Friedrich Torbergs *Die Tante Jolesch*. Dr. Franz Elbogen war laut Torberg „ein Bohemien reinsten Wassers und wohlhabender Herkunft". Er war außerdem „als Vortragender seiner eigenen Couplets ein beliebter Stammgast der ‚Reiss Bar', wo sich Wiens arrivierte Künstler mit ihren Bewunderern trafen."[3]

Egon Dietrichstein, vorne im Bild sitzend, wird von Torberg in *Die Erben der Tante Jolesch* so charakterisiert: „Er hatte vor dem Ersten Weltkrieg einige journalistische und literarische Erfolge, die freilich an seiner schon damals unheilbaren Schnorrer-Existenz nichts änderten. Später ging's mit ihm immer tiefer bergab, sein Talent verkümmerte, niemand druckte ihn ..."[4]

Rechtsanwalt
Dr. Hugo Sperber

Eines seiner späteren Bücher, *Bocksprünge des Lebens*, ist im Jahr 1936 im Europäischen Verlag erschienen. Dieser brachte meist Kleinstauflagen auf Kosten des Autors heraus, der Autor musste Subskriptionen bzw. Abnehmer in seinem Bekanntenkreis finden.

„Diese drei sind also auf dem Foto zu sehen: Elbogen, Dietrichstein und Sperber", sage ich stolz zu meinem rauchenden Gesprächspartner. Wir sehen uns Hugo Sperber genauer an ...

... und lesen dann, was Friedrich Torberg über sein Aussehen schreibt: „Äußerlich glich er am ehesten einem jüdischen Verwandten Franz Schuberts, zumindest wenn er saß und wenn sein massiver, schwarz-lockiger Schädel mit dem von Koteletten eingefaßten Gesicht ihm zu kurzem Nickerchen auf die Brust gesunken war. (...) Übertriebene Körperpflege war seine Sache nicht, das keineswegs saubere Vorhemd sprang ihm bei jeder Gelegenheit aus der von Zigarettenasche bedeckten Weste, auch mit dem Rasieren nahm er's nicht genau – Eitelkeit, kurzum, lag ihm in jeder Hinsicht fern." [5]

Nimmt man an, dass sich Hugo Sperber bei der Aufnahme im Fotostudio mit seinem schönsten und saubersten Anzug ausstaffiert hat, so lässt sich die Fotografie mit Torbergs Beschreibung in Einklang bringen. Hinzu kommt, dass Sperber offensichtlich ein Junggeselle war. Es fehlte die ordnende Hand einer Frau oder einer Lebensgefährtin, niemand hat ihn angehalten, sich um sein Äußeres und seine Bekleidung zu kümmern.

Im Nachlass von Leo Perutz findet sich ein Gedicht Dietrichsteins über Hugo Sperber. Dort heißt es, dass Sperber ein Franz-Hals-Gesicht gehabt habe – offensichtlich eine Anspielung auf den holländischen Maler Franz Hals (eigentlich Frans Hals), der oft Menschen mit großen runden Köpfen gezeichnet hat. Dass solche Menschen meist auch einen dicken Hals haben, wird in dem Ausdruck wohl mitschwingen.

Hanni Forester: Ich habe als Kind Hugo Sperber gekannt

Vor mehr als zehn Jahren hatte Wolfgang das Foto mit den drei prominenten Tarockspielern in einem Katalog zu einer Ausstellung der Deutschen Bibliothek Frankfurt am Main gefunden – der Titel der Ausstellung lautete: *Leo Perutz 1882 –1957.* Das Foto trug den Vermerk „Leihgabe Hanni Forester, San Francisco, entstanden vermutlich um 1912." Ich hatte ihre Telefonnummer in einem Internetverzeichnis gefunden und die Abdruckgenehmigung eingeholt.

Bevor ich Hanni Forester nach so langer Zeit wieder kontaktiere, will ich mir vergegenwärtigen, wer sie ist. Die Germanistin Alexandra Kleinlercher, Autorin des Buches *Zwischen Wahrheit und Dichtung. Antisemitismus und Nationalsozialismus bei Heimito von Doderer* ist mir dabei eine große Hilfe. Die Brüder Paul und Franz Elbogen werden ja in Torbergs *Die Tante Jolesch* oft zitiert. Der Vater der beiden war der Rechtsanwalt Dr. Friedrich Elbogen. Seine Enkelin, Hanni Forester ist die Tochter von Franz Elbogen.

Franz Elbogen wurde nach dem Einmarsch der Hitler-Truppen ins Konzentrationslager Dachau deportiert und nach Intervention des damaligen US-Botschafters in Paris, William C. Bullitt, freigelassen. Der Dirigent Eugene Ormandy, ein Onkel Hanni Foresters, stellte die Affidavits zur Einreise in die USA zur Verfügung. Dabei handelt es sich um eine eidesstattliche Versicherung, mit der sich ein Verwandter oder Bekannter verpflichtet, notfalls für den Unterhalt eines Einwanderers aufzukommen. Franz Elbogen konnte allerdings sein Leben in Freiheit nicht lange genießen. Er starb 1943 im Alter von 53 Jahren an Krebs.

Sein Bruder Paul Elbogen war Schriftsteller, Journalist und Herausgeber auflagenstarker Anthologien wie *Liebste Mutter. Briefe berühmter Söhne an ihre Mütter.* Nach dem „Anschluss“ emigrierte er mit seiner Frau Hermine, genannt Minnerl, über Italien und Frankreich in die USA. Sie lebten zunächst in Hollywood, dann in San Francisco. Paul Elbogen und seine Frau kamen 1987 bei einem Autounfall in Kanada ums Leben. Paul Elbogen war ein enger Freund Heimito von Doderers, wenngleich diese Freundschaft auch ihre Kanten hatte.

Auf Anraten von Alexandra Kleinlercher kommuniziere ich mit Hanni Forester per E-Mail. Bald merke ich, dass ihr Deutsch noch immer erstaunlich gut ist. Wenn sie das Gefühl hat, nicht das richtige Wort zu finden, wechselt sie ins Englische.

Haben Sie Hugo Sperber persönlich gekannt?

Ich habe ihn einige Male gesehen, war aber damals ein Kind und mir waren alle diese Freunde meines Vaters ziemlich fremd. They were an odd bunch of people!

Sind Ihnen auch Dietrichstein und Perutz begegnet?

Ja, die beiden waren öfters bei uns zu Hause, Dietrichstein meistens zu Weihnachten.

Stimmt es, dass er immer so nachlässig gekleidet war?

Zu Weihnachten war Dietrichstein sauber und halbwegs gut angezogen. Meine Mutter hat darauf Wert gelegt! Perutz kam öfters und sprach mit meinem Vater über seine Bücher.

Ihr Vater wurde nach Dachau deportiert ...

Er kam nach einigen Monaten mit amerikanischer Hilfe aus dem Lager heraus und zurück zu meiner Mutter, die in Wien in einer Pension auf ihn wartete. Die Wohnung war ‚arisiert‘ worden, wie man damals sagte. Durch ein Affidavit von Eugene Ormandy konnten sie nach Amerika kommen.

Was war Ihr Vater von Beruf?

Er war Geschäftsführer in der Firma seines ersten Schwiegervaters. Die besaßen ein Talkumbergwerk in der Steiermark. Wenn ich mich richtig erinnere in Feistritz bei Anger. Ich durfte als Kind einmal mitfahren. Dort gab es riesige Talkvorkommen. Sie mussten die ‚Arisierung‘ des Unternehmens abwarten, erst dann durften sie Österreich verlassen.

Kennen Sie Friedrich Torbergs Die Tante Jolesch?

Selbstverständlich. Meine Mutter Mady Elbogen – sie hieß zwar Julia, aber alle nannten sie Mady oder Mädy – hat das Buch von einer Freundin aus England bekommen. Ich erinnere mich, dass meine Mutter oft mit Freunden darüber gesprochen hat.

Darf ich Sie fragen, wie alt Sie waren, als Sie Österreich verlassen mussten?

Ich bin am 22. 2. 1922 geboren, mein Geburtsdatum kann sich jeder leicht merken. Ich war also damals 16 Jahre alt.

Wie sind Sie nach Amerika gekommen?

Meine Schwester Mariedi, ihr Mann und ihr kleines Kind konnten im Mai 1938 ausreisen. Ich bin im Juni mit meiner Großmutter herausgekommen. Das alles ist sehr deprimierend und ich versuche so wenig wie möglich an diese Zeit zurückzudenken.

Ich verstehe das. Haben Sie jemals daran gedacht, nach Österreich zurückzukehren?

The few times I had to go to Vienna, partly on business and once to show my grandchildren where we grew up, I never had the feeling that I was very welcomed there.

Das hört man oft. Ich bin zu jung, habe die unmittelbare Nachkriegszeit nicht erlebt, aber ich bin sicher, Sie haben mit Ihrer Einschätzung recht.

Ich fürchte, der Antisemitismus ist in Österreich nach wie vor sehr stark.

Wir Österreicher haben uns lange um die Aufarbeitung der Vergangenheit herumgedrückt. Erst die Affäre Waldheim und die damit verbundene Diskussion hat zu einem Umdenken geführt. Es war dann Bundeskanzler Franz Vranitzky, der 1991 im Nationalrat erstmals eine Mitverantwortung von Österreichern an den Naziverbrechen einbekannte. Haben Sie noch Verbindungen zu Wien und zu Wienern?

Next month I expect the visit of Viennese friends whose father was the Austrian ambassador in Washington, DC in the 40s or 50s, and they come ‚beladen mit Pischinger Tortelettes'. So I haven't gotten Vienna out of my blood yet! I am now reading Eric Kandel's (the Nobel winning scientist's) wonderful book on his childhood in Vienna, and all about Vienna's intellectual milieu from 1900 to the 1930s. How times have changed!

Franz Elbogen in seiner Wiener Wohnung in den 1930er Jahren

Später blättere ich in Paul Elbogens posthum erschienenem Erinnerungsbuch *Der Flug auf dem Fleckerlteppich*. Hier wird einer jener Vorfälle beschrieben, an die Hanni Forester nicht zurückdenken sollte. „Mein Bruder [Franz], lockenhaarig, stumpfnäsig und kugelrund, wurde von reinrassigen Armbindenträgern – obwohl er aussah wie ein italienischer ‚Krawattltenor' – nach drei Tagen auf der Straße befragt, ob er Jude sei, was er nicht leugnete. Worauf sie es für nötig hielten, von ihm und anderen das reinigungsbedürftige Tegetthoffdenkmal abwaschen zu lassen. Er durfte nach zehn Minuten unter Gelächter der Zuschauer heimkehren.“ [6]

Die wilde Zeit nach dem Untergang der Monarchie

Ich habe die Basisliteratur auf einem Tisch im Wohnzimmer zu einem kleinen Berg gestapelt. Dort liegen die verschiedenen Ausgaben von *Die Tante Jolesch* und *Die Erben der Tante Jolesch*, einige Bände mit

Torberg-Briefen, Sekundärliteratur über den Autor, aber auch Bücher von und über Leo Perutz, Alfred Adler, Bruno Kreisky etc.

Zu meinen eigenen Beständen gesellen sich im Laufe der Zeit eine Unmenge an Büchern, die Wolfgang beisteuert, wobei er die relevanten Stellen mit kleinen gelben Klebezetteln markiert. Aus dem Taschenbuch „Leo Perutz 1882–1957“, dem Begleitwerk zu einer Ausstellung der Deutschen Bibliothek in Frankfurt am Main, ragen besonders viele Zettel hervor. Dort findet sich jenes Foto, das Hugo Sperber mit Franz Elbogen und Egon Dietrichstein zeigt,[7] gefolgt von einem Spottgedicht Dietrichsteins über Hugo Sperber. An anderer Stelle wird auf eine Broschüre mit dem Titel *Dietrichstein in allen Lebenslagen* hingewiesen [8]; sie liegt in Frankfurt am Main im Perutz-Nachlass.

Sperber hat in der Zeit vor dem Ersten Weltkrieg seine Freizeit hauptsächlich im Café Museum und im Café Central verbracht – mit Leo Perutz und Franz Elbogen. Im Jahr 1918 wechselte die Gruppe ins Café Herrenhof. Hier verkehrten auch die Schriftsteller Richard A. Bermann, Egon Erwin Kisch, Paul Kisch, Anton Kuh, Ernst Weiß und Franz Werfel. [9]

Als im November 1918 die Monarchie unterging und die kommunistischen Rotgardisten, darunter Egon Erwin Kisch, mit einigen operettenhaften Aktionen versuchten, die Macht zu übernehmen, kam Sperber öfter in die Wohnung von Leo Perutz, wo dann lautstark diskutiert und politisiert wurde. Am 4. Dezember notierte Perutz in sein Tagebuch: „Abend große Sitzung bei mir, Sperber, Werfel, Otto Pohl, Dietrichstein, [Egon Erwin] Kisch und ein anderer roter Gardist. (...) Sperber sprach ausgezeichnet über das Wesen des Arbeiters. Dann bald Debatte über die Taktik des Sozialismus. Die Nachbarn kamen und beschwerten sich.“ [10] Am 13. Jänner 1919 schrieb Perutz: „Sperber, Kisch, Dietrichstein bei mir. Kisch und Dietrichstein rauften. Sehr lustig.“ [11]

Egon Dietrichstein und Egon Kisch kannten einander gut, waren aber alles andere als Freunde. Dietrichstein hatte in den Umbruchtagen des November 1918 im *Neuen Wiener Journal* einige Zeitungsbeiträge über Egon Kisch verfasst. Was aufs Erste wie eine Würdigung aussah, entpuppte sich bei genauerem Hinsehen als Häme. Kisch sei „ein Journalist der alten Schule, der nicht nur schreibt, sondern auch sieht, der nicht nur über die Ereignisse berichtet, sondern sie erzeugt." Er bezeichnete Kisch als „Abenteurer und Detektiv, Weltreisender und Sensationsjäger in allen geographischen und sozialen Revieren, der das Leben als Jules Verneschen Phantasieroman sieht und seine Geheimnisse und Utopien als Tatsachenrealitäten in Zeitungsspalten zur Strecke bringen will".

Kisch bewertete in diesen dramatischen Tagen in der Zeitung *Der Freie Arbeiter* den Umstand, dass „Herr Egon Dietrichstein am Samstag kam, um Informationen für ein Feuilleton über uns zu holen" ironischerweise als ein gutes Zeichen: „Wir hatten uns durchgesetzt."

Sperber war bereits 1903 der Sozialdemokratischen Partei beigetreten, Perutz galt zum Zeitpunkt dieser Tagebucheintragung zwar als Anhänger der Sozialdemokratie, war aber kein Parteimitglied. Perutz schrieb Artikel, die ungezeichnet in der *Arbeiter-Zeitung* erschienen, außerdem beteiligte er sich an der Abfassung einer Broschüre über die Willkür der Militärjustiz im Ersten Weltkrieg: „In den vier Kriegsjahren wurden hundertmal mehr Personen hingerichtet als in der ganzen nahezu dreißigjährigen Periode von 1885 bis zum Kriegsausbruch." [12] Der Text kulminiert in einem Wahlaufruf für die Sozialdemokratie.

Sperbers berufliche Tätigkeit zur damaligen Zeit ist nur bruchstückhaft bekannt. Er dürfte vor dem Krieg die Bemühungen des Straf-, Staats- und Völkerrechtlers Heinrich Lammasch (1853–1920) um ein neues Strafrecht genau beobachtet haben. Lammaschs Entwurf wurde allerdings nicht Gesetz, womit das alte Strafrecht aus dem Jahr 1803 weiter in Kraft blieb.

Lammasch war der letzte k.k. Ministerpräsident Altösterreichs – und zwar rund zwei Wochen lang im Oktober/November 1918. Der überzeugte Pazifist gehörte zu den bedeutendsten Befürwortern der politischen Neutralität Österreichs. Während allgemein eine Vereinigung Österreichs mit Deutschland gefordert wurde – auch von den Sozialdemokraten, denn diese erwarteten sich einen Vorteil durch einen Zusammenschluss mit der viel stärkeren deutschen Sozialdemokratie – trat Lammasch für einen neutralen Pufferstaat Österreich ein.

Im Internet finden wir einen Aufsatz des Germanisten Murray G. Hall mit dem Titel *Der unbekannte Tausendsassa* – gemeint ist der

Schriftsteller, Journalist und Übersetzer Franz Blei, im Übrigen auch ein enger Freund Robert Musils.

Als sich Blei in einem Ehrenbeleidigungsprozess gegen die Anwürfe eines gewissen Georg Bittner zur Wehr setzen wollte, war Hugo Sperber sein Verteidiger. Bittner hatte Blei in Zeitungsartikeln als einen Gesinnungslumpen dargestellt, als einen, der gleichzeitig oder abwechselnd Rotgardist, Katholik, Sozialdemokrat und Kapitalist gewesen sei.

Obwohl in dieser Justizgroteske zahlreiche Zeugen zugunsten von Blei aussagten, darunter auch Adolf Loos, führte das Verfahren nicht zu einer Verurteilung Bittners. Blei meldete nach wenigen Tagen gegen das Urteil des Geschworenengerichts Nichtigkeitsbeschwerde an, doch verfolgte er den Fall später nicht weiter, weil er nach München übersiedelte.

Auf dem Bücherberg liegt auch die Kopie der Broschüre *Dietrichstein in allen Lebenslagen*, laut Untertitel ein „Authentischer Text seiner Aussprüche, zur Erbauung seiner Gemeinde kodifiziert von seinen Bewunderern." Sie hat 16 Seiten, ist aber nicht in billiger Hektographie hergestellt, sondern im wesentlich teureren Druckverfahren. Offensichtlich war sie die Attraktion auf einer Silvesterfeier 1918/19, vermutlich in der Wohnung von Franz Elbogen. Sperber, Perutz und Elbogen dürften die Verfasser gewesen sein.

Die Broschüre legt den Schluss nahe, dass in diesem Kreis damals nicht nur heftig politisiert, sondern auch ausgelassen gefeiert wurde. Die 21 Dialoge unterschiedlicher Güte haben durchwegs einen anekdotischen Charakter. Als Friedrich Torberg Mitte der 1970er Jahre *Die Tante Jolesch* verfasst, hat er die zu Silvester 1918/19 erschienene Broschüre offensichtlich nicht bei der Hand.

Hugo Sperber kommt in ihr nur in einem einzigen Beitrag vor; dieser ist mit *Dietrichstein in der Sommernacht* betitelt und beginnt mit einer Art Regieanweisung: „Mondüberglänzter Wiesengrund. Nachtigallen schlagen, Grillen zirpen, Bäume rauschen usw."

Sperber: Dietrichstein!! Bei diesem Mond beschwör' ich Sie! Haben Sie schon jemals ein Weib geliebt?

Dietrichstein: Haben Sie keine anderen Sorgen?! Wenn lieber Alpine [Aktien] steigen würden!

Der kurze Monolog *Dietrichstein auf Freiersfüßen* ist eine Anspielung auf Dietrichsteins Schnorrertum:

Dietrichstein: Glaubst Du nicht, ich sollte die Nina Kuh [die Schwester von Anton Kuh] heiraten? Sie ist magenkrank. Sie ißt wenig. Ich würde viel Geld ersparen. – Allerdings, da müßte man wieder den Arzt bezahlen ...

Ein Kavalier ... Herr Dietrichstein soll zeigen, dass Dietrichstein auch bei Trinkgeldern knausrig war:

Dietrichstein (beim Zahlen im ‚Central'): Da haben Sie einen Kreuzer Trinkgeld, der andere ist mir auf den Boden gefallen.

Subtiler ist ein Gespräch zwischen Dietrichstein und Anton Kuh:

Dietrichstein: Jetzt werden Sie zerspringen, Kuh. Das Weihnachtsfeuilleton von Ludwig Bauer ist in dreißig Zeitungen nachgedruckt worden.

Kuh: Warum soll ich deswegen zerspringen? Ich bin doch kein Dietrichstein!

Dietrichstein: Sie sind ein Dietrichstein!!

In dem Dialog *Dietrichstein und die Biologie* geht es um den österreichische Wissenschaftler Paul Kammerer (1880–1926). In der Einleitung heißt es, dass Leo Perutz anlässlich der Veröffentlichung des Romans *Das Mangobaumwunder* einen anerkennenden Brief von Kammerer erhalten habe.

Elbogen: Auf diesen Brief können Sie sich etwas einbilden, Perutz.

Dietrichstein (skeptisch): Bitt' Dich, wer ist schon der Dr. Kammerer?

Elbogen: Du weißt nicht, wer der Dr. Kammerer ist, der die berühmten biologischen Experimente gemacht hat?

Dietrichstein: Ich weiß schon, er hat aus männlichen Fröschen weibliche und aus weiblichen Frösche männliche gemacht.

Elbogen: Und Du verstehst nicht die ungeheure Bedeutung solcher Versuche?

Dietrichstein: Aber ich bitt' Dich, wozu braucht man überhaupt Frösche!

Das war eine Anspielung auf Kammerers Publikationen zur Geschlechtsbestimmung und Geschlechtsverwandlung. Noch größere Aufmerksamkeit erzielten seine späteren Versuche mit Geburtshelferkröten, bei denen es ihm darum ging, die Vererbung erworbener Eigenschaften nachzuweisen. Als Vorwürfe auftauchten, die Versuche seien manipuliert gewesen, nahm er sich das Leben – wobei auch private Probleme eine Rolle gespielt haben dürften.

Kammerer, ein überzeugter Sozialdemokrat und Pazifist, war auch auf einem anderen Gebiet ein Pionier. Er veröffentlichte 1919 sein Buch *Das Gesetz der Serie. Eine Lehre von den Wiederholungen im Lebens- und Weltgeschehen*, dessen Titel sprichwörtlich wurde. Er entwickelte aufgrund jahrelanger persönlicher Beobachtungen das von der Kausalität unabhängige Prinzip der Serialität. Er wollte damit beweisen, dass sich in sogenannten „Zufällen" ein universelles Naturgesetz manifestiert, das unabhängig von bekannten physikalischen Kausalprinzipien wirkt. Damit zählt er zu den Erfindern des Konzepts der Synchronizität, das heute mit dem Namen C. G. Jung verbunden wird.

Räuber, Mörder, Kindsverderber, gehen nur zu Dr. Sperber

Der Rechtsanwalt Dr. Hugo Sperber soll überlegt haben, mit diesem Slogan für seine Kanzlei zu werben. Für einen Advokaten, der sich auf das Strafrecht spezialisiert hatte, war ein derartige Werbespruch wohl nicht so abwegig, wenngleich standeswidrig. Rechtsanwälte durften damals nicht für sich selbst werben, sie dürfen es auch heute nicht.

Friedrich Torberg berichtet über Sperbers Umgang mit Taschendieben und anderen kleinen Verbrechern. Dass Sperber auch einen Angeklagten in einem der spektakulärsten und grausamsten Mordfälle der Ersten Republik verteidigt hat, mussten wir selbst recherchieren.

Ausgangspunkt war ein Hinweis in einem Brief Torbergs auf Sperbers Verteidigerrolle im „Gruber-Prozess" – ohne weitere Details. Auf der Website diekriminalisten.at fanden wir einen ausführlichen Bericht.[13]

Es handelt sich um einen Mordfall aus dem Jahr 1932, in dem ein gewisser Franz Gruber angeklagt war. Er hatte ein Verhältnis mit zwei Schwestern. Die eine, Marie Walter, erwürgte er im Streit und zerstückelte dann den Leichnam. Er versuchte zunächst, die Leichenteile zu verbrennen, warf sie aber schließlich in den Kanal.

In der Wohnung von Franz Gruber wurde eine Säge mit Blutspuren entdeckt, nicht weit entfernt von seinem Wohnhaus fand man einen Beckenknochen. Die Schwester, sie hieß Anna Magerl, behauptete, sie habe einen Abschiedsbrief gefunden. Wenige Tage später beging sie Selbstmord. Vermutlich hatte sie den Abschiedsbrief der Marie Walter fingiert.

Das Gerichtsverfahren gegen Franz Gruber wegen Meuchelmordes begann am 26. Oktober 1932. Dr. Hugo Sperber war der Verteidiger. Am Richtertisch standen in zwei großen Einmachgläsern angekohlte Knochenreste und klein geschnittene Fleischstücke. Die Badewanne, in der die teilweise zerstückelte Leiche in die Waschküche getragen wurde, stand vor dem Richtertisch, daneben der Hackstock, auf dem die Zerteilung vorgenommen worden war. Auf der Säge, dem Beil und den Wäschestücken konnte selbst jeder Laie die eingetrockneten Blutreste erkennen.

Gruber schilderte den Tathergang an jedem Tag anders. Zunächst wollte er die Tat der durch Selbstmord aus dem Leben geschiedenen Anna Magerl in die Schuhe schieben. Am zweiten Tag erzählte er, dass die beiden Schwestern wieder einmal gerauft hätten und er eingegriffen habe. Dabei habe er Marie Walter so unglücklich am Hals erwischt, dass sie zusammengesunken sei und sich nicht mehr gerührt habe.

Am dritten Verhandlungstag sprach der Staatsanwalt den Angeklagten auf den angeblichen Streit zwischen den Schwestern an: „Was hätten Sie als Mann, der zwischen den beiden Frauen stand, pflichtgemäß tun müssen?“ In diesem Moment betrat der zu spät kommende Dr. Sperber den Saal. Er hatte gerade noch die letzten Worte vernommen. Noch ehe er seinen Platz erreicht hatte, erhob er schon die Hand und sagte: „Diese Frage halte ich für unzulässig. Wir können doch nicht vom Angeklagten ein Gutachten über Ritterlichkeit einfordern!“ Der Staatsanwalt reagierte verärgert: „Herr Verteidiger, Sie haben heute bis jetzt noch gar nicht am Verfahren teilgenommen und können auch gar nicht wissen, worum es geht. Also stören Sie mich nicht und lassen Sie mich hier arbeiten!“

Beim Lokalaugenschein führte Gruber vor, wie er die Tat begangen haben wollte, wobei er immer wieder heftig schluchzend und weinend unterbrach. Dr. Sperber war die Vorführung, bei der niemand das Opfer spielte, zu wenig aussagekräftig, er forderte, dass der Angeklagte genau demonstrieren sollte, wie er Marie Walter gewürgt hatte. Der Vorsitzende lehnte ab: „Wir können nicht riskieren, dass noch jemand erwürgt wird." Dr. Sperber sagte mit Blick auf seinen Mandanten: „Ich habe keine Angst, packen Sie mich nur am Hals!" Gruber führte den Angriff vor.

Als die Schaulustigen den Angeklagten sahen, stürmten sie nach vorn und durchbrachen den Polizeikordon. Einige schrien mit erhobenen Fäusten: „Hängt's eam auf, den feigen Mörder!" – „Auf'n Galgen mit dem Falotten!" Allerdings hatte die Erste Republik die Todesstrafe im ordentlichen Verfahren bereits abgeschafft.

In seiner Schlussrede bat Sperber um Milde. Dass Gruber die Tat begangen hatte, war unbestritten, doch der Beweis des vorsätzlichen Mordes wäre nicht erbracht worden. Und das, was Gruber nach der Tat mit der Leiche gemacht hatte, könne ihn nicht vom Totschläger zum Mörder machen. Sperber flehte die Geschworenen an, im Angeklagten einen Menschen zu sehen und keine Hyäne.

Das Urteil der Geschworenen fiel eindeutig aus. Die erste Frage, ob Gruber des gemeinen Mordes schuldig war, wurde mit elf Ja-Stimmen gegen eine Nein-Stimme beantwortet, die Zusatzfrage auf tückische Verübung des Mordes hingegen einstimmig verneint. Franz Gruber wurde zu zwanzig Jahren schweren Kerkers verurteilt, er starb 1942 in der Strafanstalt Garsten eines natürlichen Todes.

Wer war die Tante Jolesch?

Recherche im Internet: Ich möchte wissen, was in den letzten Jahren in den Zeitungen über Hugo Sperber erschienen ist. Es kommt, wie es kommen muss: Du suchst Hugo Sperber und findest – die Tante Jolesch. Berühmte und weniger berühmte Schauspieler haben sich mit Lesungen ihrer Anekdoten hervorgetan. Im *Kurier*-Archiv gibt es etwas besonders Interessantes: Georg Markus hat die Identität der Tante Jolesch enthüllt.[14]

Zunächst lese ich noch einmal nach, was uns Friedrich Torberg in seinen zwei Büchern über die Tante Jolesch verraten hat. Gleich am Anfang des ersten Buches gibt er uns einige Hinweise. Er verdanke die Sprüche „seiner Freundschaft mit ihrem Neffen Franz“. Dieser sei der „allseits verhätschelte Sprößling einer ursprünglich aus Ungarn stammenden Industriellenfamilie“ gewesen, die „seit langem in einer der deutschen Sprachinseln Mährens ansässig und zu beträchtlichem Wohlstand gelangt war.“

Franz sei „um mindestens 12 Jahre älter“ als er (Torberg) gewesen, habe am Ersten Weltkrieg teilgenommen und wurde scherzhaft als „Seiner Majestät schönster Leutnant“ bezeichnet. Torberg war nach eigenen Angaben wiederholt auf dem mährischen Besitz dieser Familie zu Gast.

Anschließend erfahren wir, dass dem Neffen Franz ein schlimmes Schicksal beschieden war. „Die einrückenden Deutschen hatten ihn 1939 als Juden eingesperrt, die befreiten Tschechen hatten ihn 1945 als Deutschen ausgewiesen. (...) Er verbrachte dann noch einige Zeit in Wien und übersiedelte nach Chile, wo er bald darauf an den Folgen seiner KZ-Haft gestorben ist.“ [15]

An anderer Stelle präsentiert Torberg die „Lieblingsnichte“ der Tante Jolesch, Louise. Sie habe im Jahr 1932 der Tante Jolesch am Sterbebett das Geheimnis entlockt, warum die Krautfleckerln immer so gut geschmeckt haben: „Weil ich nie genug gemacht hab ...“ [16]

In *Die Erben der Tante Jolesch* berichtet Torberg, dass er einige Briefe zu den Verwandtschaftsbeziehungen innerhalb der Familie Jolesch bekommen habe, nennt aber keine Details. „Von einigen in die weite Welt verstreuten Angehörigen der seligen Tante Jolesch erhielt ich ungemein detaillierte Auskünfte über verwandtschaftliche Schichtungen und Verzweigungen, die ich nicht erwähnt hatte. (Zu meiner Entschuldigung: es lag mir fern, eine Familienchronik des Hauses Jolesch verfassen zu wollen.)“ [17]

Soweit Torberg, nun zu den Beiträgen von Georg Markus. Er behauptet, dass Torberg ein Foto der Tante Jolesch dem Verlag geschickt habe. „Doch dem Lektor gefiel das Bild nicht, weshalb man eine Zeichnung anfertigen ließ, die auf dem Umschlag platziert wurde, aber keinerlei Ähnlichkeit mit der Original-Tante aufweist.“ Als einige Jahre später bei der Buchgemeinschaft Donauland eine Lizenzausgabe des inzwischen zum Bestseller avancierten Buches erschien, sei das Foto der Tante Jolesch neuerlich aufgetaucht. „Diesmal gelangte es auf das Cover. Ob es sich hier tatsächlich um die echte Tante handelt, ist heute nicht mehr nachzuweisen – aber eher wahrscheinlich." Sicher sei hingegen, dass es von ihrem Neffen Franz ein Foto gibt. Torbergs Nachlassverwalter David Axmann habe es in den Unterlagen des 1979 verstorbenen Schriftstellers entdeckt.

Außerdem zitiert Markus Frau Judith Pór-Kalbeck, die Witwe des Schriftstellers Florian Kalbeck: „Mein Mann hat in den 70er Jahren des Öfteren von der Tante Jolesch gesprochen – damals, als sie durch Torbergs Buch berühmt geworden ist. Und er hat mir erzählt, dass sie die Frau vom Generaldirektor seines Großvaters Isidor Mautner war."

Die Rede ist von Isidor Mautner (1852–1930), er war der wichtigste Vertreter der Industriellenfamilie Mautner. Diese Familie begründete im 19. Jahrhundert die „Vereinigte Österreichische Textil-Industrie Mautner Aktiengesellschaft", einen der größten europäischen Textilkonzerne Europas mit rund 23.000 Beschäftigten in seiner Blütezeit. Die Mautners dürfen übrigens nicht mit der ebenfalls österreichischen Industriellenfamilie Mautner Markhof verwechselt werden. Diese hat sich mit der Herstellung von Lebensmitteln einen Namen gemacht.

Über Isidor Mautner sind zahlreiche Anekdoten in Umlauf, Markus erzählt eine: „Als man Isidor Mautner einmal als ‚Herr Generaldirektor' ansprach, erwiderte er lachend: ‚Ich bin kein Generaldirektor – ich halte mir welche.' Und der Generaldirektor, den er sich für seine Wiener Textilniederlassung ‚hielt', war eben, wie sich jetzt herausstellte, Herr Julius Jolesch, der Ehemann der von uns gesuchten Dame." Er wohnte laut Telefonbuch in Wien I., Franz-Josefs-Kai 53/3/12.

Im Martikenamt der Israelitischen Kultusgemeinde in Wien bekam Markus die Information, dass der Fabriksdirektor Julius Jolesch am 25. Dezember 1893 Gisela Salacz, geboren in der ungarischen Stadt Großwardein, geheiratet hatte.

„Sie war die Tante Jolesch", schreibt Markus. „Gisela Jolesch wurde damals noch lange nicht Tante gerufen – war sie doch bei ihrer Heirat erst 18 Jahre alt (...) Giselas Vater war der in Budapest ordinierende praktische Arzt Dr. Siegmund Salacz, ihre Mutter hieß Fanni und war eine geborene Schwarz. Somit ist jetzt, fast 30 Jahre nach Erscheinen des nach ihr benannten Kultbuches, zum ersten Mal die volle Identität der Tante Jolesch bekannt.“

Was die Stunde ihres Todes betrifft, habe sich Torberg geirrt. Torberg schreibt ja, dass die Tante Jolesch 1932 von der Familie umsorgt zu Hause im Bett gestorben ist. „Laut dem mir jetzt vorliegenden Meldezettel der Stadt Wien hat sie sich jedoch am 19. Mai 1938 aus ihrer Wohnung am Franz-Josefs-Kai abgemeldet, um nach Prag zu übersiedeln.“ Von da an würde sich die Spur der Tante Jolesch verlieren.

Ich hole aus dem Bücherberg den Ausstellungskatalog *Die ‚Gefahren der Vielseitigkeit‘ Friedrich Torberg 1908–1979* hervor. Die Ausstellung hat 2008 im Jüdischen Museum Wien stattgefunden, Marcel Atze, Leiter der Handschriftenabteilung der Wienbibliothek, war ein Herausgeber des Katalogs.

Auch Marcel Atze befasst sich mit der Frage, ob die Tante Jolesch existiert habe, er kommt zu einem anderen Schluss: „Offenbar entwickelte sich die Idee zu diesem Buch in den zahllosen Briefen, die Torberg während des Exils in den USA an die engsten Freunde schrieb. Entwöhnt der geliebten Kaffeehäuser zu Prag und Wien, wo man sich sonst getroffen hätte, schwelgte man nicht nur melancholisch in alten Erinnerungen, sondern erhielt auch jene im Gedächtnis lebendig, die der NS-Vernichtungspolitik zum Opfer gefallen waren.“ [18]

Als Kronzeugin für seine Meinung, dass es die Tante Jolesch nicht gegeben habe, führt Marcel Atze eine Frau namens Louise Fischer an. Sie war die Ehefrau von Franz Jolesch, also des Neffen Franzl, und lebte eine Zeit lang mit ihm in Wiese bei Iglau. Dort war Torberg häufig zu Gast.

Louise beschwert sich in einem Brief an Torbergs Frau Marietta darüber, dass ihr Exmann in dem Buch *Die Tante Jolesch* so negativ dargestellt wird, und stellt außerdem fest: In Wiese bei Iglau hat es keine Tante gegeben, die einzige Frau im Hause der Familie Jolesch war ihre Schwiegermutter. Diese habe weder gejüdelt, noch Anekdoten erzählt.

Von nun an lässt uns die Frage nicht mehr los: Ist besagte Gisela Salacz die Tante Jolesch, wie Georg Markus meint? Oder hat es die Tante Jolesch gar nicht gegeben, wie Marcel Atze argumentiert?

Ein falscher Grabstein auf Sperbers Grab

Im Café Tirolerhof hat uns Rechtsanwalt Dr. Peter Wrabetz den Hinweis gegeben, dass Hugo Sperber in einem Familiengrab am Wiener Zentralfriedhof bestattet ist. Durch eine Internetrecherche erfahren wir die Koordinaten des Grabes: Gruppe 20, Reihe 21, Nummer 28. Außerdem bekommen wir auf diese Weise das genaue Beerdigungsdatum der Mutter Etelka (Ottilie) und des Vaters Jacob. Friedrich Sperber wird wohl ein Bruder Hugo Sperbers gewesen sein.

> Etelka Sperber, 1010 Landesgerichtsstraße 20, Private,
> best. am 17. Jänner 1934 im Alter von 72 Jahren.
>
> Friedrich Sperber, k. k. Fähnrich in Ulanen,
> best. am 1. Dezember 1915 im Alter von 21 Jahren.
>
> Jakob Sperber, 1030 Radetzkystraße 9, best. am
> 15. Dezember 1895 [der Vorname scheint manchmal mit k
> und manchmal mit c auf; die Schreibung derartiger Namen
> hat damals oft variiert].
>
> Dr. Hugo Sperber, 1010 Landesgerichtsstraße 20,
> Rechtsanwalt, best. am 4. November 1938.

Gleich am nächsten Tag fahren wir zum Zentralfriedhof, Tor 4, „Neuer jüdischer Friedhof". Hier befindet sich auch die Friedhofsverwaltung des „Alten jüdischen Friedhofs". Wir haben uns telefonisch angekündigt. Am Tor sieht mich der Portier streng an und übergibt mir eine Kippa, das schwarze Käppchen, das alle Juden beim Gebet, beim Synagogenbesuch und auch auf Friedhöfen tragen. Ich habe vergessen, die Sportkappe aus dem Auto mitzunehmen, und murmle Worte des Bedauerns.

Herr Avraham Pollak und Frau Marena Josipovic sind äußerst hilfsbereit. Dabei herrscht im Büro gerade das Chaos. Es hat in der Nacht mehrere Gewitter mit sintflutartigen Regenfällen gegeben, das Wasser ist in Strömen durch die Decke geronnen. Auf dem Schreibtisch stehen kleine Wasserlacken, der PC kann nicht einge-

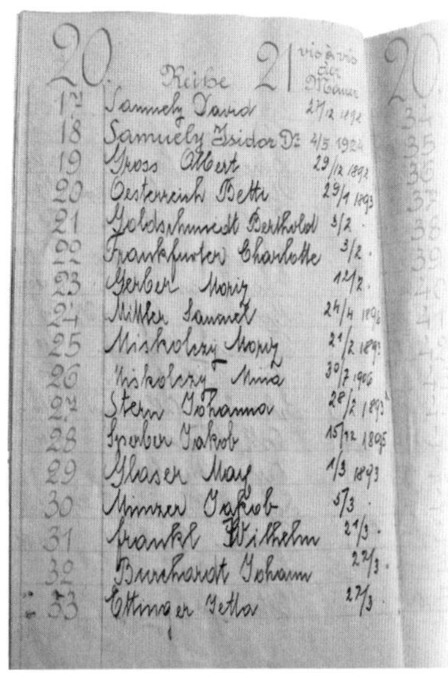

20. Reihe 21 vis-à-vis der Mauer

17	Samuely David	27/12 1892
18	Samuely Isidor Dr.	4/5 1924
19	Gross Albert	29/12 1892
20	Oesterreich Betti	29/1 1893
21	Goldschmiedt Berthold	3/2 .
22	Frankfurter Charlotte	3/2 .
23	Gerber Moriz	12/2 .
24	Mittler Samuel	24/4 1892
25	Miskolczy Moriz	21/2 1893
26	Miskolczy Mina	30/7 1906
27	Stern Johanna	28/2 1893
28	Sperber Jakob	15/12 1895
29	Glaser Max	1/3 1893
30	Zimmer Jakob	5/3 .
31	Frankl Wilhelm	21/3 .
32	Burchardt Johann	22/3 .
33	Ettinger Jetta	27/3

Seite aus dem Gräberverzeichnis, Gruppe 20, Reihe 21, Nummer 28 ist das Grab der Familie Sperber

schaltet werden, alle Schriftstücke, die auf dem Tisch lagen, sind durchweicht.

Ein alter, eiserner Karteikasten ist glücklicherweise von den Wassermassen verschont geblieben. In der untersten Lade befinden sich die alten Gräberverzeichnisse. „Gruppe 20, Reihe 21, vis-à-vis der Mauer", steht in roter Füllfederschrift am Kopf einer Seite. Wir fotografieren die erste und die zweite Seite mit dem Handy. Das Grab Nummer eins ist jenes von „Epstein, Karoline". Von hier aus müssen wir zu zählen beginnen. Auf der nächsten Seite des Gräberverzeichnisses finden wir unter Nummer 28 „Sperber Jakob, 15/12 1895".

Das ist Hugo Sperbers Vater – das Familiengrab, in dem auch Hugo Sperbers Mutter, sein Bruder sowie er selbst begraben sein müssen. Wir notieren uns sicherheitshalber auch die Daten der Nachbargräber und machen uns auf den Weg zum „Alten jüdischen Friedhof", Tor 1.

Eine Gräberzeile gleich beim Eingang springt uns ins Auge: das Grab von Marietta und Friedrich Torberg. Links davon befindet sich die Grabesstätte von Gerhard Bronner, rechts davon jene von Arthur Schnitzler.

Weiter geht es, die sogenannte Zeremonienallee entlang, vorbei an prunkvollen Grabstätten, dahinter unscheinbare Gräber, von Efeu überwuchert, die Inschriften sind kaum zu lesen.

Auf einer Tafel der Israelitischen Kultusgemeinde Wien steht: „Hier liegen Teile von Grabsteinen, die bei mehreren Bombenangriffen während des Zweiten Weltkrieges beschädigt wurden und deren dazu gehörige Grabstellen nicht mehr eruiert werden konnten."

Nach den nächtlichen Gewittern hat es zu nieseln begonnen, ein Novemberregen mitten im Juli. Das Grab von Karoline Epstein ist rasch gefunden, es ist das erste in der Reihe 21. Wir gehen weiter, vergleichen auf unserem Handyfoto Nummer für Nummer das alte Gräberverzeichnis mit den Namen auf den Gräbern. Jetzt sind wir bei Nummer 28 angelangt.

Es ist aber nicht das Grab von Hugo Sperber. Auf dem leicht beschädigten Grabstein steht: „Hier ruht Sigmund Fischel, gestorben am 22. Februar 1905 im 63. Lebensjahre", ferner „Ernestine Fischel, geboren am 14. Jänner 1855, gestorben am 7. Juni 1915". Wie kommt der Grabstein der Familie Fischel auf das Grab der Familie Sperber? Oder stehen wir vor einem falschen Grab?

Eine alte Dame beobachtet uns, wie wir suchend in alle Richtungen schauen. „Kann ich Ihnen helfen?", erkundigt sie sich beiläufig. Dann sprudelt es aus ihr heraus: „Haben Sie gesehen, die Grabschänder haben vor kurzem 43 Grabsteine umgeworfen! 43! Der größte Teil in dieser Reihe. Aber ich will Sie nicht bei Ihrer Suche stören ..."

Wir schildern unser Problem. Links ist das Grab Nummer 27 von Johanna Stern, rechts jenes von Max Glaser mit der Nummer 29. Die Inschrift auf dem Sockel ist schwer zu lesen, aber der Familienname Glaser ist gerade noch identifizierbar, der Sockel ist mit Efeu überwachsen, der eigentliche Grabstein fehlt. Dazwischen sollte sich das Grab der Familie Sperber befinden, zumindest laut handgeschriebenem Gräberverzeichnis. Aber auf dem ziemlich stark beschädigten Grabstein steht „Sigmund Fischel"!

Der Grabstein ruht auf einem Sockel, auf dem Sockel steht: „Ausgezeichnet mit der goldenen und großen silbernen Tapferkeits-Medaille. Auf Wiedersehen!" Das muss sich auf Friedrich Sperber beziehen. Offensichtlich ist er im Ersten Weltkrieg gefallen, es war üblich, die Gefallenen mit Medaillen auszuzeichnen.

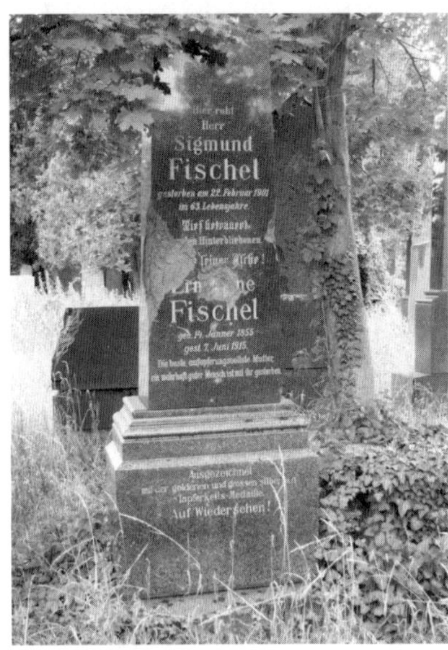

Das Grab der Familie Sperber mit dem Grabstein der Familie Fischel

Bei näherem Hinsehen bemerken wir, dass Grabstein und Sockel nicht so recht zusammenpassen. Der Marmor hat eine unterschiedliche Färbung und der Grabstein steht nicht mittig auf dem Sockel. Offensichtlich stammt der Grabstein von einem anderen Grab und wurde auf den Sockel dieses Grabes gestellt.

Wolfgang sucht auch in den hinteren Reihen nach dem richtigen Grabstein, stürzt im nassen Gras und verstaucht sich den Fuß. Da und dort sieht man umgestürzte Grabsteine, das Wetter passt zu unserer gedrückten Stimmung. Warum machen Menschen so etwas?

Erschöpft treten wird den Heimweg an. Wir sehen, wie ein Ehepaar einen Friedhofsgärtner anspricht: „Please can you help us to find this grave?“ Die Frau hat einen Zettel in der Hand.

Der Mann sagt: „We are from Australia, my wife is looking for the grave of her grandfather.“ Wir fragen den Gärtner, ob wir übersetzen sollen oder ob er englisch versteht. Er nickt: „Ich mache das öfters.“

Georg Gaugusch recherchiert „Wer einmal war"

Wir gehen wieder über den Albertinaplatz, wo Alfred Hrdlickas „Mahnmal gegen Krieg und Faschismus" steht. Dieses Mal nicht ins Café Tirolerhof, sondern in das Tuchhaus „Wilhelm Jungmann und Neffe", Albertinaplatz 3. Dort haben wir einen Termin mit Georg Gaugusch.

Wohin das Auge schaut ist Tradition und Gediegenheit zu verspüren. An einer Wand prangt der Doppeladler, darunter der Hinweis, dass dem Geschäft der Titel eines k. u. k. Hof- und Kammerlieferanten verliehen worden ist.

Die Geschäftseinrichtung aus edlem Holz ist im Original erhalten, wer den Blick nach oben richtet, sieht ein beeindruckendes Deckengemälde: eine Allegorie auf den Seidenhandel. Drei Putten symbolisieren den Weg von der Seidenraupe zum Stoff. Der eine Kindsengel pflückt eine Raupe von einem Maulbeerbaum, der zweite spinnt einen Faden, der dritte hat den fertigen Stoff in der Hand. Um die Putten herum flattern einige Seidenspinnerschmetterlinge.

Auch heute noch kauft man hier Schals, Krawatten und andere Accessoires, lässt sich elegante Anzüge oder feine Roben aus edlen Stoffen schneidern. Die meisten Stammkunden sind Herren, sie kommen aus aller Welt hierher, um sich Maßanzüge anfertigen zu lassen.

„Was ein Mann schöner is wie ein Aff, is ein Luxus", soll die Tante Jolesch gesagt haben. Diese Kritik war auf ihren Ehemann bezogen. Warum musste er so viel Geld für seine Garderobe ausgeben? Vielleicht war ihr Mann Kunde in diesem Geschäft.

Wir sind aber nicht hierhergekommen, um mit dem Geschäftsführer Anekdoten auszutauschen. Georg Gaugusch ist Autor des Buches *Wer einmal war. Das jüdische Großbürgertum Wiens 1800–1938*. Der erste Band umfasst die Buchstaben A bis K und hat unglaubliche 1.649 Seiten.

„Ein Buch wie dieses bekommst du nicht alle Tage in die Hand", hatte Wolfgang vor ein paar Tagen am Telefon geschwärmt. „Gaugusch hat irgendwann einmal damit begonnen, in den alten Auftragsbüchern seiner Firma zu stöbern. Als er sich fragte, wer die Kunden von damals waren und was aus ihnen geworden ist, merkte er, dass es darauf meist keine Antworten gab. Deshalb haben sich Gaugusch und seine Frau Marie-Theres Arnbom, eine Historikerin, auf die Suche nach den großen jüdischen Familien gemacht, die Österreichs Geschichte in so hohem Maße geprägt haben und zu einem großen Teil in den Konzentrationslagern umgekommen sind – seither ist ja das wirtschaftliche und kulturelle Leben in unserem Land nicht mehr das, was es einmal war."

Gaugusch führt uns in einen Nebenraum und wirft sein Notebook an. „Ihr wollt also etwas über die Vorfahren von Hugo Sperber wissen?" Seine Finger fliegen über die Tastatur, er hantelt sich von Datenbank zu Datenbank, Geburts-, Heirats- und Sterbedaten sowie Todesanzeigen in Zeitungen sind genauso schnell auf dem Schirm wie Wohn- und Geschäftsadressen. „Wo hat Hugo Sperbers Mutter gewohnt?", will Gaugusch wissen. „Wien 1, Landesgerichtsstraße 20." Wieder das Klimpern auf der Tastatur. „Bei Landesgerichtsstraße 20 kommen wir nicht weiter. Moment, da sehe ich gerade: Die Adresse Landesgerichtsstraße 20 ist ident mit Rathausstraße 19 und auch mit Liebiggasse 8. Es war ein Haus mit mehreren Eingängen. Da passieren immer wieder kuriose Irrtümer. Die Hebamme ist bei dem einen Haustor hineingegangen, der Totenbeschauer bei der anderen, und wir begreifen nicht, dass die betreffende Person am selben Ort geboren und gestorben ist."

Jedenfalls erfahren wir, dass Hugo Sperber mit seiner Mutter und mit seinem jüngeren Bruder im selben Haus gewohnt hat – obwohl die Mutter und der Bruder unter der Adresse Rathausstraße 19 gemeldet waren.

Hugo Sperbers Vater, Jakob, ist 1895 in Inzersdorf, Feldgasse 1 gestorben, das war ein Sanatorium: „Als Todesursache wird Gehirnlähmung angegeben. Das deutet meist auf Syphilis hin, ist aber nicht hundertprozentig sicher." Die nächsten Daten rattert Gaugusch so schnell herunter, dass wir mit dem Schreiben gar nicht nachkommen: „Jacob Sperber, geboren 1847, war Kupferschmied, ihm hat die Firma „J. Sperber Metall" am Brigittaplatz gehört. Das war damals Teil der Leopoldstadt. Jacob Sperber hatte zwei Brüder, beide haben in die wohlhabende Familie Saborsky eingeheiratet. Wilhelm Sperber war mit Rudolfine Saborsky verheiratet, Heinrich Sperber mit Emilie Saborsky. Dr. Wilhelm Sperber war Direktor des Central-Bads in Wien 1, Weihburggasse 20. Das war ein ganz nobles Etablissement, dort verkehrten auch Erzherzöge."

Wir gehen einen Schritt zurück zur nächsten Generation. „Hugo Sperbers Großvater Leopold war mit Katharina Böhm verehelicht. Als sein Beruf wird Ökonom angegeben, das bedeutet so viel wie Gutspächter. Er stammt aus Holleschau [tschechisch Holešov] – dort war eine der größten jüdischen Gemeinden Mährens." Das also hat Torberg gemeint, wenn er schrieb: „... wo die deutschen, slawischen, magyarischen und jüdischen Elemente der alten Monarchie eine besonders fruchtbare Mischung eingegangen waren." [19]

Genauso schnell sind die Vorfahren von Hugo Sperbers Mutter Etelka, eine geborene Sommer, ermittelt. „Sie ist die Tochter des Julius Sommer und der Babette Sommer, geborene Sgalitzer. Babette Sommer ist am 26. September 1905 in Baden bei Wien verstorben und auf dem dortigen jüdischen Friedhof begraben. Die Sgalitzers sind in Pest eine ganz wichtige Familie gewesen. Die haben im Pester Lloyd eine große Todesanzeige geschaltet, müssen wohlhabend gewesen sein. Ich werde mir überlegen, sie in den zweiten Band meines Buches aufzunehmen. Zusammenfassend kann man sagen: Hugo Sperber stammt mütterlicherseits wie väterlicherseits aus wohlhabenden Familien. Sie sind nicht als arme Leute nach Wien gekommen."

„Was ist mit Hugo Sperbers Vormund, Generaldirektor Georg Lewy?" – „Seine Wiener Wohnadresse war 1, Hegelgasse 5. Er wurde am 8. November 1857 in Valeskatsutta, Oberschlesien, geboren. Verstorben ist er am 8. März 1921 in Wien. Aber das ist merkwürdig, von einem Ort Valeskatsutta habe ich noch nie etwas gehört. Moment, ich kann da noch eine andere Abfrage machen ..." Er tippt, und als die Information auf dem Schirm erscheint, beginnt er zu schmunzeln. „Da hat sich ein Matrikenschreiber geirrt, er hat den Namen des Ortes falsch abgeschrieben. Nicht Valeskatsutta, sondern Valeskahütte ... Oberschlesische Schwerindustrie. Georg Lewy war dann in Wien Generaldirektor der Firma ‚Albert Hahn', das waren Röhrenwalzwerke – mit Hauptsitz in Berlin."

Damit ist für uns klar, warum Hugo Sperbers Mutter nach dem Tod ihres Mannes ausgerechnet ihren Schwager Georg Lewy gebeten hatte, die Vormundschaft für ihren zehnjährigen Buben zu übernehmen: Georg Lewy war wohlhabend, bei ihm konnte man davon ausgehen, dass er sich um ihn finanziell kümmern würde.

„Diese Schreibfehler bereiten einem immer wieder Kopfzerbrechen. Da stellt ein Arzt einen Totenschein aus – Ärzte sind ja dafür bekannt, dass sie unleserlich schreiben. Der Matrikenschreiber kann dann mit der angeführten Adresse nichts anfangen, und schon ist es passiert."

Uns interessiert noch eine Person: Wer war Hugo Sperbers Kompagnon? Er wird in dem Vernehmungsprotokoll aus dem Jahr 1934 als Dr. Sommer erwähnt.

„Habt ihr keinen Vornamen? Kein Geburtsdatum? Kein Sterbedatum?", will Gaugusch wissen. Wir haben nichts. „Gerade bei dem Namen Sommer habt ihr nichts ..." Aber Gaugusch lässt sich nicht entmutigen. Nach einigen Fehlversuchen hat er den richtigen Mann gefunden. „Das muss er sein: Dr. Friedrich Sommer, Kanzlei in Wien 1, Landesgerichtsstraße 20, das ist ja auch die Adresse von Hugo Sperber. Wohnung Wien 16, Lerchenfeldergürtel 21. Aber ich kann noch nicht sagen, ob oder wie er mit Hugo Sperbers Mutter, die ja eine geborene Sommer war, verwandt ist. Sommer war ein häufiger Name."

Abschließend fragen wir Gaugusch, ob er das Grab von Hugo Sperber besucht habe, und wir zeigen ihm unser Foto mit dem Grabstein der Familie Fischel. Gaugusch zieht die Augenbrauen hoch: „Ich wette mit euch, dass das nicht das Grab von Hugo Sperber ist."

„Wetten Sie lieber nicht", sagt Wolfgang, „Sie würden verlieren."

„Das kann nicht das Grab von Hugo Sperber sein! Schauen Sie: Ich habe im Jahr 2003 das Grab fotografiert ..." Er tippt wieder in die Tastatur seines Notebooks, bis das Foto erscheint. „Man sieht es hier ganz deutlich: Der Sockel ist da, aber es gibt keinen Grabstein."

Erst jetzt wirft Gaugusch einen genauen Blick auf unser frisch aufgenommenes Foto: „Hm, der Sockel auf eurem Bild ist ohnedies der richtige. Der stimmt mit meinem überein. In beiden Fällen sind die militärischen Auszeichnungen von Friedrich Sperber eingraviert, Hugo Sperbers Bruder ist ja im Ersten Weltkrieg gefallen. Aber ... Das kann doch nicht wahr sein! Die haben nach einem Vandalenakt einen falschen Grabstein auf den Sockel des Grabes von Hugo Sperber gestellt ..."

Er greift blitzschnell zu seinem Handy und wählt eine Nummer. „Stell dir vor, was ich gerade erfahren habe. Da sind zwei Leute, die recherchieren über den Hugo Sperber. Die zeigen mir auf einem Foto, dass auf dem Grabsockel des Sperbergrabes zurzeit der Grabstein der Fischels steht. Das Grab der Familie Fischel liegt aber ganz woanders! Wer kommt auf die Idee, so einen Unsinn zu machen?" Wir hören nicht, was der Gesprächspartner am anderen Ende der Leitung sagt, nach einem kurzen Wortwechsel dürfte er Gaugusch vorgeschlagen haben, die Grabsteine zu tauschen, damit wieder alles in Ordnung sei. Gaugusch lehnt das ab. „Wenn ich das mache, werde ich als Grabschänder verhaftet."

„Nein, sicher nicht", werfe ich ein, „die Grabschänder werden nie verhaftet."

Als Gaugusch das Gespräch beendet, frage ich, mit wem er telefoniert hat. „Mit dem Eckstein." Gemeint ist Mag. Wolf-Erich Eckstein, Leiter der Abteilung „Geburts-, Trauungs- und Sterbematriken" in der Israelitischen Kultusgemeinde Wien.

Wir haben den versierten Genealogen nun schon mehr als zwei Stunden in Anspruch genommen, das Wichtigste konnten wir klären. Im Hinausgehen frage ich Gaugusch, warum Bruno Kreisky in seinem Buch „Wer einmal war" nicht vorkommt. „Bruno Kreisky war zu jung und außerdem kein Unternehmer. Seinen Vater Max Kreisky konnte ich deswegen nicht aufnehmen, weil er nur Generaldirektor der Österreichischen Wollindustrie AG war, nicht Eigentümer. Ich muss mich an jene Aufnahmekriterien halten, die ich mir vorgegeben habe. Aber Kreiskys Frau Vera, eine geborene Fürth, stammt aus einer jüdischen Industriellenfamilie. Die Familie Fürth kommt daher im ersten Band vor."

Spurensuche im „Dokumentationsarchiv des österreichischen Widerstandes"

Früher oder später muss uns der Weg ins „Dokumentationsarchiv des österreichischen Widerstandes" (DÖW) führen. Das DÖW ist im Alten Rathaus in der Wipplingerstraße untergebracht.

Hier sieht alles spartanisch aus. Ich muss die Tasche beim Eingang abgeben, dann führt mich ein junger Mann in den Computerraum. Er zeigt mir, wie ich in der Datenbank Personen und die dazugehörigen Dokumente finden kann. Ein Klick noch – und ich bin bei einer Kurzbeschreibung. Mit einem Formular kann ich jene Dokumente anfordern, die mich interessieren.

Der Name Dr. Hugo Sperber taucht zehn Mal auf. Ich lasse mir alle zehn Dokumente aushändigen. Sie sind in orangen Kuverts aufbewahrt, auf einigen Kuverts steht in großer Schrift „Kopierverbot“. Das Herzstück sind zwei maschingeschriebene Vernehmungsprotokolle aus dem Jahr 1934. Die erste Niederschrift umfasst fünf Seiten, die zweite eine Seite. Einige andere Dokumente geben Aufschluss über gerichtliche Verfahren, in denen Sperber als Verteidiger von Schutzbündlern oder Sozialisten fungierte.

Eine Din-A4-Kopie kostet 20 Cent, ich zahle das gerne und gebe ein Trinkgeld. Inzwischen ist ein junges Mädchen vorstellig geworden. Ihr Großvater ist in einem Konzentrationslager der Nazis ermordet worden. Sie möchte wissen, ob es über ihn Unterlagen gibt.

Im Hinausgehen laufe ich Dr. Wolfgang Neugebauer über den Weg. Er war lange Zeit Geschäftsführer des DÖW, wir kennen uns aus dieser Zeit. Ich erzähle ihm, dass ich mit einem Freund ein Buch über Dr. Hugo Sperber schreibe und deshalb im DÖW recherchiere: „Mir geht es darum herauszufinden, wer dieser Dr. Hugo Sperber wirklich war. Die meisten kennen ihn ja nur aus dem Buch *Die Tante Jolesch*. Ich weiß nicht, warum ihn Torberg als Kauz charakterisiert hat.“

„Ich bin jetzt auf dem Weg nach Amerika, ruf mich in zwei Wochen an und komm wieder vorbei. Ich helfe dir gerne.“

Eine Taxifahrt zur Tante Jolesch und zum Rechtsanwalt Dr. Hugo Sperber

Da ich Friedrich Torberg nicht gekannt habe, möchte ich mir seine aufgezeichnete Stimme vergegenwärtigen. Ich besitze eine Doppel-CD *Die Tante Jolesch* und *Die Erben der Tante Jolesch* – gelesen von Friedrich Torberg, aufgenommen in einem ORF-Studio.

„Friedrich Torberg gehört zu dem allseits hoch geschätzten, nicht eben häufigen Autorentyp, der ebenso gut vorliest, als er schreibt“ – diesem Urteil von Edwin Hartl aus den Salzburger Nachrichten vom 12. November 1966 kann ich mich anschließen.[20] Torbergs Stimme klingt sonor, auch die Intonation tut wohl.

Es fällt auf, dass Torberg den Namen Jolesch mit kurzem o ausspricht, wie wenn die Schriftform „Jollesch“ lauten würde. Ich erinnere mich an prominente Schauspieler, die ihre Lesungen aus Torbergs *Die Tante Jolesch* als „besonders originalgetreu" ausgaben, aber den Namen mit langem o artikulierten.

Eine Übersetzerin hat es mir so erklärt: Das lange o kommt im Tschechischen nur in Fremdwörtern wie *balkón* (Balkon) oder bei Interjektionen wie *Ó!* (Oh!) vor. In solchen seltenen Fällen muss ein diakritisches Zeichen gesetzt werden, ein Akut, der im Tschechischen *čárka* genannt wird. Wenn der Akzent fehlt, muss das o unbedingt kurz ausgesprochen werden. Das o in Jolesch trägt keinen Akzent.

Später werde ich in der Handschriftenabteilung der Nationalbibliothek Briefe Victor von Kahlers an Friedrich Torberg finden – Kahler verwendet in der Schrift die Form „Jollesch" statt „Jolesch", offensichtlich nach dem Grundsatz: Schreibe, wie du sprichst!

Die Presseabteilung des ORF hat mir auf DVD eine Kopie des Spielfilms *Die Tante Jolesch* aus dem Jahr 1979 zur Verfügung gestellt. Der Film war eine Gemeinschaftsproduktion von ORF und ZDF mit großartiger Besetzung: Adrienne Gessner, Johann Sklenka, Harald Harth, Manfred Inger, Eric Pohlmann, Guido Wieland, Robert Meyer, Änne Bruck, Fritz Muliar, Peter Wehle u. v. a. Einige Schauspieler spielen mehrere Rollen. Der Darsteller des Hugo Sperber, Eric Pohlmann, spielt zum Beispiel auch den Gastronomen Neugröschl und den Schriftsteller Friedell. Das ist verwirrend.

Regisseur war Wolfgang F. Henschel, er drehte auch Dokumentationen über Helmut Qualtinger, Dieter Hildebrandt und Kurt Tucholsky, später sollte er mit den TV-Serien „Der Bulle von Tölz" und „Pfarrer Braun" einem breiten Publikum bekannt werden.

Das Drehbuch stammt von Torberg höchstpersönlich. Er stellt sich in dem Film auch selbst dar, man könnte seine Rolle als Erzähler oder Moderator definieren. Torberg fährt in einem Oldtimer-Taxi, zwischen Gegenwart und Vergangenheit pendelnd, zu den wichtigsten Schauplätzen seiner Bücher *Die Tante Jolesch* und *Die Erben der Tante Jolesch*.

Die erste Fahrt führt ihn zur Hauptfigur der Handlung. Der Taxifahrer (Johann Sklenka) fragt, wohin die Fahrt gehen solle. Torberg:

„Zur Tante Jolesch."

„Zur Tante Jolesch ... Kenn ich nicht. Wo wohnt die Dame?"

Adrienne Gessner als Tante Jolesch, Harald Harth mit Armbinde als der Neffe Franzl, ganz rechts Friedrich Torberg

„Am Arenbergring. Der heißt jetzt Dannebergplatz.“ Robert Danneberg war ein sozialdemokratischer Politiker und Jurist in der Zwischenkriegszeit. Er wurde am 1. April 1938 mit dem sogenannten Prominententransport in das Konzentrationslager Dachau und dann nach Buchenwald gebracht, später nach Auschwitz überstellt, wo er am 12. Dezember 1942 ermordet wurde. Zu seinen Ehren hat die Stadt Wien im Jahr 1949 den Arenbergring in Dannebergplatz umbenannt.

Das Taxi hält in Wien 3, Dannebergplatz 11, vor einem Haustor im Jugendstil. Torberg steigt aus, blickt sinnend auf ein Fenster im zweiten Stock, ehe er – in die Vergangenheit wechselnd – das Haus betritt und bei der Tante Jolesch an die Tür klopft. Adrienne Gessner, die Torberg aus seiner New Yorker Zeit kannte, spielt die Tante Jolesch. Gleich beim Eintreten sagt sie ihm, dass der Neffe Franzl da ist. Er wird von Harald Harth dargestellt. Wir hören dann in mehreren Sequenzen eine Auswahl ihrer Sprüche.

Torberg erzählt, dass der Franzl im Ersten Weltkrieg als „Seiner Majestät schönster Leutnant“ bezeichnet wurde, ein Attribut, das ihm angeblich noch immer anhaftet. Darauf die Tante: „Was ein Mann

Eric Pohlmann als Rechtsanwalt Dr. Hugo Sperber

schöner is wie ein Aff, is ein Luxus." Der Spruch ist also im Film auf den Franzl bezogen, im Buch auf den Onkel.

Anschließend besucht Torberg in der Leopoldstadt das Restaurant Neugröschl („Zwetschkenröster sind kein Kompott!") und fährt dann ins Café Herrenhof, das es allerdings zur Zeit der Filmaufnahmen nicht mehr gibt. Ich erkenne am Interieur das Café Bräunerhof als Drehort, es war das Wiener Stammcafé von Thomas Bernhard.

Im fiktiven Café Herrenhof trifft Torberg auf Anton Kuh und auf Alfred Polgar. Die verfeindeten Schriftsteller sitzen wie immer an verschiedenen Tischen. In einer Ecke schläft Hugo Sperber, dargestellt von Eric Pohlmann. Er sieht gar nicht so aus, wie wir ihn uns vorgestellt haben. Unser Bild ist geprägt von jenem Foto, das wir vor Jahren aufgetrieben haben.

Als der schlafende Sperber durch einen Dialog des Kellners mit einem merkwürdigen Gast, der nur die kleinste Kleinigkeit essen will, aufgeweckt wird, sagt er schlagfertig: „Franz, damit endlich Ruhe ist: Fangen Sie dem Herrn eine Fliege!" Sperbers Stimme klingt aggressiv und streng. Dann beginnt im Nebenraum das Kartenspiel. Wir hören die Pointe: „Herr Ober, merken Sie nicht, dass Ihrer Anwesenheit hier nur dekorative Bedeutung zukommt?“ Sperber hat kein Geld und will nichts konsumieren.

Wenig später, im Taxi, fragt der Fahrer den Moderator, wie es war: „Haben Sie alle Ihre Freunde getroffen?“

Torberg: „Alle will man gar nicht treffen (...).“

„Lauter Schriftsteller?“

„Nein, der Dr. Sperber zum Beispiel, das ist ein Anwalt, ein sehr berühmter Anwalt, ein wirkliches Original.“

„Wenn er kein Schriftsteller war, was hat er dann im Herrenhof gemacht?“

„Im Herrenhof haben nicht nur Schriftsteller verkehrt, das wär' schön fad gewesen. Der Dr. Sperber hat im Herrenhof hauptsächlich Karten gespielt und geschlafen.“

„Und damit ist er berühmt geworden?“

„Berühmt war er für seine Aussprüche im Gerichtssaal.“

In der nächsten Sequenz werden die Gerichtsanekdoten filmisch verarbeitet, es sind verbale Auseinandersetzungen zwischen Hugo Sperber (Eric Pohlmann) und dem Staatsanwalt (Guido Wieland): „Herr Staatsanwalt, ist es ein Verdachtsmoment gegen mich, wenn ich ständig die zum Ehebruch erforderlichen Werkzeuge bei mir habe?“

„War die Kuh schon 14 Jahre alt?“

„Hohes Gericht, mein Klient verblödet mir unter der Hand.“

„Wenn ich einen Roman lese“, sagt meine Frau Melita, „dann bin ich mein eigener Regisseur – in meinem Kopf entstehen Bilder der Romanfiguren. Wird der Stoff verfilmt, kollidieren diese Bilder mit den Darstellern des Films. Da sind Enttäuschungen unvermeidlich.“ Auch Torberg war mit dem Film nicht glücklich. Sein Biograf David Axmann bringt es mit einem Zitat Fritz Eckhardts auf den Punkt. Der Schauspieler schrieb in einem Brief an Torberg: „Es war nicht so schlecht, wie es hätt sein können und nicht so gut, wie es hätt sein müssen.“ [21]

Am Ende des Films sieht man Torberg, bekleidet mit einem Wintermantel, im nächtlichen Dunkel Wiens entschwinden. Der bedächtige Gang und der Schattenriss erinnern mich an Bruno Kreisky.

Der Mann ohne Eigenschaften versus *Nachts unter der steinernen Brücke*

Wenn auf längeren Autofahrten die Aktenordner mit den Ärgernissen der Tagespolitik abgearbeitet waren, redete Bruno Kreisky über dieses und jenes. Einmal erzählte er mir, dass Otto Bauer selbst mit seinen engsten Mitarbeitern und Parteifreunden per Sie war. Das diente auch als Erklärung, warum er es mit uns so hielt. Als ich im Büro des Bundeskanzlers arbeitete, war Kreisky nur mit Ferdinand Lacina, seinem Kabinettschef, per Du. Wir dürfen daher auch das Sie zwischen Torberg und Hugo Sperber oder zwischen den Kartenspielern Elbogen und Perutz in den Briefen, Tagebuchnotizen und Anekdoten nicht als Zeichen von Distanz interpretieren. Erst in der jüngeren Vergangenheit ist das Du unter Gleichgesinnten so populär geworden, ist die Anrede mit Sie einem Erosionsprozess unterlegen.

Torberg ist mit dem Du-Wort aus Überzeugung sehr vorsichtig umgegangen. In einem Brief an Alexander Inngraf vom 15. Mai 1946 schreibt er: „... die Zahl derer, mit denen man per Du sein möchte, war immer schon sehr gering, und die Abneigung gegen den Duzfuß hat sich in den Jahren des Exils noch gewaltig verstärkt, – indem nämlich zu den zusätzlichen Widernissen des Emigrations-Schicksals u. a. auch die Tatsache gehört hat, daß man sich plötzlich von Leuten geduzt fand, die man drüben schon deshalb nicht einmal per Sie anreden konnte, weil man ihren Namen nicht wußte." Sein „privater Friedensvertrag" enthalte daher eine Klausel, „die die sofortige Aufhebung aller nach dem 11. März 1938 effektuierten Duzbrüderschaften vorsieht, einige davon mit Rückwirkung, d. h. mit völligem Abbruch der Beziehungen."[22]

Zurück zu Bruno Kreisky. Als ich Geschäftsführer des Österreichischen Bundesverlags wurde, bekam ich einen Brief aus Mallorca, in dem mir Kreisky alles Gute für die neue Aufgabe wünschte und mich erstmals mit Du ansprach: „Zu den wenigen erfreulichen Dingen der letzten Zeit gehört die Nachricht, daß Du zum Leiter des Österreichischen Bundesverlags bestellt wurdest."[23] Kreisky hatte den Ehrenvorsitz in der Sozialdemokratischen Partei zurückgelegt, weil die SPÖ bei der letzten Regierungsbildung auf die Position des Außenministers verzichtet hatte. So kam Alois Mock zum Zug, der als

Oppositionspolitiker Kreiskys außenpolitischen Kurs heftig kritisiert hatte.

Ganz dunkel erinnere ich mich an ein Interview mit Bundeskanzler Kreisky, das in der Wochenzeitung *Die Zeit* erschienen ist. Es fand in Kreiskys Wohnung in der Armbrustergasse statt, und ich war froh, dabei sein zu dürfen. Interviewer war der Feuilletonchef dieser Zeitung, Fritz Raddatz.

Ich finde das Interview in der elektronischen Datenbank der Hamburger Zeitung. Es ist am 10. Juli 1981 erschienen. Fritz Raddatz zitiert gleich zu Beginn eine von Kreisky wiederholt gemachte Aussage, wonach er Musils *Der Mann ohne Eigenschaften* in seinem Wintermantel ins Exil nach Schweden mitgenommen habe. Dies würde ihn an Brechts *Die jüdische Frau* erinnern – eine Szene aus *Furcht und Elend des Dritten Reiches*. *Die jüdische Frau* gehört zu den besten Szenen dieses Theaterstücks, das Brecht in der Zeit von 1935 bis 1939 in der Emigration verfasst hatte.

Dem Bundeskanzler behagte dieser Einstieg in das Interview offensichtlich nicht. Er zitierte zwar hin und wieder aus Brechts Werken, viel lieber erzählte er von einem Zusammentreffen mit Brecht im Jahr 1938 in einer Stockholmer Abendgesellschaft. „Zu diesem Zeitpunkt hatten Stalins Säuberungsaktionen ihren ersten Höhepunkt erreicht, eine Entwicklung, die dem Dramatiker mit Sicherheit nicht entgangen war“, schreibt Wolfgang Petritsch, mein damaliger Kollege im Büro des Bundeskanzlers, in seiner Kreisky-Biografie.[24] „Kreisky stellte Brecht die freche Frage, warum er denn nicht nach Moskau übersiedeln wolle, er sei ja schließlich Kommunist.“ Brecht antwortete barsch: „Das ist meine Sache, wohin ich fahre.“ Er sollte dann wenig später nach Amerika auswandern.

Ich war damals gespannt, ob sich Kreisky im Gespräch mit Raddatz auf das Thema Brecht einlassen würde. Er tat es nicht und reagierte raffiniert: „Der eigentliche Grund, daß ich *dieses* Buch mitgenommen habe, war der Umstand, daß ich eine broschierte Ausgabe besaß; Sie können sie“, er deutete auf ein Regal der Bücherwand, „da oben noch sehen. Die hat in die Tasche meines Wintermantels gepaßt. Es war das einzige Buch, das ich mitnehmen konnte.“

Erst später wurde mir klar, dass *Der Mann ohne Eigenschaften* zu diesem Zeitpunkt gar nicht mehr Kreiskys Lieblingsbuch war. Auf einer längeren Autofahrt fragte er mich, was ich von dem Schriftsteller Leo Perutz hielte. „Sie müssen unbedingt den Roman *Nachts unter der steinernen Brücke* lesen. Er spielt im 16. Jahrhundert in Prag. Die Handlungsstränge sind auf wunderbare Weise verwoben. Es ist das beste Buch, das ich kenne."

Die Erstausgabe ist 1953 in der Frankfurter Verlagsanstalt erschienen. Bei der Lektüre vermutet der Leser, es würde sich um eine Sammlung von Novellen handeln. Aber irgendwann wird deutlich, dass die Teile zu einem größeren Ganzen gehören, dass Perutz eine zusammenhängende Romanhandlung entworfen hat. Im Zentrum des historischen und magischen Romans steht Rabbi Loew. Nur er kann das Rätsel um die Strafe Gottes lösen, die 1589 als großes Kindersterben über die Prager Judenstadt hereinbricht. Auch Kaiser Rudolf und seine Geliebte, die schöne Jüdin Esther, tauchen in der Handlung auf. Doch keine der Figuren durchschaut das komplexe Geflecht von Liebe, Schuld und Sühne – nur der Leser selbst.

Kreisky hat in seinem Leben unzählige Bücher gelesen, sowohl solche mit politischen Inhalten, als auch reichlich Belletristik, und oft diskutierte er eifrig mit seinen Freunden über das, was gerade auf dem Nachttisch lag. Ich war Zuhörer eines Telefonats mit Willy Brandt, es begann mit den Worten: „Was liest Du gerade?"

Es wäre also vermessen anzunehmen, dass Kreisky von jungen Jahren an bis zu seinem Tod nur ein einziges Lieblingsbuch gehabt hätte. Seinen Memoiren *Zwischen den Zeiten* können wir entnehmen, dass er im schwedischen Exil den dortigen Freunden nicht nur Musil, sondern auch Kafka und Broch näher brachte.[25]

Als Kreisky ins Exil ging, hat er das Buch *Der Mann ohne Eigenschaften* wohl auch deshalb mitgenommen, weil er damit ein Stück Österreich in die Tasche seines Wintermantels stecken konnte. Das Romanfragment lässt sich außerdem immer wieder lesen – und immer wieder gibt es etwas Neues zu entdecken.

Aber das eigentliche Lieblingsbuch des Kanzlers war – und das wussten nur wenige – *Nachts unter der steinernen Brücke*. Auch Wolfgang Petritsch hat dies in seiner Kreisky-Biografie vermerkt: „War es der magische Realismus des aus der engeren Heimat von Kreiskys Familie stammenden Autors, der ebenfalls 1938 Wien verlassen musste – Perutz floh nach Palästina; oder war es der historische Stoff um Kaiser Rudolf II. und den Prager Hofbankier Mordechai Meisl, der Kreisky faszinierte? Beide Romane, das sprachlich brillante Fragment über das in Kreiskys früher Kindheit untergegangene Kakanien, von Musil als Parabel der Moderne entworfen, oder die längst verschwundene deutsch-jüdische Prager Welt von Leo Perutz, haben Kreisky wohl auch als biografische Wegmarken gedient."[26]

Aber eigentlich ist ein anderer die Hauptfigur des Romans: der von Legenden umwobene Rabbi Löw. Er hat im 16. Jahrhundert in Prag als Denker und Reformer gewirkt. Das mit hoher Kunstfertigkeit verfasste Buch lässt eine irreale Welt, die tief in der jüdischen Mystik verwurzelt ist, als glaubhafte Realität erscheinen.

Warum hat Bruno Kreisky seinen engsten Mitarbeitern das Meisterwerk von Leo Perutz empfohlen? Und warum hat er gleichzeitig der Öffentlichkeit seine Vorliebe für diesen Roman verschwiegen?

Die erste Frage lässt sich damit beantworten, dass Kreisky ja doch im Judentum verwurzelt war – obwohl schon im Haus seiner Eltern die Religion keine Rolle gespielt hatte und er selbst sich immer als Agnostiker bezeichnete.

Kreisky hat sehr wohl erkannt, dass er trotz seines Austritts aus der Kultusgemeinde im Jahr 1932 immer im Jüdischen verwurzelt sein würde – das geht beispielsweise aus einem Interview hervor, das Herlinde Koelbl für das Buch *Jüdische Portraits* geführt hat.

Nur nach außen hin hat sich Kreisky als Bundeskanzler die Fassade eines Agnostikers aufgebaut – auch deshalb, um sich gegen Vereinnahmungen von jüdischer oder israelischer Seite zu wappnen.

Torberg bekannte sich hingegen immer offen zu seinem Judentum. „Ich *bin* ein deutsch-jüdischer Schriftsteller, d. h. ein in deutscher Sprache schreibender Jude, ich habe von Anfang an gewußt, daß ich es bin, und dieses Wissen ist seither höchstens um die Wahrscheinlichkeit vermehrt worden, daß ich der letzte sein werde [...]."[27] Das schrieb Friedrich Torberg am 15. März 1955 an Max Brod. Später unterstrich er in einem Beitrag zum Gedenken an Max Brod die Bedeutung dieses väterlichen Freundes und Mentors für seine Einstellung zum Judentum; von ihm habe er gelernt, was es bedeute, Jude zu sein, wie man sich mit den Fragen des Jude-Seins auseinandersetzt und wie man diese mit den Fragen der Welt in Einklang bringt.[28]

Hätte Kreisky in der Öffentlichkeit verkündet, dass *Nachts unter der steinernen Brücke* sein Lieblingsbuch ist, so wäre er einigen penetranten Fragen von Journalisten ausgesetzt gewesen: „Wie das, Herr Bundeskanzler? Ihnen als Agnostiker gefällt ein zutiefst jüdisches Buch?"

In der Kreisky-Biografie von Wolfgang Petritsch erfahren wir ein interessantes Detail zu Kreiskys Verwurzelung im Judentum. Als Bruno Kreisky Mitte Juni 1990 bereits dem Tod nahe war, ließ er sich von seiner Physiotherapeutin Geschichten aus dem Schtetl vorlesen.

Dem bin ich nachgegangen. „Was genau haben Sie Bruno Kreisky vorgelesen?", frage ich die Physiotherapeutin Ilse Köck am Telefon. „Es waren Geschichten aus Galizien von Sacher-Masoch. *Der Judenraphael.*"

„Wie haben Sie Kreisky in diesen Tagen und Wochen in Erinnerung?"

„Er war für mich ein spiritueller Mensch und ein sehr weiser alter Mann. Angesichts des bevorstehenden Todes sagte er: ‚Es ist eine Gnade zu glauben, aber ich habe diese Gnade nicht.'"

Im Juli 1990 ist Bruno Kreisky verstorben.

Gisela Salacz emigriert nach Budapest

Wir müssen noch einmal zum Genealogen Georg Gaugusch in das Tuchgeschäft „Jungmann & Neffe" am Albertinaplatz. Ob er die von Georg Markus recherchierten Details bestätigen wird? Hat es eine Gisela Salacz gegeben und war sie die Tante Jolesch?

Dieses Mal kommen wir nicht mit leeren Händen. Mein amerikanischer Freund Bob Muller riet mir, auf einer genealogischen Website zu recherchieren. Er selbst hatte damit in eigener Sache gute Ergebnisse erzielt.

Auf www.geni.com kann jedermann den Stammbaum seiner Familie anlegen („Discover your familiy tree, together"); bereits existierende Stammbäume werden vernetzt. Außerdem gibt es eine Suchmaske („Search people"). Ich gebe „Jolesch" ein und bekomme 24 Treffer. Auf der Website sind Mailadressen von jenen Personen zu finden, die

Daten eingegeben haben. Bei einigen Mitgliedern der Familie Jolesch ist der Name Randy Schoenberg als Kontaktperson angegeben, das ist jener Rechtsanwalt, der die Restitution des Klimt-Bildes „Adele" durchgesetzt hatte.

Zunächst interessiere ich mich für Julius Jolesch. Seine Lebensdaten sind 1862–1931. Er ist der Sohn von Samuel Jolesch (1830–1897) und Sofie Jolesch, Tochter von Alexander Wurmfeld und Anna Pollak.

Georg Markus hat ja recherchiert, dass Julius Jolesch mit Gisela Salacz verheiratet war – die Website gibt ihm recht. Gisela Jolesch ist tatsächlich die Frau von Julius Jolesch. Bei den Lebensdaten ergibt sich eine geringfügige Divergenz. Als Gisela heiratete, war sie nicht 18, sondern gerade 19 Jahre alt. Ihr Mann war 31.

Samuel und Sofie Jolesch hatten mehr als ein halbes Dutzend Kinder. Für uns sind zunächst die Brüder Julius, Heinrich und Emil von Interesse.

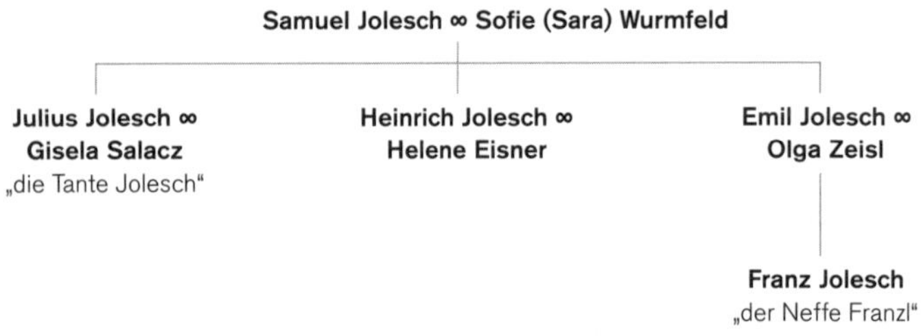

Franz Jolesch, der berühmte „Neffe Franzl" aus der Torberg'schen Anekdotensammlung, ist der Sohn von Emil und Olga Jolesch. Gisela Jolesch, geborene Salacz, war also zu Franz Jolesch eine Tante, genau genommen eine angeheiratete Tante – sie könnte die Namensgeberin für Torbergs Tante Jolesch gewesen sein.

Julius und Gisela Jolesch hatten zwei Kinder, einen Buben und ein Mädchen: Sie hießen Alexander und Margarethe. Gleiches gilt für das Ehepaar Heinrich und Helene Jolesch. Ihre Kinder hörten auf die Namen Ernst und Elisabeth.

Wir geben diese Informationen an Gaugusch weiter, und wieder hantelt er sich von Datenbank zu Datenbank: „Julius Jolesch liegt im

Urnenhain in Wien begraben, sein Sohn Alexander starb 1972 im Alter von 77 Jahren, die Tochter Margarethe kann ich nicht finden. Und was können wir über Gisela Jolesch herausfinden? Sie ist die Tochter von Siegmund Salacz und Fanny Salacz, geborene Schwarz. Dr. Siegmund Salacz stammt aus Großwardein, das war im Osten der ungarischen Reichshälfte, heute liegt der Ort in Rumänien und heißt Oradea. Im Jahr 1920 war ein Viertel der Bevölkerung jüdisch. Gisela war ein Einzelkind, die Eltern haben sich früh scheiden lassen. Moment: Die Mutter ist aus dem Judentum ausgetreten und evangelisch geworden."

„Wie lassen sich diese Erkenntnisse mit der Theorie in Einklang bringen, dass Gisela Jolesch, geborene Salacz, die Torberg'sche Tante Jolesch war?"

„Na ja, da Samuel Jolesch viele Kinder hatte, wird der Neffe Franzl zu vielen Frauen ‚Tante' gesagt haben. Im herkömmlichen Sprachgebrauch verwenden wir Tante ja auch für angeheiratete Frauen. Rein rechnerisch gilt: Wenn Franzls Vater sechs Geschwister hatte, dann kann Franzl ebenso viele Tanten gehabt haben."

„Georg Markus schreibt, dass sich Gisela Jolesch 1938 nach Prag abgemeldet hat. Über den weiteren Verbleib konnte er nichts herausfinden."

„Prag? Wer weiß, ob das stimmt. Vielleicht hat sie ungarisch gesprochen und ist nach Budapest gegangen." Die Finger flitzen wieder über die Tastatur, dann ein leises Brummen, das Genugtuung ausdrückt. „Hier hab ich sie! Sie liegt am jüdischen Friedhof in Budapest. Gestorben 1940. Es ist ein nobler Teil des Friedhofs."

Damit haben wir die Lebensdaten von Gisela Salacz, verheiratete Jolesch. Sie ist 1874 in Großwardein geboren und im Alter von 65 Jahren in Budapest gestorben.

Vor zehn Minuten ist ein Vertreter ins Geschäft gekommen, Georg Gaugusch hat ihm vorgeschlagen, das Sortiment an Schals vor seiner Mitarbeiterin auszubreiten. Jetzt ist es soweit, sie hat eine Vorauswahl getroffen. Gaugusch unterbricht entschuldigend seine genealogische Spurensuche, wickelt professionell den Einkauf ab und kommt wieder zu uns: „Was könnten wir uns noch anschauen? Dieser Franz Jolesch hat ja wohl eine Textilfabrik gehabt. Wiese bei Iglau ist ein kleiner Ort. Die Joleschs müssen in der nächstgelegenen größeren Stadt begraben sein." Er ruft einen historischen Plan ab. „Vermutlich in Pirnitz, das ist Britnice. Aha, hier haben wir zwei Gräber: Sofie Jolesch (1839–1903), sie war die Tochter von Alexander Wurmfeld und Anna Pollak. Diese Sofie Jolesch war mit Samuel Jolesch verheiratet und somit die Großmutter von Franz Jolesch. Im zweiten Grab liegt Heinrich Jolesch (1867–1919), ein Bruder von Julius Jolesch und Emil Jolesch.“ Und damit ist er ein Onkel von Franz Jolesch. Einige Tage später schickt uns Gaugusch weitere Daten. Wir können nun den Stammbaum der drei Söhne Samuel Joleschs komplettieren und wissen sogar über deren Kinder Bescheid.

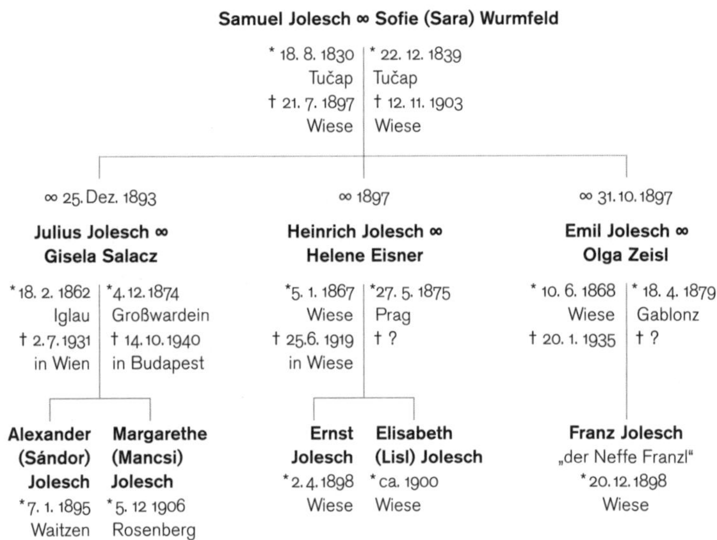

Sperber in Polizeihaft – das Protokoll der Einvernahme

Wir besuchen Dr. Wolfgang Neugebauer im Dokumentationsarchiv des österreichischen Widerstandes und sprechen mit ihm über unser Buchprojekt: „Wir stehen vor einem großen Problem: Müssen wir einem jugendlichen Leser erklären, was im Jahr 1934 passiert ist? Lernt er heutzutage in der Schule, warum das Militär auf Arbeiter geschossen hat?“

„Ihr müsst wohl erklären, dass es mit dem Republikanischen Schutzbund der Sozialdemokraten auf der einen Seite und den Heimwehren auf der anderen Seite zwei starke paramilitärische Verbände gegeben hat.“

„Ich habe noch in der Schule gelernt, dass sich das Parlament 1933 selbst aufgelöst hat. Dabei hat die christlichsoziale Regierung unter Engelbert Dollfuß eine Geschäftsordnungsstreitigkeit als Vorwand genommen, um den Parlamentarismus abzuschaffen. Eine Wiedereinberufung des Nationalrats wurde mit Polizeigewalt verhindert. Engelbert Dollfuß hatte lange darauf hingearbeitet, die Parteien zu verbieten und den ‚Ständestaat‘ mit der Einheitspartei ‚Vaterländische Front‘ zu errichten.“

Auch Wolfgang erachtet es als schwierig, die Geschichte zwischen den zwei Weltkriegen in aller Kürze darzustellen: „Wenn man die Februarkämpfe 1934 erklärt, muss man auch das Ende der Demokratie 1933 erklären. Wenn man 1933 erklärt, muss man auch den Justizpalastbrand 1927 erklären und dann das Urteil von Schattendorf, die Bankenkrise, das Ende des Ersten Weltkriegs, die Reduktion der Österreichisch-ungarischen Monarchie auf einen Kleinstaat, ein Staat, an den keiner geglaubt hat ...“

Friedrich Torberg charakterisiert in seinem Buch *Die Tante Jolesch* den von Bundeskanzler Dollfuß installierten „Christlichen Ständestaat“ kurz, prägnant und treffend: „Das bedeutete das Ende der politischen Parteien, empfindliche Einschränkungen der Meinungsfreiheit, allerlei Deutschtümelei mit unverkennbar antisemitischen Tendenzen, Einführung der Pressezensur und andere ganz- oder halbfaschistische Maßnahmen, die dem großen Nazi-Bruder den Wind aus den Segeln nehmen sollten, (den er sich bekanntlich nicht nehmen ließ).“[29]

Viel später, in den 1970er und frühen 1980er Jahren, sollte der sozialdemokratische Bundeskanzler Bruno Kreisky – wenn ihm von der Volkspartei undemokratisches Verhalten vorgeworfen wurde – immer mit einem Gegenangriff antworten: „Warum, meine Herren von der ÖVP, hängt in Ihren Klubräumen noch immer das Bild von Engelbert Dollfuß?“ Das war jener Politiker, der die parlamentarische Demokratie ausgelöscht und durch eine Regierungsdiktatur ersetzt hatte. Er war gleichzeitig Bundeskanzler, Innen-, Verteidigungs-, Sicherheits-, Land- und Forstwirtschaftsminister – de facto auch Außenminister – alle wichtigen Positionen in der Regierung übte er selbst aus.

Dass es so weit kommen konnte, hängt auch mit der sturen Haltung der Sozialdemokraten zusammen. Der Führer der Christlichsozialen Ignaz Seipel machte im Jahr 1931 nach dem Zusammenbruch der Banken seinem sozialdemokratischen Gegenspieler Otto Bauer ein Koalitionsangebot. Bruno Kreisky hat später die Meinung vertreten, dass es ein Fehler war, dieses Koalitionsangebot nicht anzunehmen. Es wäre die letzte Chance zur Rettung der österreichischen Demokratie gewesen. „Hätte man damals ja gesagt, dann hätte man uns nicht nachsagen können, wir seien unversöhnlich und zu keiner Zusammenarbeit bereit. Ganz gewiss aber wäre es nicht zum 12. Februar 1934 gekommen. Denn dass die Koalitionspartner von 1931 wenige Jahre später aufeinander geschossen hätten, ist sehr unwahrscheinlich.“ [30]

Rückblickend lässt sich auch räsonieren, wann die Sozialdemokratie ihre Muskeln hätte spielen lassen sollen. Hätte sie 1933, als Dollfuß das Parlament ausschaltete, zum Generalstreik ausrufen sollen? Bruno Kreisky nahm dazu eine differenzierte Haltung ein. „Ich habe mit zu jenen gehört, die im März 1933 dafür waren, daß losgeschlagen wird. Ja, aber was wäre denn das Ergebnis gewesen? Daß ein Teil Österreichs, vor allem Wien und einige Industriegebiete, daß dort die kämpfende Partei gesiegt hätte. Aber in weiten Teilen des westlichen Österreichs wäre das alles vergeblich gewesen. Dann hätte es die vereinzelten zu verteidigenden Bastionen gegeben, inmitten eines Europas, in dem ein tollwütiger Nazismus in Deutschland soeben die Macht ergriffen hatte, in dem ein seit langem etablierter und machttrunkener Faschismus in Italien in der aktivsten Weise den österreichischen Faschismus unterstützt hat, in dem der raubgierige Horthy-Faschismus unsere östliche Grenze bildete, um uns das Burgenland wieder zu entreißen. Es gab nur die schmale Grenze zur demokratischen Schweiz und die zur demokratischen Tschechoslowakei, deren Isoliertheit und Schwäche sich schon damals ankündigte. (...) Das ist keine Konzession an den Fatalismus, dieser Kampf konnte immer nur als ein heldenhafter Widerstand verstanden werden, als einer, der sich unauslöschlich in die Geschichte der österreichischen und der internationalen Arbeiterbewegung einschrieb, so wie die Pariser Kommunarden eingeschreint blieben in dem großen Herzen der Arbeiterklasse.“ [31]

Wir nehmen das Protokoll der Einvernahme Hugo Sperbers zur Hand. Auch Neugebauer kann uns nicht sagen, wann Sperber in das Polizeigefangenenhaus auf der Rossauer Lände eingeliefert wurde – es wurde im Volksmund „Liesl“ genannt, aufgrund der früheren Adresse Elisabethpromenade.

Sperber wurde jedenfalls am 4. März 1934 mehrere Stunden lang einvernommen. Er wollte mit seiner Aussage dokumentieren, wie beschäftigt er als Anwalt während der Februarkämpfe vom 12. bis 15. Februar 1934 gewesen war. Wie hätte er da die Kämpfe organisieren oder an ihnen teilnehmen können? Außerdem wollte er darlegen, dass er sich hauptsächlich in der Wiener Innenstadt aufgehalten hatte – nicht in den Kampfgebieten in den Außenbezirken.

Sperber ging sogar so weit, dass er detailliert schilderte, was er in seiner Freizeit gemacht hatte. Er besuchte in diesen Tagen zwei Mal in der Hegelgasse 4 seine Tante Aranka Lewy, die Ehefrau des damals bereits verstorbenen Vormunds Georg Lewy, ging Mittagessen ins Café Arcaden (das heutige Votivcafé), und sah im Burgkino den Film *Menschen im Hotel*, gedreht nach einem Roman von Vicky Baum, die er vermutlich aus dem Café Herrenhof persönlich kannte. Spätabends spielte er mit Franz Elbogen und Leo Perutz Tarock – in dessen Wohnung in Wien 9, Porzellangasse 37.

Perutz dürfte seit Mitte der Zwanzigerjahre mit den Christlichsozialen sympathisiert haben. Angesichts der Februarkämpfe hat er jedoch mit der Sozialdemokratie Mitleid empfunden, ihn beeindruckten die „gewaltigen und großartigen Kämpfe für eine verlorene Sache“. „Den ganzen Tag traurig“, schrieb er am 13. Februar in sein Notizbuch.[32]

Sperbers Verteidigungslinie war plausibel. Er wird gewusst haben, dass er einer groß angelegten Verhaftungswelle zum Opfer gefallen ist. Neugebauer nimmt ein Buch zur Hand und zitiert aus einem Aufsatz, den er vor Jahren verfasst hat: „Bis Mitte März 1934 waren allein in den Polizei- und Gerichtsgefängnissen in Wien 7.823 Personen inhaftiert, von denen bis 24. April 2.133 an die ordentlichen Gerichte übergeben wurden.“ [33] Es wurden so gut wie alle sozialdemokratischen Politiker verhaftet, bis auf die Bezirksebene hinunter, auch viele kleine Funktionäre, sogar jene vom Arbeitersamariterbund.

Die Aussagen Hugo Sperbers sind ein interessantes historisches Dokument. Das Protokoll der Einvernahme zeigt, wie sich die sozialdemokratischen Parteianwälte vernetzt haben, um eine Verteidigung der Beschuldigten in den wichtigsten politischen Prozessen zu organisieren. Sperber stand in Kontakt mit seinen Kollegen Dr. Arnold Eisler, Dr. Johann Dostal und Dr. Robert Lazarsfeld.

Federführend beim Organisieren der Verteidigung war wohl Dr. Eisler. Sperber sagt aus, er habe von Eisler einen Anruf erhalten, die Verteidigung eines Angeklagten vor dem Standgericht zu übernehmen – das klingt wie die Entgegennahme eines Auftrags. Eisler war nicht nur Rechtsanwalt, sondern bekleidete als Sozialdemokrat auch mehrere politische Funktionen: 1919/1920 war er Mitglied der Konstituierenden Nationalversammlung, dann Unterstaatssekretär im Staatsamt für Justiz und anschließend Abgeordneter zum Nationalrat.

Dr. Dostal war als Konzipient in Eislers Kanzlei tätig gewesen und galt so wie Sperber als Parteianwalt der Sozialdemokraten. Auch er wurde im Zuge der Verhaftungswelle festgenommen. Nach dem Krieg war er von 1946 bis 1972 Mitglied des Verfassungsgerichtshofs. [34]

Dr. Lazarsfeld, wohl ein enger Freund Sperbers, war der Ehemann der Individualpsychologin Sophie Lazarsfeld. Das Ehepaar hatte zwei Kinder: Paul Felix Lazarsfeld, der die berühmte Studie „Die Arbeitslosen von Marienthal“ leitete und es später in den Vereinigten Staaten als Soziologe zu Weltruhm brachte, und Elisabeth Henriette Lazarsfeld, sie hatte in den Zwanzigerjahren den Physiker Friedrich Zerner geheiratet.

Als Dr. Robert Lazarsfeld die Nachricht bekommt, dass sein Schwiegersohn Friedrich Zerner, Funktionär der Stadtschutzwache, vom Kommissariat Mariahilf festgenommen worden ist, alarmiert er Sperber. „Wir begaben uns nun gemeinsam zur Intervention in das genannte Amt“, heißt es in der Niederschrift, „wo uns durch den Stadthauptmann jedoch keine endgültige Auskunft im Gegenstande erteilt werden konnte.“

Natürlich wusste Sperber auch, wie sich die Regierung in den vorangegangenen Monaten die Justiz gefügig gemacht hatte. Vordergründig ging es darum, jene Richter, die Sympathien für die Nationalsozialisten in ihren Urteilen zum Ausdruck gebracht hatten, an die Kandare zu nehmen, im Ganzen gesehen richtete sich die Aushöhlung der verfassungsmäßigen Grundrechte aber genauso gegen die Sozialdemokratie.[35] Die Richterschaft wurde auf die Regierung eingeschworen, indem allen Staatsbeamten ein zusätzliches Dienstgelöbnis auf die amtierende Regierung aufgezwungen wurde; durch die Lahmlegung des Verfassungsgerichtshofes war es unmöglich, dem Notverordnungsregime auf gesetzlicher Grundlage Einhalt zu gebieten.

Sperber drohte zu diesem Zeitpunkt eine Anklage nach § 73 Strafgesetzbuch (Aufruhr). Im Falle des Standrechts war Aufruhr mit der Todesstrafe bedroht, außerhalb des Standrechts drohte einem „Aufwiegler und Rädelsführer“ eine schwere Kerkerstrafe von zehn bis zwanzig Jahren, „bei sehr hohem Grade der Bosheit und Gefährlichkeit des Anschlages“ auch lebenslänglich. Die übrigen Mitschuldigen sollten mit schwerem Kerker von einem bis fünf Jahren bestraft werden, „bei höherem Grade der Bosheit“ mit fünf bis zu zehn Jahren. Dr. Sperber wusste sicherlich, wie willkürlich der § 73 und die entsprechenden Strafandrohungen interpretiert werden konnten.

Abgesehen von einer Anklage wegen Aufruhrs drohte Sperber auch ein Berufsverbot. Nach einer Verordnung der Bundesregierung vom 16. Februar 1934 konnte Rechtsanwälten, die nach bestimmten Regierungsverordnungen rechtskräftig abgestraft worden waren, die Berufsausübung durch Verfügung des Justizministeriums untersagt werden. Dazu gehörten Tätigkeiten für verbotene Parteien (Kommunisten, Nationalsozialisten, Sozialdemokraten), Verstöße gegen das Streikverbot, Teilnahme an politischen Demonstrationen, Terrorakte, Missbrauch des Rundfunks etc. Diese „Sicherungsmaßnahme“ war mit Ende Juni befristet.

Die sozialdemokratische *Arbeiter-Zeitung* kritisierte am 8. April 1934 diese Verordnung. Sie ziele darauf ab, dass Rechtsanwälte es nicht mehr wagen würden, die Verteidigung der gefangenen Sozialdemokraten zu übernehmen, weil sie fürchten mussten, dass ihnen das Recht zur Berufsausübung entzogen würde. Am 17. März 1934 protestierten französische und belgische sozialistische Politiker und Menschenrechtsaktivisten bei Justizminister Kurt Schuschnigg gegen diese Vorgangsweise. Den Angeklagten das Recht auf Verteidigung zu nehmen, widerspreche allen international anerkannten Rechtsgrundsätzen.[36]

Als Hugo Sperber am 4. März einvernommen wurde, kannte er natürlich die Verordnung vom 16. Februar. Dennoch bekannte er sich in seiner Aussage dazu, dass er zusammen mit anderen Rechtsanwälten die Verteidigung der Schutzbündler in den Standgerichtsverfahren organisiert hatte. Dass er einige von ihnen verteidigt hatte, konnte er auch gar nicht leugnen.

Das Protokoll der Niederschrift enthält auch eine Darstellung Sperbers, wie er Sozialdemokrat geworden ist: „Ich gehöre der Sozialdemokratischen Partei seit meinem 18. Lebensjahre an. Schon in jungen Jahren spürte ich Vorliebe für Bildungsangelegenheiten und hielt Vorträge in Arbeiter-Bildungsorganisationen. Im Weltkrieg rückte ich ein, diente bei Landsturm 1, Schützen 1, und Landsturm 37 und erreichte die Charge eines Oberleutnants." Anschließend weist Sperber darauf hin, dass der in seiner Wohnung vorgefundene Stahlhelm sein Kriegsstahlhelm ist, den er aus dem Feld mitgebracht hat.

„Natürlich wurde Sperbers Wohnung im Zuge der Festnahme nach Waffen durchsucht", erläutert Neugebauer. Sperber wollte verhindern, dass der Besitz des Stahlhelms aus dem Ersten Weltkrieg falsch interpretiert wurde; als Beweis für eine beabsichtigte oder tatsächliche Teilnahme an den Februarkämpfen.

„Nach dem Umsturz im Jahre 1918 wurde ich Leiter der Sektion 2 des 2. Bezirkes [Leopoldstadt], welche Funktion ich bis zur Auflösung der Partei [gemeint ist der 12. Februar 1934] bekleidete. Ich betätigte mich auch nach dem Kriege bis in die letzte Zeit innerhalb der Partei volksbildnerisch und zwar hielt ich einmal wöchentlich im Lokal II, Praterstraße 25 unentgeltliche juristische Sprechstunden für Parteigenossen ab. Diese Sprechstunden wurden übrigens auch von Nichtparteigängern mißbräuchlich benützt. Ferner hielt ich gelegentlich in verschiedenen Organisationen der Partei Vorträge über das Schöffen- und Geschworenenwesen und trachtete der Hörerschaft das zur Bekleidung einer derartigen Funktion nötige juristische Wissen beizubringen. Ferner hielt ich Vorträge über Rechtsfragen des täglichen Lebens sowie Heiteres aus dem Gerichtssaal. Manche meiner Vorträge wurden sogar von Polizeiorganen inspiziert, welche daran keinerlei Bedenken fanden. Meine Tätigkeit in der juristischen Sprechstunde brachte es mit sich, daß ich eine ziemliche Anzahl von Parteigenossen als Gratisklienten zu behandeln hatte. Irgendwelche von der Partei bezahlte Rechtsvertretungen hatte ich nicht. Die Kurse und Vorträge wurden minimal mit Schilling 5,– honoriert, so dass gerade nur eine Spesendeckung herauskam. Außer der erwähnten parteimäßigen Klientel hatte ich eine ziemlich starke nicht parteimäßig bedingte, von der ich meinen Lebensunterhalt verdienen konnte, da die parteimäßige Tätigkeit mir dieses nicht verbürgt hätte."

Laut Protokoll legte Sperber Wert auf die Feststellung, dass er nicht an dem Parteitag im Oktober 1933 in Wien teilgenommen habe. Für die damals gefasste Resolution habe er sich nicht näher interessiert, „zumal ich diese nicht ernst genommen habe". Die sozialdemokratischen Parteibeschlüsse orientierten sich damals an dem Linzer Programm des Jahres 1926. Problematisch war das Lavieren zwischen dem Bekenntnis zur parlamentarischen Demokratie („Die sozialdemokratische Arbeiterpartei wird die Staatsmacht in den Formen der Demokratie und unter allen Bürgschaften der Demokratie ausüben.") und einer klassenkämpferischen Rhetorik, die zwar defensiv angelegt war, aber auch als Forderung nach einem gewaltsamen Umsturz und Errichtung einer „Diktatur des Proletariats" verstanden werden konnte. („Wenn sich aber die Bourgeoisie gegen die gesellschaftliche Umwälzung, die die Aufgabe der Staatsmacht der Arbeiterklasse sein wird, durch planmäßige Unterbindung des Wirtschaftslebens, durch gewaltsame Auflehnung, durch Verschwörung mit ausländischen gegenrevolutionären Mächten widersetzen sollte, dann wäre die Arbeiterklasse gezwungen, den Widerstand der Bourgeoisie mit den Mitteln der Diktatur zu brechen.") Diese verbale Radikalität diente dazu, den linken Rand der Partei gegenüber den Kommunisten abzusichern, sie hat aber viele Bürgerliche irritiert und sie den Christlichsozialen zugetrieben.

Sperber schildert auch, dass er am Montag in die Praterstraße 25 ging, um seine juristische Sprechstunde abzuhalten: „Als ich dorthin kam, erfuhr ich von der Hausbesorgerin, daß das Lokal bereits von der Polizei gesperrt worden sei."

Sperber bekennt sich dazu, dass er mit einigen Rechtsanwälten, insbesondere mit Dr. Dostal, Kontakt aufnahm, um die Verteidigung in den Standgerichtsfällen zu organisieren und sich auch aktiv daran zu beteiligen. Er ging am Mittwoch, den 14. Februar, früh in das Straflandesgericht II, wo die Standgerichtsverhandlung gegen Karl Münichreiter und andere Schutzbündler anberaumt war: „Es kam jedoch nicht dazu, daß ich in dieser Verhandlung als Verteidiger auftreten konnte, da ich vor der Verhandlung einen Auftritt mit dem [Pflicht-] Verteidiger Dr. Anton Kraus hatte, der es ablehnte, mit mir zusammenzuarbeiten." Der Schutzbündler Karl Münichreiter war bei einem Feuergefecht mit der Polizei durch zwei Schüsse schwer verletzt worden. Er wurde noch am 14. Februar standrechtlich zum Tode verurteilt, auf einer Tragbahre zur Hinrichtung ins Wiener Landesgericht getragen und gehenkt.

Am Donnerstag, den 15. Februar und an den folgenden Tagen fungierte Sperber als Verteidiger beim Standgericht in den Verhandlungen „gegen die Angeklagten Seiler und Genossen". Als Zeugen für diese Betätigung nennt er seinen Kompagnon Dr. Sommer und sein Kanzleifräulein Turkowitsch. Angeklagt war wohl Emmerich Sailer (richtige Schreibweise). Er befehligte die Schutzbündler im Reumannhof, einem großen Gemeindebau in Wien-Margareten. Schon praktisch unter dem Galgen wurde er begnadigt, sein Todesurteil in lebenslange Haft umgewandelt. In diesem Fall hat also Hugo Sperber als Verteidiger einen Schutzbündler vor der Hinrichtung bewahrt. Emmerich Sailer war nach dem Zweiten Weltkrieg Mitglied des Wiener Gemeinderats und Bezirksobmann der SPÖ-Margareten.

„Der Neffe Franzl" – Gastgeber Torbergs in Wiese bei Iglau

Friedrich Torberg hat schon in seinem Exil in den USA damit begonnen, eine Herkunftsgeschichte für die Anekdoten „seiner" Tante Jolesch aufzubauen. Das geht aus dem in der Handschriftenabteilung der Nationalbibliothek archivierten Briefwechsel Torbergs mit Zeitgenossen hervor. Torberg argumentierte in etwa so: Er habe einen guten Freund, Franz Jolesch, und dieser habe ihm Pointen dieser Tante überliefert.

Diese Pointen wolle er sammeln und jeweils zum Schlusspunkt einer Anekdote machen. Die Korrespondenzpartner haben ihm daraufhin weitere Pointen samt den dazupassenden Geschichten geliefert. Wenn diese atmosphärisch gepasst haben, hat sie Torberg, wie er selbst sagt, „katalogisiert".

Beim Lesen der Briefe verfestigt sich bei mir der Eindruck, dass die Tante Jolesch ursprünglich die Hauptfigur eines Romans werden sollte. An eine Anekdotensammlung scheint Torberg anfangs nicht gedacht zu haben – er wollte sich nach seinem viel beachteten und auch kommerziell erfolgreichen Roman *Der Schüler Gerber* und nach dem Buch *Mein ist die Rache*, welches ein ideeller Erfolg war, weiterhin als Schriftsteller und nicht als Anekdotensammler profilieren. Als ihm sein Lektor Justinian Frisch in einem Schreiben den Titel „Anekdoteles" verleiht, protestiert er heftig.

Während man lange darüber diskutieren kann, ob die Tante Jolesch eine rein literarische oder eine real existierende Figur war, gibt es bei dem „Neffen Franzl" keinen Zweifel. Es handelte sich um Franz Jolesch, einen Industriellensohn in Mähren. Sein Vater war Besitzer einer bedeutenden Strick- und Wirkwarenfabrik samt Spinnerei in Wiese bei Iglau (Luka nad Jihlavou). Im Jahr 1908 zählte das Unternehmen laut Angaben des Buches *Die Großindustrie Österreichs* [37] 800 bis 900 Beschäftigte. Torberg war mehrere Male bei Franz Jolesch zu Besuch. Im Jahr 1934 hat er dort auf Einladung der Familie mehrere Wochen verbracht.

Der Schüler Gerber war 1930 erschienen, Torberg galt also zu diesem Zeitpunkt als erfolgreicher, junger Autor, der geeignet war, einer Gesellschaft ein künstlerisches Flair zu verleihen. Für die Familie Jolesch war es wohl eine Form von Mäzenatentum, man wollte einem Schriftsteller, der ohnedies nicht mit Geld gesegnet war, unter die Arme greifen. Zum Freundeskreis von Franz Jolesch zählte auch Anton Kuh, wie wir später aus einem Briefwechsel ersehen werden.

Ein Foto aus der ersten Hälfte der 1930er Jahre zeigt Franz Jolesch flankiert von Freunden. Er trägt ein helles Hemd und eine Lederhose, in der Hand hält er eine Zigarette, vor ihm auf dem Tisch liegt ein Gewehr. Franzls Jagdhund hat gerade mit einem anderen Mitglied dieser Gruppe Freundschaft geschlossen.

Franz Jolesch in Wiese bei Iglau (dritter von rechts), ganz rechts Friedrich Torberg

Ganz rechts auf der Bank sitzt Friedrich Torberg. Zwischen den beiden sieht man eine junge Frau, offensichtlich eine Freundin Torbergs, sie hat sich bei ihm eingehängt.

Emil Jolesch, damals Alleineigentümer und Chef des Unternehmens, war mit Olga Zeisl verheiratet. Diese hatte ein zweistöckiges Landhaus in die Ehe eingebracht oder dessen Bau finanziert, weshalb es in Kreisen der Familie „Villa Zeisl" genannt wurde. Das Haus war großzügig ausgestattet und hatte zwei Gästeschlafzimmer: „Alle Verwandten aus Prag, Brünn und Wien waren jedes Jahr nach dem Ischler Aufenthalt auch noch einige Wochen in der Villa Zeisl in Wiese bei Iglau eingeladen und Franzl hat dort immer Feuerwerke abgebrannt (...) und auch andere Belustigungen für die Familie veranstaltet." Daran erinnert sich später die nach Melbourne emigrierte Grete Barnes, eine Verwandte Franzls. Sie schreibt diese Zeilen Friedrich Torberg, nachdem sie sein Buch *Die Tante Jolesch* gelesen hat.

Friedrich Torberg war mit Franz Jolesch eng befreundet. Also hat er auch die Liebesgeschichte des mährischen Industriellensohnes miterlebt.

Franz Jolesch

Es geht um ein Mädchen mit dem Namen Luise Anna Gosztonyi. Sie wurde am 6. März 1906 in Neutra/Nyitra (heute Nítra, Slowakei) geboren – als Tochter und einziges Kind des ungarischen Großgrundbesitzers Gyula Gosztonyi von Abalehota und seiner aus einer jüdischen Wiener Fabrikantenfamilie stammenden Gattin Louise, geb. Ruhmann.

Gyula Gosztonyi von Abalehota wurde als Julius Gerstl geboren, der berühmte Maler stammt aus derselben Familie. Als die Tochter Luise geboren wurde, war der Vater bereits in den Adelsstand erhoben, Julius Gerstl war zu Gyula Gosztonyi magyarisiert worden.

Im Jahr 1917 übersiedelte die Familie nach Wien, 1921 starb die Mutter. Der Vater legte sein ganzes Bargeld in der Bank von Neutra, die von seinem Bruder geführt wurde, in Kriegsanleihen an. Neutra wurde nach dem Krieg der Tschechoslowakei zugeschlagen, der Vater optierte für Österreich und das in der Bank verbliebene Geld wurde entwertet. Ein Jahr darauf ließ er seine Tochter in das von Eugenie Schwarzwald geleitete private Mädchenlyzeum einschreiben.

Eugenie Schwarzwald wird ein halbes Jahrhundert später in dem Buch *Die Tante Jolesch* so charakterisiert werden: Sie war „eine verdienstvolle Pädagogin und Leiterin einer von ihr gegründeten Schule, in der sie Wiens höhere Töchter nach den modernsten Methoden in Halbbildung unterwies“. Eugenie Schwarzwald habe sich ständig „auf Prominentenfang“ befunden und sei damit beim Schriftsteller Leo Perutz auf so heftiges Missbehagen gestoßen, „daß er sich immer wieder den

Anschein gab, sie nicht zu kennen, und ihr immer aufs neue vorgestellt werden musste“. Als sie ihn deswegen bei einem Empfang zur Rede gestellt habe – „Sie haben mich schon wieder nicht gegrüßt!“ – habe dieser geantwortet: „Entschuldigen Sie, ich hab geglaubt, Sie sind die Schwarzwald!“ [38]

Eugenie Schwarzwald, geborene Nußbaum, stammte aus dem Osten der k. u. k. Monarchie, aus dem Kronland Galizien. Sie studierte an der Universität Zürich, der damals einzigen Hochschule im deutschsprachigen Raum, die Frauen zum regulären Studium zuließ, und promovierte zum Dr. phil.

Nach ihrer Heirat mit Hermann Schwarzwald lebte sie in Wien und übernahm ein altes, verstaubtes Mädchenlyzeum am Franziskanerplatz 5. Die selbstständige Leitung ihrer Schule blieb ihr allerdings lebenslang verwehrt und ihr in Zürich erworbener akademischer Grad wurde in Österreich nie anerkannt.

Trotzdem gelang es ihr, das Lyzeum nach und nach zu einem Schulzentrum mit Volksschule, Gymnasial- und allgemeinen Fortbildungskursen zu entwickeln. Die Volksschule war auch die erste Schule mit koedukativer Erziehung. Sie setzte Ideen in die Realität um, die damals revolutionär wirkten, später Grundlage für Otto Glöckels Schulreformen waren und heute als selbstverständlich gelten.

Ab 1911 führte sie die Schule als Mädchenrealgymnasium mit acht Klassen. Es war damit eine der ersten Schulen in Österreich, an der Mädchen maturieren konnten. Seit 1913 hatte die Schule ihre neue Heimstätte in Wien 1, Wallnerstraße 9 (ident mit Herrengasse 10). Von den bekannten Schriftstellern und Künstlern, die sich im Café Herrenhof im selben Haus trafen, konnte Schwarzwald einige als Lehrer gewinnen, darunter Oskar Kokoschka (Malen und Zeichnen), Adolf Loos (Architektur), Arnold Schönberg und Egon Wellesz (Musik), Hans Kelsen (Soziologie und Volkswirtschaftslehre) und Otto Rommel (Literatur).

Der Ideenreichtum der Schwarzwald beschränkte sich aber nicht nur auf den pädagogischen Bereich. Einmal trat sie für „Speisehäuser ohne Esszwang“ ein, um auch den sozial Schwachen die Möglichkeit zu geben, außer Haus zu essen, sie errichtete Gemeinschaftsküchen und wollte mit der Aktion „Obst fürs Volk“ den Fleischkonsum der Wiener zügeln.

Die Wohnung des Ehepaares Schwarzwald in Wien 8, Josefstädterstraße 68, und die Villa am Grundlsee waren Treffpunkte bekannter Persönlichkeiten.

Nach der Machtergreifung Hitlers in Deutschland half sie Flüchtlingen, die nach Österreich kamen, 1934 unterstützte sie verfolgte Sozialdemokraten. 1938 wurde sie während eines Aufenthaltes in Dänemark vom „Anschluss" überrascht; sie kehrte nicht mehr nach Wien zurück, sondern emigrierte in die Schweiz. In Österreich wurde ihr gesamtes Eigentum „arisiert", die Schule wurde noch im selben Jahr geschlossen, Teile wurden in das Schulsystem der Nazis eingegliedert.

Berühmte Schülerinnen waren die Tänzerin, Schauspielerin und Operettensängerin Elsie Altmann-Loos, die Schriftstellerin Vicky Baum, die Psychoanalytikerin Anna Freud, die Malerin Ruth Karplus, die Kunsttherapeutin Edith Kramer, die Schauspielerin Elisabeth Neumann-Viertel, die Psychoanalytikerin Else Pappenheim, die Schriftstellerin Hilde Spiel, die Schauspielerin Helene Weigel und die Schriftstellerin Alice Herdan-Zuckmayer.

Es wird wohl stimmen, dass die Schwarzwald ständig „auf Prominentenfang" war, um Gelder für ihre Wohlfahrtseinrichtungen und Vereine zu sammeln. Auch Hilde Spiel attestierte ihr in *Die hellen und die finsteren Zeiten – Erinnerungen 1911–1946* eine „zuweilen penetrante Rührigkeit". Darüber hinaus war sie als Feministin aber auch dem Hass und Spott der Männer ausgeliefert. Verletzend war die Parodie in *Die letzten Tage der Menschheit* von Karl Kraus. Wer in Teil 1., 2. Akt, 33. Szene liest, wird sie in der „Hofrätin Schwarz-Gelber" erkennen. „Unglücklich war Kraus über die Tatsache, daß Rainer Maria Rilke während seines Wien-Aufenthaltes (...) mehr Zeit im Haus Schwarzwald als in seiner Gesellschaft verbrachte", schreibt *Das jüdische Echo.*[39] Die Schwarzwald blieb aber trotzdem eine glühende Kraus-Verehrerin.

Alfred Polgar und Egon Friedell parodierten zum Fasching 1922 die Schwarzwald in einem fingierten Interview. Dort ist von ihren zahlreichen Vereinsgründungen die Rede, zum Beispiel „Verwertung der Gebirgshöhlen als Turnsäle" und „Gebirgsluft fürs flache Land durch Herstellung transportabler Berge". Dazwischen arbeitet die „Frau Doktor" an einem neuen Werk mit dem Titel: „Wie koche ich Braten ohne

Fleisch und Fett und Feuer". Am Schluss des Interviews sagt sie: „Ein Glück, dass Sie heute einen ruhigen Tag erwischt haben."

Auch Robert Musil und seine Frau gehörten zum Bekanntenkreis der Schwarzwald. Er war Mitglied des Vereins zur Errichtung und Erhaltung von Gemeinschaftsküchen. Musil hatte ein ambivalentes Verhältnis zu ihr, in seinem Tagebuch finden sich auch zynische Bemerkungen, so konstatiert er bei ihr „ein Nebeneinander von Wohltun und Sichwohltun". Eugenie Schwarzwald war die Vorlage für die betriebsame Salondame Diotima in Musils *Der Mann ohne Eigenschaften*.

Außerdem ist sie als eine Schlüsselfigur in Hugo Bettauers Roman *Der Kampf um Wien* erkennbar. Dort ist ihr Ebenbild die Pädagogin Frau Dr. Eugenia Harz, „in deren rundem knabenhaften Kopf mit den kurzen Haaren immerwährend neue Ideen brodelten, menschheitsbeglückende, erzieherische, geniale und mitunter auch abstruse. Aus dem Nichts heraus schuf sie Mittelstandheime, Freiluftanstalten, Speisehallen."

Torbergs Bemerkungen über die Schwarzwald, mit Leo Perutz als Hauptfigur, entspricht also ganz der damaligen Herrenhof-Mentalität. Die Anekdote muss nicht an den heutigen Kriterien von Fairness gegenüber einer engagierten Frau gemessen werden.

Torberg wird wohl auch gewusst haben, dass Eugenie Schwarzwald aus dem Judentum ausgetreten ist. Außerdem war sie kirchenkritisch und lehnte jede Form religiöser Organisation ab. Wenn heute jemand die Anbringung einer Ehrentafel auf der Wallnerstraße 9 anregt, weht ihm sofort der Wind ins Gesicht. Es wird dann gegen die Schwarzwald ins Treffen geführt, dass auf Wikipedia ein antisemitischer Satz aus einem ihrer privaten Briefe als Zitat zu lesen ist. Dessen ungeachtet hat Robert Streibel an der Volkshochschule Hietzing eine kleine Dauerausstellung über das Wirken der Eugenie Schwarzwald eingerichtet. „Können zwei Sätze aus einem privaten Schreiben eine Würdigung verhindern?", fragt er in einem Leserbrief. „Ich habe regelmäßig Treffen für ehemalige Schwarzwald-SchülerInnen organisiert und in diesen Gesprächen mit Vertriebenen und Heimgekehrten war ein Tenor unüberhörbar: Die Schulzeit war für sie die schönste Zeit ihres Lebens."

In der kleinen Dauerausstellung ist auch ein Gedicht Peter Hammerschlags zu lesen, in dem er sich darüber lustig macht, dass die „Fraudoktor“ von der talmudischen Ghettotradition in die emanzipierte Kaffeehauskultur des Herrenhofs gewechselt ist: „Deine Ahnen hockten talmudbüffelnd / Vor Galiziens Bordell-Tavernen. / Deine Seele reckt sich sehnsuchtsschnüffelnd / Gansschmalzghettomüd nach Adelsfernen.“

Im Jahr 1924 bricht Luise Gosztonyi die Schule der Eugenie Schwarzwald ab und heiratet am 10. August einen gewissen Georg Boschan. Wir wissen über ihn aus Angaben Ernst Fischers, dass er ein Mann „mit einem großen weißen Auto“ war und dass sie mit einer Freundin gewettet hatte, „dieses Auto werde sie einmal zum Standesamt bringen“.[40] Es mag sein, dass sie es so erzählt hat. Georg Gaugusch wies uns allerdings auf einen bemerkenswerten Umstand hin: Georg Boschan war ein weitschichtiger Verwandter der Familie Gerstl/Gosztonyi. Es sieht so aus, als wäre sie verheiratet worden. Wie dem auch sei, nach zwei Monaten trennt sich das Paar, die Ehe wird im November 1925 geschieden. Fortan schreibt sie sich Louise und wird Lou gerufen.

Am 7. Jänner 1927 heiratet sie ein zweites Mal – und zwar Franz Jolesch. Zu dieser Zeit ist sie nicht ganz 21 Jahre alt und zieht zu ihm nach Wiese. „Mein zweiter Ehemann war Fabriksbesitzersohn in der Tschechoslowakei, arbeitete in einer Textilfabrik in völliger Abhängigkeit von seinem Vater“, schreibt sie in ihren Lebenserinnerungen.[41] „Er war belesen, kultiviert, großzügig und begabt. Seine Eltern versuchten alles, um die Ehe zu verhindern. Sie hofften auf eine Schwiegertochter mit großer Mitgift. Ich blieb dort – in einem tschechischen Provinznest – immer die Fremde. Ich hatte viel Zeit, vertrödelte sie mit Bridgespielen, Gastgebereien, Reisen nach Wien, Berlin, Paris.“

Torberg formuliert es in seiner Anekdotensammlung *Die Tante Jolesch* weniger freundlich. Franz Jolesch sei „mit einer starken Begabung zum Nichtstun“ ausgestattet gewesen, „das er nur dem Bridgespiel und der Jagd zuliebe aufgab“.[42]

Die zuvor erwähnte Grete Barnes, eine Verwandte „des Neffen Franzl“, beschreibt Louise Jolesch als „schick und mondän“. Auch Mrs. Barnes vermittelt den Eindruck, dass die junge Frau nicht ins Milieu des kleinen Ortes gepasst hat: „Als sie nackt im Garten Sonnenbäder nahm, sind die Bauern mit Heugabeln auf die Fabrik gestürmt.“

Lou liest Werke der russischen Revolutionärin Vera Figner, außerdem Bücher von Marx, Engels und Trotzki. Wenn bei Wahlen in dem kleinen Ort eine kommunistische Stimme gezählt wurde, war allen klar, woher sie kam.

Im Jahr 1933 trifft sie in der Hohen Tatra (Vyšné Hágy) den Komponisten Hanns Eisler – er war dort, um an einem Filmprojekt zu arbeiten, das allerdings nicht realisiert werden sollte. Zu dieser Zeit war sie ihres Daseins in Wiese bei Iglau bereits überdrüssig: „Sie redete ihrem Manne zu, auf die Fabrik und alles Drum und Dran zu verzichten. Sie könne so nicht leben, in diesem soliden Komfort. Außerdem sei er gar nicht so solid, denn Hitler stehe an der Grenze ‚und du bist Jude'. Er bat sie, zu bleiben, hartnäckig und verzweifelt. Wenn er vor zwei Uhr nachts dennoch nachgibt, bleibe ich bei ihm, dachte Lou, die langsam ihre Spannkraft schwinden fühlte. Das Ultimatum blieb unausgesprochen. Er gab nicht nach. Der Besitz war stärker. Sie fuhr nach Paris, wohin Hanns Eisler emigriert war.“ [43]

Die Ehe mit Franz Jolesch wird am 24. Juni 1935 geschieden. Am 7. Dezember 1937 heiratet sie Hanns Eisler, und beide beschließen, in die USA zu emigrieren. Nach dem Krieg, im Jahr 1955, wird sie in Wien Ernst Fischer heiraten, es wird ihre vierte Ehe sein.

1. Ehe: Luise Anna Gosztonyi ∞ Georg Boschan
Heirat am 10. 8. 1924
Scheidung im Nov. 1925

2. Ehe: Louise ∞ Franz Jolesch
Heirat am 7. 1. 1927
Scheidung am 24. 6. 1935

3. Ehe: Louise ∞ Hanns Eisler
Heirat am 7. 12. 1937
Scheidung am 15. 3. 1955

4. Ehe: Louise ∞ Ernst Fischer
Heirat am 22. 9. 1955
Der Ehegatte stirbt am 31. 7. 1972.

Die letzten zwei Jahrzehnte vor ihrem Tod verbringt sie in Wien in einer Lebensgemeinschaft mit dem genialen Sprachwissenschaftler Karl Menges, der zuvor Professor an der Columbia University of New York war.

Sperber ergänzt seine Aussage und wird freigelassen

Jetzt haben wir uns recht weit von unserem eigentlichen Thema entfernt, wie Friedrich Torberg sagen würde, und kehren eilends zu Hugo Sperber zurück. Wieder in seiner Zelle ließ er sich seine Aussagen noch einmal durch den Kopf gehen. Hatte er in allen Fällen jene Zeugen namhaft gemacht, die seine Angaben bestätigen würden? Gab es in den geschilderten Tagesabläufen Lücken, die sich noch füllen ließen?

Am 6. März 1934, also zwei Tage später, kam es zu einer weiteren Einvernahme, und es sieht so aus, als ob Sperber um diese ersucht hätte, um ein Detail seiner früheren Aussage zu präzisieren. Bei der Überprüfung einer von ihm angeführten Intervention müsse bedacht werden, dass der betreffende Akt nur im Berufungswege vom Strafbezirksgericht zum Landesgericht gelangt sei und daher nicht in den Registern des Landesgerichts, sondern nur des Berufungssenats aufscheine. Erst jetzt hatte Sperber wohl das Gefühl, dass alles in den Niederschriften stand, was er dokumentiert wissen wollte.

Dennoch änderte sich nichts an seiner Lage. Ein Tag nach dem anderen verstrich. Am 12. März hatte Sperber einen Einfall, der sich als Glücksgriff erweisen sollte. Er ersuchte schriftlich darum, dem Präsidenten der Wiener Rechtsanwaltskammer vorgeführt zu werden – in der Rechtssprache wird dieser Vorgang als „Ausführung“ bezeichnet.

„Eilt sehr! 12/III 34

An die Polizeidirektion.

Ich bitte zwecks Ordnung wichtiger Berufsangelegenheiten zu einer Vorsprache beim W. Präsidenten der Rechtsanwaltskammer ausgeführt zu werden. Da die Sache sehr eilt, bitte ich um Durchführung, womöglich schon im Laufe des heutigen Nachmittags. Selbstverständlich bin ich bereit, etwaige Kosten zu tragen.

gez. Dr. Hugo Sperber

Eilt sehr! 12/III 34

An die Polizeidirektion (Staatspolizei)
z. Handen des H. Pol. Kom. [illegible]

Ich bitte zwecks Ordnung wichtiger Berufsangelegenheiten zu einer Vorsprache beim H. Präsidenten der Rechtsanwaltskammer ausgeführt zu werden.
Da die Sache sehr eilt, bitte ich um Durchführung, womöglich schon im Laufe des heutigen Tages, nachmittags.
Selbstverständlich bin ich bereit etwaige Kosten zu tragen.

Dr Hugo Sperber
dzt in Haft im Polizeigefangenhaus

Ich bitte um Entschuldigung, dass ich mit Bleistift schreibe, da mir Tinte nicht zur Verfügung steht.

Dr Sperber

Gesuch Dr. Hugo Sperbers, zum Präsidenten der Wiener Rechtsanwaltskammer ausgeführt zu werden dzt. in Haft im Polizeigefangenenhaus

Ich bitte um Entschuldigung, dass ich mit Bleistift schreibe, da mir Tinte nicht zur Verfügung steht.

Dr. Sperber“

Der zuständige Beamte lehnte das Ansuchen ab und empfahl Sperber, die Angelegenheiten mit dem Präsidenten der Rechtsanwaltskammer in schriftlicher Form zu regeln: „Eine Ausführung kommt dermalen nicht in Betracht. Sohin ad acta“, heißt es in einem Vermerk vom 13. März. Schließlich hätte er Sperber in Handschellen zum Präsidenten der Rechtsanwaltskammer bringen lassen müssen.

Später dürften ihm Zweifel gekommen sein, ob seine Entscheidung richtig war. Konnte es sein, dass der Untersuchungshäftling Sperber mit dem Präsidenten der Rechtsanwaltskammer eng befreundet war? War es richtig, die Ausführung abzulehnen? Präsident der Rechtsanwaltskammer für Wien, Niederösterreich und das Burgenland war damals noch der angesehene Rechtsanwalt Dr. Siegfried Kantor (geb. 1881 in Butschowitz/Bucovice, Mähren; später, nach dem „Anschluss“, drei Monate in Gestapo-Haft, dann Emigration über Frankreich in die USA).

Jedenfalls wurde Sperber Stunden später aus der Polizeihaft entlassen. Das Entlassungsdatum 13. März findet sich auf einem späteren Aktenvermerk der Bundespolizeidirektion an das Bundeskanzleramt.

So erleichtert Hugo Sperber auch war, es wird ihm klar gewesen sein, dass schwierige Zeiten auf ihn zukamen. Wer würde noch seine Dienste als Rechtsanwalt in Anspruch nehmen? Er trug nun auch das Stigma einer Untersuchungshaft – bösartige Zeitgenossen würden diese als Gefängnisstrafe interpretieren, obwohl er weder angeklagt, noch verurteilt worden war. Als Klienten blieben ihm nur noch politisch verfolgte Sozialdemokraten und „Räuber, Mörder, Kindsverderber“.

Warum Kreisky von Hugo Sperber nicht verteidigt werden wollte

Beinahe hätten sich die Wege dieser zwei Männer gekreuzt. Hugo Sperber war im Gespräch, Bruno Kreisky zu verteidigen. Kreisky lehnte ab – er fürchtete, dass ihn Sperber in bester Absicht als völlig unbedeutenden Mitläufer darstellen würde, um einen Freispruch oder ein geringes Strafausmaß zu erwirken. Dies wäre mit seiner Würde als führendes Mitglied einer sozialdemokratischen Jugendorganisation nicht vereinbar gewesen.

Hinzu kam, dass die Spitzen der Sozialdemokratischen Partei – in der Illegalität nannten sie sich Revolutionäre Sozialisten (RS) – klar und eindeutig die Verteidigungslinie vorgegeben hatten. Anfang September brachte die inzwischen in Brünn angesiedelte *Arbeiter-Zeitung* – die Auflage wurde nach Österreich geschmuggelt – eine „Zuschrift, die die Ansicht führender Kreise der RS zum Ausdruck bringt". Die Grundregel müsse sein, „den Tatbestand leugnen, aber nicht seine Gesinnung". „Je mutiger sich ein Genosse verteidigt (ohne dass er sich in der Sache selbst belastet), desto eher kann er auf ein erträgliches Urteil rechnen." Der Schlusssatz des Artikels lautet: „Wir müssen erreichen, daß jeder Gerichtssaal zur Tribüne der revolutionären Propaganda wird, und jeder angeklagte Sozialist zur Fanfare der Revolution!"[44]

Kreisky wurde von Dr. Oswald Richter verteidigt. Dass er Hugo Sperber als Verteidiger nicht goutiert hatte, entsprach also der Parteilinie. Denn so wie es die RS-Führung in der *Arbeiter-Zeitung* postulierte, hätte ihn Hugo Sperber wohl nicht verteidigt – wenngleich Sperber in früheren politischen Prozessen recht erfolgreich war. Außerdem dürfte sich Kreiskys Vater Gedanken darüber gemacht haben, welcher Anwalt am besten geeignet wäre, seinen Sohn zu verteidigen.

Kreisky schildert in seiner Autobiografie „Zwischen den Zeiten" die Überlegungen so: „Meine Überzeugung war, dass der Prozess, schon auf Grund der großen Zahl der Angeklagten, von uns zu einer politischen Demonstration genutzt werden müsse. Sehr schwierig war die Wahl der richtigen Verteidiger. Es gab einen Rechtsanwalt, Dr. Hugo Sperber, der seine Mandanten dadurch freizubekommen hoffte, dass er sie lächerlich machte (...) So sehr uns die Erfolge

Dr. Sperbers belustigten, so wenig wollten wir auf diese Art verteidigt werden.“[45]

Am 16. März 1936 begann unter großem Interesse der ausländischen Presse der sogenannte Sozialistenprozess. Besonders Kreiskys Verteidigungsrede erregte in der ausländischen Öffentlichkeit Aufmerksamkeit. Zeitungen wie der Londoner *Daily Herald* und die *Times* berichteten ausführlich. Da Kreisky geständig war, erhielt er nur ein Jahr Kerker und wurde am 3. Juni 1936, weil die Zeit der Untersuchungshaft auf die Strafe anzurechnen war, als Erster der Verurteilten enthaftet. Er konnte noch kurz vor dem Einmarsch der Nazi-Truppen sein Jusstudium abschließen und emigrierte über Dänemark nach Schweden.

In Dänemark wäre er beinahe nach Österreich zurückgeschickt worden. Sein Appell an die dänischen Behörden, ihn nicht ans Nazi-Deutschland angeschlossene Österreich zurückzuschicken, sondern ihn nach Schweden ausreisen zu lassen, wird auch heute noch von Gegnern einer strengen Asylpolitik zitiert: „Wenn Sie mich jetzt zurückschicken, liefern Sie mich den Leuten aus, denen ich gerade entkommen bin.“

Victor von Kahler nimmt den Dienst an der Tante Jolesch ernst

Die Anekdotensammlung *Die Tante Jolesch* ist 1975 erschienen. Aber wann hat Torberg erstmals die Idee gehabt, an diesem Projekt zu arbeiten?

Ich muss mich durch den umfangreichen Torberg-Nachlass in der Handschriftensammlung der Nationalbibliothek durchkämpfen. Aufgrund eines Hinweises von Heinz Lunzer, dem langjährigen Leiter des Literaturhauses in der Seidengasse, wollen wir mit Bettina und Victor von Kahler beginnen. Lunzer hat gemeint, im Briefwechsel dieser Personen würden wir am ehesten etwas über die Entstehungsgeschichte und die Titelfindung erfahren.

Über einen roten Teppich, der vor dem Haupteingang ausgebreitet ist, betrete ich das ehrwürdige Haus am Josefsplatz. Das Logo des Hauses ist im selben Rot gehalten – neben dem Schriftzug findet sich ein stilisiertes Anführungszeichen. Breite Stiegen führen ins Obergeschoß, von dort kann man einen Blick in den barocken Prunksaal werfen. Ja, es stimmt, ich befinde mich in einer der schönsten historischen Bibliotheken der Welt.

Dann komme ich zu einer versperrten Glastür, der Eingang zum Augustinerlesesaal. „Bitte läuten!“, steht auf einem Schild, daneben vier Botschaften in Form von Piktogrammen: Rauchverbot, Mitnahme von Essen und Getränken verboten, Handyverbot, Fotografierverbot.

Nach einiger Zeit erklingt ein Summton und ich darf in den „Bereich besonderer Sicherheitsmaßnahmen“ eintreten. In einem Kleiderkasten verstaue ich meine Jacke und meine Tasche. Dann geht es einige Stufen hinauf in den eigentlichen Empfangsraum, wo ich einem Bibliotheksmitarbeiter – auch sein Leiberl hat dasselbe Rot wie der Teppich beim Eingang – die Benützerkarte vorlege und die erste Tranche jener Schriftstücke ausgehändigt bekomme, die ich zwei Tage zuvor per E-Mail bestellt habe. Gleichzeitig überreicht er mir einen kleinen Vierkantstab aus Kunststoff, auf diesem steht die Nummer des mir zugewiesenen Leseplatzes.

Eigenständiges Kopieren oder Fotografieren ist nicht erlaubt, wer Kopien, Scans oder Fotos braucht, muss diese beantragen. Das dauert, so wird mir mitgeteilt, drei bis vier Wochen. Allerdings darf man auf dem mitgebrachten Laptop die Handschriften exzerpieren.

Auf der Stirnwand des Lesesaales steht: „Codices certa hora petantur.“ Ich frage den Bibliothekar, was damit gemeint ist. Er schlägt im Internet nach, dann sagt er: „Das ist die Augustinerregel: Zu bestimmten Stunden können Bücher erbeten bzw. empfangen werden.“ Darunter steht „Bergl pinxit. Anno 1775.“ Johann Baptist Wenzel Bergl (1718–1789), ein Schüler Paul Trogers, hat das Deckenfresko gemalt.

Friedrich Torberg richtet seine Briefe teilweise an Bettina von Kahler, teilweise an ihren Mann Victor, manchmal an beide. Im Jahr 1944 schickt Bettina von Kahler, geborene Denhof, einen Brief aus ihrer Sommerfrische ab. Torberg antwortet am 8. Juli 1944, er versucht seine Briefpartnerin durch ein – wie er es nennt – „harmloses Geplapper“ zu amüsieren:[46] „‚Jede Abreise ist überstürzt.‘ Wie wahr ist erst das. Und wie sehr gehört es in die Reihe jener unergründlichen Lebensweisheiten, die da anheben mit der Beruhigung: ‚Schwarz ist immer elegant‘, und über den Zuspruch ‚Salat kann man zu allem essen‘ in die rätselhafte und dennoch blitzartig einen Abgrund erhellende Feststellung der Tante Jolesch münden: ‚Ein lediger Mensch kann auch am Kanapee schlafen‘. Das Geheimnis besteht in der Generalisierung, denn gemeint war ein ganz bestimmter lediger Mensch, der zu ungünstigem Zeitpunkt (nämlich als das Gästezimmer im Hause Wiese bei Iglau schon von wem andern besetzt war) zu Besuch kam und mit dem man folglich nicht wusste, wohin. Die Tante Jolesch vermochte auch eine Kombination von Allgemeingültigem und Persönlichem herzustellen, und es büßte nichts von seiner Überzeugungskraft ein. Mit einem giftigen Blick auf ihren Bruder, der mit 75 noch immer ein Modegeck war, und gleichzeitig (denn sie schielte) mit einem zärtlichen Blick auf ihren 12jährigen Großneffen, sagte sie zum Beispiel dieses: ‚Wenn sich a Siebzigjähriger schon an Überzieher machen lässt, soll ihn Pauli gleich mitprobieren!‘ Später begann sie zu lallen und zu mümmeln, und der letzte Ausspruch, der von ihr berichtet wurde, erfolgte angesichts von Germknödeln und lautete: ‚Lekach is der beste Beschütt – aber dann kommt gleich Zimmerunt (womit nichts anderes gemeint war als ‚Zimt und Zucker‘)‘. Bald darauf verstarb sie.“

Das ist eine ganz frühe Version der Episoden rund um die Tante Jolesch.

Bettina von Kahler reagiert in einem Antwortschreiben vom 8. und 9. Juli 1944 euphorisch: „Ihr Brief war also wirklich herrlich ...“ Sie habe so laut gelacht wie schon lange nicht, die Tante Jolesch sei „ein Prachtexemplar“.[47] Bettina von Kahler war vermutlich die erste Testleserin dieser Anekdoten. Ihre Begeisterung wird Torberg darin bestärkt haben, die Episoden weiterzuentwickeln.

Die Pointe „Lekach is der beste Beschütt – aber dann kommt gleich Zimmerunt“ findet sich auch in einigen anderen Briefen Torbergs, im Buch *Die Tante Jolesch* kommt sie nicht vor. Vermutlich hat Torberg befürchtet, dass viele Leser den Sinn nicht verstehen würden, und eine Pointe zu erklären, nimmt ihr den Reiz.

Lekach ist der traditionelle jüdische Neujahrskuchen, er wird meist mit warmem Honig übergossen. Germknödel, eine böhmische Nationalspeise, werden mit Zimt und Zucker (oft auch mit Mohn und Zucker) bestreut. Der Satz lässt sich also dahingehend interpretieren, dass der jüdische Honigkuchen die Lieblingsspeise der Tante war, doch dann kamen gleich die böhmischen Germknödel. Oder noch stärker abstrahiert: Die Tante fühlte sich ganz besonders dem Jüdischen verpflichtet, aber auch das Böhmische war ihr sehr wichtig.

„Bald darauf verstarb sie." Torberg hat also den verstümmelten Satz über „Lekach und Germknödel" als die letzten Worte der Tante konzipiert. Im Buch treten an die Stelle dieser zwei Süßspeisen die böhmischen Krautfleckerln.

Victor von Kahler war der Cousin des viel bekannteren Erich von Kahler, dieser war ein Universaltalent, nämlich Dichter und Soziologe, Historiker und Kulturkritiker, Philosoph und Literaturwissenschaftler. Beide stammten aus Prag. Teile des Briefwechsels zwischen Torberg und Victor von Kahler sind in dem Band *Kaffeehaus war überall. Briefwechsel mit Käuzen und Originalen* enthalten. In der Handschriftenabteilung der Nationalbibliothek ist die komplette und überaus umfangreiche Korrespondenz einsehbar.

Während Torberg im Schreiben an Bettina von Kahler den Eindruck erweckt, er habe die Tante Jolesch in Wiese bei Iglau persönlich kennengelernt, ändert er in der Korrespondenz mit Victor von Kahler die Argumentationslinie: Sein Freund Franz Jolesch habe ihn mit Anekdoten über eine Tante versorgt. Er schickt Victor von Kahler einige Pointen und animiert ihn, die ihm bekannten Anekdoten ähnlicher Art zu Papier zu bringen und sie ihm zu senden.

Am 14. August 1945 schickt Kahler eine Anekdote ab, die Torberg später leicht abgeändert in das Buch aufnehmen wird: „Die Urgroßmutter Scheweleben Teller kaufte in Kuttenberg ein Gut und legte dort eine Zucker- und eine Spiritusfabrik an. Aber sie selbst fuhr nur gelegentlich über den Tag im Stellwagen hinaus und war keinesfalls dazu zu bewegen, in Kuttenberg zu übernachten. ‚Am Land übernachtet man nicht' lautete einer der von ihr überlieferten Aussprüche. Ihre Verachtung des Landlebens ging so weit, dass sie nie sagte, dass sie aufs Land fahre, sondern sie sagte bloß: ‚Ich fahr L. A.'" Sie ließ nicht einmal die pittoreske Schönheit des uralten Bergstädtchens Kaňk zu, das in der Nähe lag und auf das sie ihr Neffe V. S. Bondy, mein Großvater, aufmerksam machte – Kaňk heißt eigentlich Gang und war zu Karl IV.-Zeiten das Zentrum des Silberbergbaus gewesen – und sie sagte wegwerfend: ‚In Kaňk gibt's nur Kinder und Gäns.'" [48]

Torberg übernimmt den ersten Teil der Anekdote, legt ihn der Tante Jolesch in den Mund und verfasst eine neue Interpretation: „‚Am Land kann man nicht übernachten', lautete eine von ihr [von der Tante Jolesch] geprägte Sentenz, die mit ‚Land' ungefähr alles meinte, was nicht ‚Stadt' war, und wo es infolge zurückgebliebener Wohnkultur keine akzeptablen Nächtigungsmöglichkeiten gab. Der Begriff ‚Land' wäre hier sinngemäß durch ‚flach' zu ergänzen, bezog sich also nicht auf die vorwiegend gebirgigen Sommerfrischen (siehe diese), obwohl auch für sie die Wendung galt, daß man ‚aufs Land' ging – hier jedoch in positivem, durch gute Luft und Gottes freie Natur gekennzeichnetem Unterschied zur Stadt."[49]

Viele dieser Pointen sind offensichtlich Allgemeingut im großbürgerlichen, jüdischen Milieu Böhmens und Mährens. Dies gilt beispielsweise für „Ein Junggeselle kann am Canapé schlafen" und „Der Pauli soll den Überzieher gleich mit probieren".

Laut Torberg stammen die Pointen aus Wiese bei Iglau. Victor von Kahler bezweifelt die Einmaligkeit dieser Sprüche und lässt sich mit Torberg auf einen scherzhaften Streit um die Urheberschaft ein. Er beharrt darauf, dass solche Sätze auch von der Schwiegermutter seines Freundes Basch überliefert seien, „ein Professor, ein Nationalökonom, vor allem aber ein Fanatiker".

Basch habe eines Tages für seine verstorbene Schwiegermutter so eine Art von Seelenfeier abgehalten und dabei deren Aussprüche zitiert, „diese Erzeugnisse einer wohlbehüteten, abgerundeten wohlgesicherten Welt". Die meisten von diesen Aussprüchen seien wohl registriert und eingeordnet, z. B. dass „Schwarz immer elegant" ist. „Neu aber war mir, weil so alt und so vertraut, die Feststellung, dass ‚ein Junggeselle am Canapé schlafen kann'."

In einem Brief vom 23. August 1945 gibt Victor von Kahler zu Protokoll, dass er in dieser Angelegenheit ausführlich recherchiert habe: „Weil ich aber voll schlechten Gewissens gegen die Tante Jollesch wurde, weil sie schon dasselbe gesagt hatte, das ich jetzt der Basch-Ahnin kreditieren wollte, schrieb ich sofort einen Brief an Basch himself, versagte seiner Schwiegermutter selig nachträglich alle militärischen Ehren und nahm sie voll und ganz in Anspruch für die Tante Jollesch für das mit dem Überzieher und dem Pauli. Ich nehme den

Dienst an der Tante ernst und es ist der einzige Dienst, der dessen wert ist.“ [50]

Im Jahr 1949 verstricken sich Torberg und Kahler in eine hitzige Debatte darüber, ob bei der Krapfenzubereitung die Marmelade erst am Schluss mit einer Nadel in den fertigen Teig hineingespritzt werden darf. Am 31. Juli 1949 schreibt Torberg an Kahler: „Natürlich bin ich mir klar darüber, daß ich da auf verlorenem Posten kämpfe. Ich kämpf ja auch garnicht. Ich fühle mich lediglich von einer feindlichen Macht okkupiert und bin kein Collaborateur, der bereit wäre, ihren Verfügungen zu erliegen, oder von ihren Maßnahmen begeistert zu sein. Wo ich mir nicht anders helfen kann, mache ich von ihnen Gebrauch: aber widerwillig. Und wenn sie mir Krapfen zu essen gibt, eß ich auch ihre Krapfen. Ich weiß sogar, daß es noch ein Glück ist, unter solchen Umständen überhaupt Krapfen essen zu können. Aber wie sagte die alte Tante Jolesch? Sie sagte: ‚Gott soll einen hüten vor allem, was noch ein Glück ist.‘ Schuft meines Namens, wenn ich dem noch etwas hinzuzufügen habe.“ [51]

Aber dann fügt er dieser Grundsatzerklärung in Klammer doch noch etwas hinzu, ein Bekenntnis: „Es war gar nicht die Tante Jolesch, die das gesagt hat, sondern meine eigene Großmutter Berg, dieselbe, die, wenn eines ihrer neun Kinder sie allzu sehr plagte und ärgerte, sich mit der vorwurfsvollen Frage an ihren Selchergatten wandte, warum er statt dessen nicht lieber eine Salami gemacht hätte. Aber für mich ist die Tante Jolesch eine symbolische Gestalt geworden und ich habe mir längst angewöhnt, alle derartigen Sager ihr zuzuschreiben. (...)“ [52]

Der Briefwechsel über Anekdoten aus der Welt der Tante Jolesch zieht sich über viele Jahre. Im Laufe der Zeit verliert Torberg die Übersicht. Er kann sich nicht mehr daran erinnern, dass er den Satz „Gott soll einen hüten, vor allem, was noch ein Glück ist“ bereits 1949 den Kahlers übermittelt hat, zusammen mit anderen Bonmots. Knapp zehn Jahre später, am 11. Februar 1958, schreibt er an Bettina und Victor von Kahler: „... und solange kann die Tante Jolesch nicht warten. Daß ich Dir ihren Ausspruch ‚vom Glück, vor dem einen Gott hüten soll‘ erst jetzt zur Kenntnis gebracht habe, ist in der Tat unverzeihlich. Um Ähnlichem vorzubeugen, registriere ich hiermit – auf die Gefahr hin, daß Du sie alle schon kennst – ihre wichtigsten Aussprüche, lemaur wie folgt:

- Was ein Mann scheener is wie ein Aff, is a Luxus.
- Ein lediger Mensch kann auch am Kanapee schlafen.
- Lekach is der beste Beschütt, aber dann kommt gleich Zimmerunt. (Um diese Zeit war sie schon etwas senil, was sich bei ihr im unvermuteten Zusammenziehen von Worten äußerte: Zimmerunt – Zimt und Zucker.)
- E Siebzigjähriger lasst sich kan Ibberzieher machen – und wenn, soll ihn Franzl gleich mitprobieren. (Onkel Jolesch war ein Giggerl mit doppel g und ließ bis in sein hohes Alter nur nach Maß arbeiten, was ihr sehr auf die Nerven ging. Franzl – identisch mit meinem Freund Franzl Jolesch, dem ich das alles verdanke, war ihr Lieblingsneffe.)
- E Gast is e Tier."[53]

In dem bereits zitierten Schreiben vom 23. August 1945, rund zwei Wochen nach den Atombombenabwürfen auf Hiroshima und Nagasaki, weist Victor von Kahler auf den Symbolcharakter der Tante hin: „Da der kleine Torberg einer ist, der ‚schreibt', wird er also verstehen, dass die Tante Jollesch nur ein Symbol ist, dass sie dasteht, ehern und unvergänglich, an der Kassa des ‚Gewölbs' [Verkaufsraum eines Geschäfts], das atombomben-proof ist, wie unsere ganze Vergangenheit, wie unsere Herkunft, aus Schillers Glocke, dem Wissen um den Unterschied zwischen einem Dogosch Kal und einem Dogosch Chosok [diakritische Zeichen im vokalisierten hebräischen Text], und wenn's von Erfolg gekrönt war, kam noch das Ritterkreuz des Franz Josef's Ordens hinzu [die höchste Auszeichnung des Franz-Joseph-Ordens]."

Schon im Frühjahr 1944 hatte Torberg angedeutet, er wolle einen großen Österreich-Roman schreiben, einen Roman, der den Zeitraum von 1848 bis 1938 umspannen werde.

Am 25. März 1944 ermutigt ihn Victor von Kahler, dies zu tun. Kahler gibt vor, „an den Ernst des Lebens" zu schreiben, diesen Brief übersendet er als Kopie an Torberg. „Sehr geehrter Herr [Ernst, des Lebens], wir kennen uns schon lange und wir leben jetzt beide in Amerika – übrigens: how do you like our country? Ja also, in Amerika nennen sich Freunde, wie Sie sicher wissen, bei ihren Vornamen. Bitte nennen Sie mich Viky und ich will Sie von nun an bei Ihrem Vornamen

Ernst nennen. (...) aber wissen Sie, ich will Ihnen jetzt ganz vertraulich etwas sagen: der Torberg wird eines Tages den großen k. u. k Roman schreiben und niemand ist mehr dazu berufen als er."[54]

Was die zeitliche Abgrenzung anlagt, widerspricht Kahler dem präsumtiven Autor: „Da schreibt mir zum Beispiel der Torberg, dass er seinen Roman von 1848 bis 1938 spielen lassen will. Da bin ich sehr dagegen. Ich finde, dass die geruhsame und gesettelte Zeit von 1880 ein besserer Anfang ist, weil sich gegen ihr Biedermeiertum alles Folgende besser abhebt. 1848 war zu viel trouble in der Welt und die Erwachsenen der damaligen Zeit sprachen eine zu fremde Sprache (...)"

Am 30. März 1944 antwortet Torberg: „Nochmals aber mein Herr und Freund und Gönner will ich Ihnen in diesem Zusammenhang für die Keime der Ermutigung gedankt haben, die Sie mit unablässig zarter Hand in den noch reichlich verwilderten Humus meines Österreich-Romans senken und die eines Tags, das walte Gott, gar köstliche Blüten treiben sollen. Der ganze Plan ist noch so rudimentär, dass ich mich eigentlich schäme, auf Ihre Anregung einzugehen. Wenn ich zum Beispiel letztes Mal etwas von ‚1848' gesagt habe, so war das schon *mir* gegenüber nicht viel mehr als ein ballon d'essay."[55]

Aber Victor von Kahler insistiert weiterhin, es wird deutlich, dass die Tante Jolesch nach dem Verständnis der Korrespondenzpartner im Mittelpunkt dieses Romans stehen solle.

Im erwähnten Schreiben vom 23. August 1945 geht Kahler davon aus, dass Torberg eines Tages „das große Buch schreiben wird, die Bibel der k. u. k. Juden, in der die Tante Jollesch auftritt, nicht als eherne Gestalt der Verehrung, sondern als kuličky-spielendes Kind [mit Murmeln spielendes Kind], dann als Mädchen und dann im ‚Gewölb', halb čechisch und halb schillerisch, halb k. u. k. und halb Lechodoudi singend [lecho daudi = Anfang der Sabbathymne], am freitag-abendlichen, friedlichen Familientisch."

Kahler spielt mit dem Gedanken, seinen Briefpartner am Flughafen La Guardia Field in ein atomar betriebenes Flugzeug zu setzen, er selbst würde auf dem Nebensitz Platz nehmen „und eine Stunde später sitzen wir dann bei der Jause bei Golatschen und Kaffee und gut ist's." Dieses skurrile Gedankenspiel zeigt, wie sehr sich die Emigranten nach ihrer Heimat sehnten.

Torberg hat also schon 1944 überlegt, die Sprüche dieser Tante literarisch zu verarbeiten. Es hätte ursprünglich ein großer Roman werden sollen. Am Ende wurden diese Sprüche der namensgebende Teil einer umfangreichen Anekdotensammlung.

Einige Ezzesgeber, darunter auch Victor von Kahler, hat Torberg in seinem Buch namentlich genannt. Diesem verdanke er viele schöne Geschichten, insbesondere solche pragerischen Ursprungs. In gleicher Weise würdigt er Justinian Frisch. Er bezeichnet ihn als „Übersetzer und Verlagsfachmann“, arbeitete dieser doch in Stockholm für den Bermann-Fischer-Verlag.

Wir sind noch nicht dazugekommen, die Bedeutung des Wortes *lemaur* zu erklären, und wollen das nun nachholen. Der Ausdruck kommt immer wieder in der Korrespondenz Torbergs vor.

Lemaur ist die westjiddische Aussprache (modernhebräische Aussprache: lemor), einer bibelhebräischen Infinitiv-Form des hebräischen Verbes für „sagen“. In der Bibel wird diese Form oft verwendet, um eine direkte Rede einzuleiten. Zum Beispiel: „Gott segnete sie und sprach (lemor): Seid fruchtbar und mehret euch (...).“ (Gen. 1:22) In deutschen Bibelübersetzungen wird „lemor“ für gewöhnlich weggelassen.“

Sperber als Parteianwalt in politischen Prozessen

Im „Schutzbundprozess 1935“ verteidigte Sperber drei der insgesamt 21 Angeklagten. In einer systematischen Polizeiaktion waren so gut wie alle Bezirksführer des Republikanischen Schutzbundes schon vor Ausbruch der Februarkämpfe verhaftet worden, um die Befehlsstrukturen lahmzulegen und die Verhafteten nach der Entwaffnung des Schutzbundes in einem politischen Schauprozess anzuklagen. Ihnen wurde vorgeworfen, Waffen- und Munitionslager angelegt zu haben – was wohl gestimmt hat – und einen gewaltsamen Umsturz geplant zu haben – was die Angeklagten entschieden in Abrede stellten. In der Tat war die Sozialdemokratie in dieser Zeit zwar verbal aggressiv, in ihrem realen Handeln aber defensiv.

Für den Hauptangeklagten, den Schutzbund-Stabschef Alexander Eifler, engagierte die Sozialdemokratische Partei den liberalen Star-Advokaten Dr. Richard Preßburger. Jene Parteianwälte, die sich in Sozialistenprozessen bewährt hatten, verteidigten die Nebenangeklagten.

Hugo Sperber war einer dieser Anwälte. Er verteidigte die Angeklagten Heinrich Had, Franz Dechat und Ludwig Drotz.

Heinrich Had war am vierten Verhandlungstag an der Reihe. Der 53-jährige E-Werksbedienstete war Leopoldstädter Schutzbundführer – Hugo Sperber wird ihn vermutlich gekannt haben, denn die Leopoldstadt war auch Sperbers Heimatbezirk. Der Vorwurf lautete, dass Hads Leute die Rotundenbrücke besetzen sollten, was Had bestritt. Der Vorsitzende hielt ihm außerdem vor, dass er „den Aufstand im Goethe-Hof vorbereitet und organisiert hätte“. Der Goethe-Hof in Kaisermühlen (Schüttaustraße 1–39) war besonders heftig umkämpft. Am 14. Februar brachte das Bundesheer am rechten Donauufer, etwas unterhalb der Reichsbrücke, Feldhaubitzen und Kanonen in Stellung, die am Nachmittag das Feuer eröffneten. Sogar das Café Goethe-Hof wurde in Brand geschossen.

Sperber glaubte daher, ein gutes Gegenargument zu haben: „Der Angeklagte hat ja ein herrliches Alibi, da er am 12. Februar verhaftet wurde.“

Den Vorsitzenden hat das wenig beeindruckt: „Ich habe gesagt: vorbereitet und organisiert.“

Neben Had waren auch Franz Dechat und Ludwig Drotz angeklagt. Dechat, ein gelernter Goldschmied und der Bezirksführer der Josefstadt, hatte eine Kiste mit zwanzig Gewehren angeblich „als Kriegsandenken“ bei einem Spediteur eingelagert.

Der Rudolfsheimer Metallgießer Ludwig Drotz, militärischer Leiter der Ordnerwehren, gab am fünften Verhandlungstag an, nur unmittelbar nach dem Ersten Weltkrieg Waffen gesammelt zu haben.

Die *Wiener Zeitung*, damals das „ständestaatliche“ Regierungsorgan, berichtete am 17. April 1935 über den Prozess: „Nach einer allgemeinen Einleitung nimmt Dr. Sperber zu der Änderung der Anklageschrift Stellung. Er beschäftigt sich mit dem Republikanischen Schutzbund und gibt zu, daß dieser Waffen gehabt habe. Dies sei allgemein bekannt gewesen. Der Schutzbund habe jedoch bis zu seiner Auflösung keine hochverräterische Tätigkeit begangen. Die Sozialdemokratische Partei habe ihrer ganzen historischen Entwicklung nach nie Gewalt angewendet, sondern sich bestrebt, durch Mittel der Aufklärung auf demokratischem Wege zum Ziele zu gelangen. Auf die juristische Qualität der Anschuldigung seiner Klienten übergehend, behauptet der Verteidiger, daß die Haltung des Schutzbundes in den Februartagen eine durchaus defensive gewesen sei, daß also durch ihn keine Empörung, die ja Aktivität bedeute, hervorgerufen worden sei. Er bittet um den Freispruch der Angeklagten."

Von den 21 Angeklagten wurden 20 verurteilt. Had bekam anderthalb Jahre schweren Kerker, Dechat fünf Jahre schweren Kerker, Drotz wurde nur wegen „Nichtanzeige geplanter Straftaten" zu einem Jahr Kerker verurteilt. Gemessen an den möglichen Höchststrafen fielen die Urteile mild aus. Hinzu kommt, dass der gewiss jeder Sympathie für die Sozialdemokratie unverdächtige Oberste Gerichtshof im Oktober desselben Jahres ein Urteil zur Gänze aufhob und der Nichtigkeitsbeschwerde von neun weiteren Angeklagten teilweise recht gab und ihre Strafen reduzierte. Zwei Monate später ließ die Regierung im Zuge der Weihnachtsamnestie 1935 alle Schutzbundführer frei.[56] Verglichen mit der späteren nationalsozialistischen Diktatur ging der austrofaschistische „Ständestaat" mit seinen Gegnern milde um. Für die in die Illegalität getriebenen Sozialdemokraten wogen jedoch die vollstreckten neun Todesurteile gegen Schutzbündler und die Massenverhaftungen schwerer als die späte Milde.

Die Ehefrau des „Neffen Franzl" als Vorlage für Brechts *Jüdische Frau*

Der bereits erwähnte Journalist Fritz Raddatz wies am 1. Oktober 1973 im Magazin *Der Spiegel* darauf hin, dass Brecht die Figur der „Jüdischen Frau" in *Furcht und Elend des Dritten Reiches* nach Louise Eisler konzipiert hat, also nach der geschiedenen Ehefrau von Franz Jolesch. Raddatz rezensiert Ernst Fischers posthum erschienenen Memoirenband *Das Ende einer Illusion*, in dem dieser ein ganzes Kapitel seiner zweiten Frau Louise widmete. Ernst Fischer beschrieb sie als selbstsicher, impulsiv und unternehmungslustig – wenn man den Text

Fischers neben das Theaterstück Brechts legt, sieht man die Übereinstimmung in der Charakterisierung. Die jüdische Frau teilt außerdem auch ein Hobby mit Louise Eisler: Sie spielt mit ihrem Mann Bridge.

Zu Beginn der erwähnten Szene aus *Furcht und Elend des Dritten Reiches* führt die jüdische Frau, Judith Keith, eine Reihe von Telefonaten. Sie berichtet einem ihrer Bekannten, er ist ebenso wie ihr Mann von Beruf Arzt, dass sie verreisen werde und er sich um einen neuen Bridgepartner kümmern müsse. Anschließend wählt sie mehrere Nummern von verschiedenen Freunden, um diese ebenfalls zu informieren. Mit jedem Gespräch vermittelt sie deutlicher, allmählich klar, dass sie nach Amsterdam in die Emigration gehen will, weil sie in einer „Mischehe" lebt und fürchtet, dass ihr „arischer" Mann diskriminiert werden könnte und die Beziehung deswegen zum Scheitern verurteilt ist.

Nach Abschluss der Telefonate beginnt sie damit, in mehreren Varianten jene Rede zu proben, die sie ihrem Mann zum Abschied halten will: „Fritz, du solltest mich nicht mehr halten, du kannst es nicht ... Es ist klar, daß ich dich zugrunde richten werde, ich weiß, du bist nicht feig, die Polizei fürchtest du nicht, aber es gibt Schlimmeres. Sie werden dich nicht ins Lager bringen, aber sie werden dich nicht mehr in die Klinik lassen, morgen oder übermorgen, du wirst nichts sagen dann, aber du wirst krank werden. (...)" [57]

Als ihr Mann bei der Tür hereinkommt, hält sie keine der vorbereiteten Reden. Sie teilt ihm lakonisch mit, dass sie weg muss – nach Amsterdam. „Meinetwegen musst du bestimmt nicht gehen", sagt der Mann, „auf die Dauer können sie uns Intellektbestien doch nicht so ganz niederhalten. Mit völlig rückhaltlosen Wracks können sie auch nicht Krieg führen." Die Szene endet damit, dass die Frau wieder zu packen beginnt: „Jetzt gib mir den Pelzmantel herüber, willst du?" Ihr Mann gibt ihn ihr mit den Worten: „Schließlich sind es nur ein paar Wochen." Vorher meinte er, der Nationalsozialismus werde „vorübergehen wie eine Entzündung".

Brecht skizziert Judith Keith als eine Frau, die sich mit Politik befasst hat und das Unheil des Nationalsozialismus kommen sieht. Sie verlässt ihren Mann aber auch aus einem anderen Grund: Die Beziehung ist erkaltet und ohne Perspektive. Judith Keith nimmt ihre Reizwäsche mit in die Emigration.

Ähnlich wird es wohl zugegangen sein, als Louise ihren Mann Franz Jolesch verließ. Vielleicht packte auch sie ihre Reizwäsche in den Koffer und Franz Jolesch, der sich von der Fabrik nicht trennen wollte, reichte ihr den Pelzmantel hinüber. Hanns Eisler wird schon sehnsüchtig auf Louise gewartet haben.

Louises Vorliebe für reizvolle Dessous wird auch von Barbara Coudenhove-Kalergi in ihrem Erinnerungsbuch *Zuhause ist überall* erwähnt. Die Publizistin und langjährige Osteuropakorrespondentin des ORF war mit Louise Eisler-Fischer befreundet. Demnach hat Lou behauptet, der Schlager *Es geht die Lou lila* wäre für sie geschrieben worden. Frau Coudenhove-Kalergi fragte seinerzeit „die Lou", ob sie wirklich lila Dessous trage. „Ja, wenn ich sie kriege. Aber beim Palmers haben sie keine." Die Musik dieses Liedes hat Max Kuttner komponiert, der Text stammt von Fritz Löhner-Beda.

> (...) Und Frau Lou die Schöne, Hochmondäne
> trägt das Neuste von der Seine
> Mittags auf dem Corso dann im Sonnenschein
> Führt sie die allerneuste Mode aus und ein.
>
> Es geht die Lou lila, von Kopf bis Schuh lila
> Auch das Dessous lila, das muss man sehn
> Sie hat den Hut lila, der steht ihr gut lila
> (...)
> Es ist ihr Hemd lila, wenn jemand kömmt lila
> Macht sie die Lampe lila, beim lila Bett.

Da der Schlager 1925 aufgenommen wurde und Lou zu diesem Zeitpunkt gerade einmal 19 Jahre alt war, ist es unwahrscheinlich, dass Löhner-Beda das Lied für sie geschrieben hat. Allerdings dürfte sie sich mit diesem Text Zeit ihres Lebens identifiziert haben.

Ein politischer Prozess wird zur Anekdote

Der „Schutzbundprozess" findet in Torbergs *Die Tante Jolesch* keinen Niederschlag. Da Torberg aber auch Sperbers Tätigkeit als Parteianwalt anekdotisch aufarbeiten wollte und musste – sonst wäre dieser ja nur als Anwalt diverser „Bassenaprozesse" in der Anekdotensammlung vorgekommen –, bediente er sich eines anderen Falles und verfremdete ihn stark. Es geht um das Standgerichtsverfahren gegen zwei junge Sozialdemokraten: Josef Gerl und Rudolf Anzböck.

Die beiden hatten am 20. Juli 1934 um 23 Uhr eine Signalanlage der Donauuferbahn gesprengt. Anschließend wollten sie vom Ostbahnhof aus in die Tschechoslowakei flüchten, versäumten jedoch den letzten Zug und wurden im Keplerpark, im Bezirk Favoriten, von einem Wachebeamten angehalten. Gerl widersetzte sich der Perlustrierung und streckte den Polizisten mit zwei Pistolenschüssen nieder. Die beiden wurden von anderen Polizisten überwältigt und nach der Festnahme auf der Polizeistube misshandelt. Der Gerichtsarzt konstatierte einen Verschluss der Augenlider sowie Blutergüsse am Rücken, am Gesäß und an der Hüfte. Der angeschossene Polizist erlag einige Tage später seinen Verletzungen – zu diesem Zeitpunkt war Gerl bereits hingerichtet.

„Gerl und Anzböck wurden von den bekannten sozialdemokratischen Anwälten Dr. Max Scheffenegger und Dr. Hugo Sperber verteidigt, zwei in politischen Prozessen erfahrenen Advokaten, die sich alle Mühe gaben, das Leben ihrer Mandanten zu retten", schreibt Wolfgang Neugebauer, den wir im „Dokumentationsarchiv des österreichischen Widerstandes" vor kurzem besucht hatten.[58] Die Anwälte stellten den Antrag, dass sich das Gericht für unzuständig erklären solle, weil die Fristen zur Einleitung eines Standgerichtsverfahrens nicht eingehalten worden waren. Dieser Antrag wurde abgelehnt. Damit war klar, dass Staatsanwalt und Richter die Höchststrafe anstrebten: Tod am Galgen.

Im Februar 1934, nach Ausbruch des Bürgerkriegs, war das Standrecht auf Aufruhr ausgedehnt worden; angesichts des anhaltenden nationalsozialistischen Terrors wurde mit Wirkung vom 1. Juli 1934 die Todesstrafe für Mord, Totschlag, gewaltsame Sachbeschädigung, Brandstiftung und Sprengstoffdelikte eingeführt. Ab 19. Juli 1934

– das war einen Tag vor dem Anschlag auf die Donauuferbahn – galt die Todesstrafe auch auf den bloßen Besitz von Sprengmitteln.

Gerl, geboren 1912 und in ärmlichen Verhältnissen aufgewachsen, musste sich nach einer Lehre als Goldschmied mit jahrelanger Arbeitslosigkeit abfinden. Er war mit 14 Jahren der Sozialistischen Arbeiterjugend beigetreten und aktiv in der SAJ-Gruppe „Prater" in Wien Leopoldstadt, also in Sperbers Heimatbezirk. Bei einer illegalen Versammlung im Wienerwald musste Gerl mit ansehen, wie zwei junge Sozialisten von Austrofaschisten erschossen wurden. Seither drängte es ihn, diese Tat zu rächen. Er rechnete auch damit, dass ein Sprengstoffanschlag den Nationalsozialisten zugeordnet werden würde.

Im Prozess bekannte er sich zur Tat, nahm die ganze Verantwortung auf sich, wodurch sich der Mitangeklagte Anzböck, ein Hutmachergehilfe, für unschuldig erklären konnte. Auf die Frage nach seinen Motiven erklärte Gerl: „Ich habe das Ammonit [den Sprengstoff] für ein Terrorattentat gegen die Regierung erhalten, weil sie das Volk versklavt durch die Unterdrückung der Arbeiterschaft. Auch ich bin unterdrückt worden. Wenn man ein freies Wort sagt, bekommt man den Gummiknüppel der Polizei zu spüren."

Das Urteil lautete Todesstrafe, sowohl für Gerl als auch für Anzböck. Anzböck schrieb Gerl in einem Abschiedsbrief: „Also wenn wir wirklich sterben müssen, so wissen wir für was, es ist doch für unsere heilige Sache des Sozialismus."

Bei Gerl verliefen die Bemühungen, ihn vor dem Galgen zu bewahren, im Sand. Der auf Versöhnung bedachte dritte Vizebürgermeister von Wien, Dr. Ernst Karl Winter, intervenierte bei seinem Freund Dollfuß – erfolglos. Später berichtete Winter in seinem Buch *Christentum und Zivilisation*, wie Dollfuß reagiert hatte: „Wir können Gott danken, daß es ein Roter und kein Nazi war, gegen den wir das neue Gesetz zuerst anwenden mußten."

Hugo Sperber verfasste für Anzböck ein Gnadengesuch. Da jede Minute kostbar war – das Urteil sollte noch am selben Tag vollstreckt werden – kümmerte er sich nicht um Rechtschreibfehler.

„Ich bitte um *Gnade!* Ich bin kaum über *20* Jahre alt, ein törrichter (sic) unerfahrener, junger Mensch, der fremden (sic) unseligen Einfluss unterlegen ist. Ich habe im Leben wenig glückliche Tage gehabt.

Als ich kaum 4 Jahre alt war, ist meine Mutter gestorben, mein Vater der ein schwerer Trinker war, hat eine Frau geheiratet, die mir sehr feindselig gesinnt war, und mich schwer mißhandelt hat. Elterliche Liebe habe ich überhaupt nicht gekannt. Aus lauter Verzweiflung bin ich mit 10 Jahren aus dem Elternhaus geflohen. Trotzdem bin ich ein ehrlicher Mensch geworden. Ich habe mich immer durch meine Arbeit erhalten und habe bis jetzt niemals gegen das Gesetz verstoßen.

Es kommen mir also sämtliche mildernen (sic) Umstände zu Gute, die das Gesetz überhaupt kennt. Alter knapp über *20* Jahre; vernachlässigte Erziehung; umfassendes, reumütiges Geständnis; vollkommene Unbescholtenheit; Verleitung durch andere Personen.

Schließlich sei noch erwähnt, daß ich nach der ganzen Sachlage als Minderbeteiligter [handschriftlich ausgebessert auf: Mindestbeteiligter] zu bezeichnen bin, da ich nicht die Haupttätigkeit entfaltet habe, und insbesonder (sic) an der Gefährdung des Lebens des Wachebeamten nicht schuldtragend bin.

Aus allen diesen Gründen hoffe ich nicht umsonst an die bekannte Menschlichkeit des Herrn Bundespräsidenten zu appelieren (sic), wenn ich ihn bitte, mich durch einen *Gnadenakt* vor dem Äußersten zu bewahren.

Rudolf Anzböck“

Dann kontaktierte Hugo Sperber den Arbeitgeber des zum Tode verurteilten Burschen. Die Firmenchefin Auguste Sternbach vom Modellhaus G.R. Sternbach Co., Stroh- und Filzhutfabrik, Wien 7, Neubaugasse 12–14 schickte ebenfalls umgehend ein Gnadengesuch an den Bundespräsidenten ab – auch dieses Schreiben spiegelt Sperbers Verteidigungslinie und Gedankenwelt wieder.

Sie halte es für ihre Pflicht darauf hinzuweisen, dass Anzböck sehr jung Vollwaise geworden ist. „(Er) litt besonders in seinen jungen Jahren stets an einem Gefühl der Einsamkeit und des Gedemütigtseins. (...) Aus meiner guten Kenntnis seines Wesens heraus bin ich überzeugt, daß aus ihm noch ein braver wertvoller Mensch werden wird. Deshalb befürworte ich sein Gnadengesuch auf das Allerwärmste (...) Mit meiner Hoffnung in einen guten Ausgang verbleibe ich

in Verehrung

Auguste Sternbach

Bundespräsident Wilhelm Miklas begnadigte Anzböck und wandelte die Todesstrafe „in lebenslänglichen schweren Kerker verschärft mit einem Fasttag alle Vierteljahre und einsamer Absperrung in dunkler Zelle am 20. Juli" um. Anzböck wird nach knapp vierjähriger Haft am 19. Februar 1938 entlassen werden und in die USA emigrieren.

Der Fall und das Urteil entfalteten eine große Publizität. Die illegalen Sozialdemokraten waren in einem Erklärungsnotstand. Einerseits lehnten sie als Massenpartei, auch wenn diese in die Illegalität getrieben war, Terrorakte und Schüsse auf Polizisten kategorisch ab, außerdem hatten sich Gerl und Anzböck nach dem Anschlag offensichtlich sehr ungeschickt verhalten, andererseits konnten Gerls mutiger Auftritt vor dem Standgericht und seine Selbstaufopferung nicht einfach weggewischt werden.

Im Buch *Die Tante Jolesch* hat Torberg aus dem Fall eine Anekdote gemacht und ihr eine Vorgeschichte vorangestellt. In seiner Version der Geschichte missbilligte Sperber im Korridor eines Bezirksgerichts die Aufschrift „Parteienklosett" und regte – in Anbetracht der aufkeimenden Deutschtümelei und angesichts des Umstandes, dass es keine Parteienpluralität mehr gab – eine Änderung in „Ständeabort" an. Dabei sei er zunächst noch ungeschoren davongekommen. „Aber kurz darauf ereilte ihn ein unfreundliches Schicksal. Er hatte, alter Sozialdemokrat der er war, die Pflichtverteidigung eines jugendlichen ‚Illegalen' übernommen, dem ein nicht ganz geklärtes Sprengstoffattentat zur Last gelegt wurde. In seinem Plädoyer, das auch an anderen Stellen von seiner rührend naiven Fehleinschätzung der neuen Situation zeugte, appellierte er folgendermaßen an die Milde des Gerichts: ‚Ich bitte Sie, die Unerfahrenheit des jugendlichen Sprengstoffattentäters in Rechnung zu ziehen. Offenbar wußte er nicht, daß das einzige in Österreich erlaubte Sprengmittel das Weihwasser ist.'"[59]

Das war nicht nur ein Wortspiel, sondern auch eine Anspielung auf die ideologischen Wurzeln des „Ständestaates". Vor allem katholische und christlichsoziale Politiker wollten ein nach Ständen geordnetes Staatswesen errichten – gestützt auf die im Jahr 1931 von Papst Pius XI. erlassene Enzyklika *Quadragesimo anno*. Mit ihrer antiliberalen Stoßrichtung verwandelte sich die Ständestaatsidee rasch zu einem Deckmantel für ein diktatorisches Regieren. Die Faschisten in Italien, Spanien und Portugal bezogen sich genauso auf dieses Gesellschaftsmodell wie der Austrofaschismus unter Dollfuß und später unter Kurt Schuschnigg. Da die „ständestaatlichen" Gremien in Österreich nur ansatzweise eingerichtet wurden und keinen Einfluss auf die politische Willensbildung hatten, spricht die moderne Geschichtswissenschaft meist von einer „Regierungsdiktatur".

Laut Torberg war Sperbers Einwand kontraproduktiv: „Weder dem Angeklagten noch ihm selbst war damit geholfen. Sperber wurde an Ort und Stelle verhaftet. Die Protektion eines Gerichtsarztes bewirkte seine Überstellung ins Inquisitenspital, der wenig später die Entlassung folgte. Vorher hatte er noch einen Kassiber hinausgeschmuggelt, dessen Text alsbald im Freundeskreis die Runde machte: ‚Ich befinde mich im Inquisitenspital, Dollfuß hingegen an der Regierung. Umgekehrt wär' besser.'"[60]

Es entsteht der Eindruck, dass Torberg den Fall Gerl absichtlich verfremdet hat, um daraus eine Anekdote zu formen, in deren Mittelpunkt Sperber steht. Schon im Jahr 1948 testet er im Briefwechsel mit Justinian Frisch, ob Gerl erkennbar ist. Zunächst fragt er Frisch in einem Schreiben vom 28. September 1948, ob er Sperbers „Ekrasit-Plädoyer" kenne, dieser verneint jedoch. Deshalb erklärt ihm Torberg in einem Antwortschreiben: „Das Ekrasit-Plädoyer spielt nach dem Feber 34, als Sperber nicht selten illegale Sozialdemokraten (meistens ex offo) verteidigte, darunter auch einen, der ein Stadtbahngleis in Floridsdorf in die Luft gesprengt hatte [allerdings fuhr die Stadtbahn damals nicht über die Donau nach Floridsdorf] und zu dessen Entlastung Sperber geltend machte: ‚Der Angeklagte wäre sich noch nicht darüber klar gewesen, daß das einzige in Österreich erlaubte Sprengmittel das Weihwasser sei.'"[61]

Ekrasit ist ein Sprengstoff auf der Basis von Pikrinsäure, der vor allem im Ersten Weltkrieg zum Einsatz kam. In der Zwischenkriegszeit fungierte Ekrasit, ebenso wie Dynamit, als Synonym für Sprengstoff und Sprengkraft im Allgemeinen.

Mich ärgert, dass Torberg dem Rechtsanwalt derart wirklichkeitsfremde Aussagen in den Mund legt. Natürlich hat Sperber nicht an das Gericht appelliert, es möge „die Unerfahrenheit des jugendlichen Sprengstoffattentäters" in Rechnung ziehen, denn dieser wisse noch nicht, „dass das einzige erlaubte Sprengmittel das Weihwasser ist". So amüsant das Wortspiel mit der Doppelbedeutung von „sprengen" auch sein mag – wem damals ein Sprengstoffanschlag zur Last gelegt wurde, dem drohte die Todesstrafe. Ein Verteidiger hätte völlig verrückt sein müssen, das Gericht auf diese Weise zu provozieren. Außerdem nahm ja Gerl alle Schuld für das Sprengstoffattentat auf sich, während Sperbers Verteidigung von Anzböck darauf hinauslief, ihn als unbedeutenden Mitläufer zu präsentieren.

Torberg hat auch das Detail erfunden, wonach Sperber sofort im Gerichtssaal verhaftet worden sei. Wenn das den Tatsachen entsprochen hätte, wäre Sperber nicht in der Lage gewesen, nach der Urteilsverkündung ein Gnadengesuch für Anzböck abzufassen, mit Stampiglie und Unterschrift zu versehen und per Boten in die Präsidentschaftskanzlei zu schicken.

Erfunden ist auch der Kassiber mit dem Wortlaut: „Ich befinde mich im Inquisitenspital, Dollfuß hingegen an der Regierung. Umgekehrt wär' besser ..."

Bundeskanzler Engelbert Dollfuß war zu diesem Zeitpunkt bereits tot. Er wurde am 25. Juli in seinen Amtsräumen von nationalsozialistischen Putschisten angeschossen und schwer verletzt. Weil die Putschisten ärztliche Hilfe verweigerten, verblutete er in einem Raum des Bundeskanzleramtes.

Im Marmor-Ecksalon des Bundeskanzleramtes, wo Engelbert Dollfuß sein Leben lassen musste, steht noch heute eine Kerze zu seinem Gedenken. Als Bruno Kreisky Bundeskanzler war, diente dieses Zimmer als Warteraum.

Franz Hajek versorgt Torberg mit Pointen für Jolesch-Anekdoten

Victor von Kahler zählt zu den ganz frühen Ideenlieferanten für *Die Tante Jolesch*, ein ganz später Ideenlieferant war Rechtsanwalt Dr. Franz Hajek. Torberg ersucht ihn 1973 um Pointen für seine Tante Jolesch und verspricht gleichzeitig, ihn im Buch als Informant der Prager Milieuschilderungen zu nennen – was er auch tun wird.

Am 4. Jänner 1974 gibt Hajek einen vierseitigen, handgeschriebenen Brief auf. In diesem listet er Dutzende „gesammelte Aussprüche aus dem (Groß-)Muttermund“ auf. „Such Dir aus, was Du brauchen kannst, falls Du es nicht schon kennst!“

Ich finde Hajeks Brief im Torberg-Nachlass in der Nationalbibliothek, und zwar in einer Mappe mit dem Titel „Arbeitsmaterialien T. J.“ Hier eine kleine Auswahl der von Hajek aufgelisteten Aussprüche:

„Gott soll einen behüten vor allem, was noch ä Glück ist.“ – „A Gast is ä Tier.“ – „Schwarz is immer elegant.“ – „Ä lediger Mensch kann am Kanapee schlafen.“ – „A Pelz kauft man im Sommer.“ – „Mit 70 Jahren lasst man sich ka Überzieher machen und wenn, dann soll ihn Sigi mitprobieren.“ – „Die ganze Welt is a Stad, Proßnitz is wie Paris, nur Venedig is a bissle anders.“ – „Zu zweit kost alles dreifach.“ – „Wir leben nebbich in einer großen Zeit.“

In dieser Aufzählung treffen wir auf zwei Pointen, die Torberg bereits 1958, also 16 Jahre zuvor, Kahler geschickt hat: „E Siebzigjähriger lasst sich kann Ibberzieher machen ...“ – „E Gast is e Tier.“

Der von Hajek übermittelte Spruch „Die ganze Welt is a Stad, Proßnitz is wie Paris, nur Venedig is a bessle anders“ wird erst unter Torbergs Händen zum gängigen Bonmot. Wer kennt schon die mährische Bezirkshauptstadt Proßnitz (Prostějov)? Torberg vereinfacht den Spruch und legt ihn seiner Tante Jolesch in den Mund. „Alle Städte sind gleich, nur Venedig is e bissele anders.“

Kreisky, Torberg und Sperber hören Vorträge von Alfred Adler

Torberg kehrte erst im April 1951 – mit einem Zwischenstopp in Paris und Zürich – nach Wien zurück, seine Frau Marietta folgte ihm einige Monate später nach. 1954 gründete er die Monatszeitschrift *FORVM* – mit Unterstützung des „Kongresses für kulturelle Freiheit“, eine in Paris angesiedelte und von der CIA finanzierte Organisation. Dieser Umstand war später Gegenstand heftiger Kontroversen, ja sogar gerichtlicher Auseinandersetzungen.

In zahlreichen Artikeln sprach sich Torberg für den Brecht-Boykott in Österreich aus – zusammen mit Hans Weigel und Ernst Haeussermann. Die drei wurden sowohl von den bürgerlichen Medien als auch von der *Arbeiter-Zeitung* unterstützt. Torberg war in seiner antikommunistischen Propaganda so rigide, dass ihn sogar seine Finanziers immer wieder zur Mäßigung aufforderten. Sie wollten Unentschlossene für eine pro-amerikanische und anti-sowjetische Haltung gewinnen, nicht nur eingefleischte Antikommunisten in ihrer Haltung bestärken.

Bruno Kreisky schreibt immer wieder für das *FORVM*. Als Torberg einen weiteren Artikel des Staatssekretärs bestellt, antwortet dieser mit einem humorvoller Brief, datiert mit 15. Februar 1957. Der Inhalt zeigt, wie die zwei Männer miteinander umgegangen sind – meist kommunizierten sie mündlich, in den Archiven ist keine nennenswerte Korrespondenz zu finden. So gesehen ist dieser Brief eine Rarität.

Kreisky listet zunächst seine bisherige journalistische Tätigkeit für das FORVM auf: „Qui tacet, consentire videtur ... Daher: Zurückkommend auf Ihr Allerwertestes vom 11. ds. erlaube ich mir, Ihnen ordnungshalber mitzuteilen, dass ich Ihrer Zeitschrift mindestens vier honorarpflichtige Beiträge zur Verfügung gestellt habe. Der erste nach der Berliner Konferenz, der zweite nach der Moskauer, – der geradezu epochale Formulierungen und Gedanken über das Wesen der Neutralität enthielt und trotzdem von Ihnen abgedruckt wurde, – ein dritter über die Außenpolitik und schließlich ein vierter über den verstorbenen Bundespräsidenten [Theodor Körner].“

Kreisky wählte offensichtlich einen Stil, der ihm im Umgang mit Torberg angemessen erschien, und setzte ironisch nach: „Im übrigen haben Sie mir wieder einmal mit Ihrer Zeitschrift – abgesehen von ein paar freundlichen und einem sogar überschwenglichen Brief – Scherereien gemacht!“ Ein Verlag habe ihn eingeladen, eine „12 bis 13 Druckseiten umfassende Biographie“ über den Bundespräsidenten zu schreiben. „Man soll sich mit Ihnen in nichts einlassen, ‚von dem kommt nichts Gutes‘. Schließlich erlaube ich mir noch zu bemerken, daß ich mir von Ihnen nicht publizistisch die ‚Darm aussa nehma lass‘. Was werden Ihre Leser sagen, wenn heute und monatlich Beiträge von mir in Ihrer angesehenen Zeitschrift erscheinen: nicht entniveaulieren, lieber Torberg!“[62]

Auch Kreisky und Sperber hatten einiges gemeinsam. Beide studierten Jus, Kreisky deshalb, weil Otto Bauer gemeint hatte, die Sozialdemokratie brauche Juristen. Beide interessierten sich auch für Fragen der Philosophie und der Psychologie. Beide waren in den 1930er

Jahren Anhänger von Alfred Adlers Individualpsychologie. Dessen optimistische Lehren vom Menschen als soziales Wesen kamen in der Sozialdemokratie gut an.

Alfred Adler wollte eine lebensnahe Psychologie schaffen, eine Psychologie, die darauf abzielt, seine Mitmenschen aus deren Lebensgeschichte heraus zu verstehen. *Der Sinn des Lebens* – so der Titel eines Spätwerks – sei ein entwickeltes Gemeinschaftsgefühl zur Lösung der Lebensfragen, ein Vollkommenheitsstreben zu einer idealen Gesellschaft.

Der junge Kreisky ging ebenso wie Sperber regelmäßig zu den Vorlesungen Alfred Adlers im Verein für Individualpsychologie, jeden Montagabend im Histologischen Institut in der Schwarzspanierstraße. Die Individualpsychologie schien ihm damals in seiner Eigenschaft als Jugendführer „sehr brauchbar". Außerdem war sie „einfach und für die Lehrer auch."[63]

Torberg schildert in dem Buch *Die Erben der Tante Jolesch* ausführlich sein erstes Zusammentreffen mit Alfred Adler. „Als Anfang 1930 mein Erstlingsroman vom ‚Schüler Gerber' erschienen war, brachte mir eines Tages Doktor F., ein junger, zu meinem engsten Freundeskreis gehöriger Adler-Schüler, das neueste Heft der monatlich erscheinenden ‚Zeitschrift für Sozialpsychologie'." Aus der ausführlichen Besprechung ging hervor, dass sich das seelische Charakterbild Gerbers mit den Thesen der Individualpsychologie ziemlich genau deckte. Nun hatte ich von diesen Thesen (anders als von denen der Psychoanalyse) bis dahin so gut wie nichts gewußt und war – ich zählte damals wenig mehr als 21 Jahre – von der Beachtung und Anerkennung, die mir da zuteil wurde, gleichermaßen überrascht und geschmeichelt."

Torberg begann sich „gewissermaßen als Gegenleistung" mit der Adlerschen Lehre zu befassen und fühlte sich „in hohem Maße angesprochen, ja überzeugt – kurzum ich wurde ein Anhänger der Individualpsychologie (der ich geblieben bin), und als Doktor F. mir bald darauf mitteilte, daß Alfred Adler mich kennenzulernen wünsche, durfte ich mich schon einigermaßen vorbereitet fühlen."

Das Treffen fand erwartungsgemäß im Café Siller am Schwedenplatz statt. Adler habe sich zunächst erkundigt, wie er – Torberg – mit seinem Leben zurechtkäme und was für Probleme er habe. Daraufhin habe Torberg dem Psychologen seine kleinen, banalen Wehwehchen aufgetischt. „... ich fühlte mich von meiner Umgebung nicht richtig eingeschätzt, besonders von ihrem weiblichen Teil, das läge wohl an meinen Minderwertigkeitsgefühlen (womit ich – vermeintlich raffinierterweise – auf eine der Adlerschen Grundthesen abzielte), ich hätte Hemmungen, ich könnte mich immer nur unglücklich verlieben ..."

„Hm", machte Adler. „Was ich da von Ihnen gehört hab – finden Sie das in Ordnung?"

„Nein, Herr Professor!"

„Na also", sagte Adler in einem Tonfall, der keinen Zweifel daran ließ, daß er den Fall für gelöst hielt, und zwar durch mich gelöst. Offensichtlich war damit, daß ich das alles nicht in Ordnung fand, alles in Ordnung."

Torberg resümiert: „Wie recht er hatte, und daß in diesem Rechthaben eines der Fundamente seiner Seelentherapie beschlossen lag, ist mir erst nach und nach aufgegangen. Und von da an war ich gegen die wehleidige Überschätzung meiner Kümmernisse gefeit."[64]

Später hat Torberg mit Alfred Adler noch mehrmals Gespräche geführt. Sie dürften für ihn sehr wertvoll gewesen sein, denn er umschreibt sie mit den Worten „.... von denen ich heute noch zehre."

Bruno Kreisky war im Unterschied zu Torberg nicht bis an sein Lebensende ein glühender Verehrer Alfred Adlers. Ihm erschien später die Psychoanalyse als tiefer greifende und weiter ausholende Wissenschaft. Allerdings müsse sie stets weiterentwickelt werden, und es fehle ihm die Möglichkeit, die Weiterentwicklung genau zu verfolgen.

Alfred Adler hat die Rolle der Gesellschaft für die Persönlichkeitsentwicklung stark betont, für ihn war der Mensch primär ein soziales Wesen. Freud hingegen leitete vieles aus frühkindlichen Sexualerlebnissen ab. So umstritten seine Thesen vom Ödipus-Komplex und Penis-Neid auch sein mögen, die Kontroversen um diese Themen haben der Psychoanalyse nicht geschadet. Über Sigmund Freud kann man stundenlang diskutieren, während es sich über Alfred Adler kaum streiten lässt.

Adler war im Wien der Zwischenkriegszeit äußerst populär, auch später, in den 1970er Jahren, als Bruno Kreisky die Politik prägte. Heute fehlt seinen Thesen das gesellschaftspolitische Umfeld. Er wurde allerdings zum Wegbereiter für andere wichtige Denker: für Viktor Frankl, Erich Fromm, Erwin Ringel und einige andere.

Als ich in den 1980er Jahren im Büro von Verkehrsminister Ferdinand Lacina arbeitete, konnte ich Erwin Ringel dafür gewinnen, über das Verhalten des Österreichers im Straßenverkehr einen Vortrag zu halten. Der Titel lautete „Die Seele des österreichischen Autofahrers“[65], und Erwin Ringel war damals so beliebt, dass im großen Saal der Wiener Hofburg kein Platz frei blieb.

Was Ringel vortrug, war eine Weiterentwicklung der Adlerschen Ideen. Laut Ringel hat der österreichische Autofahrer die Tendenz, „im Straßenverkehr jene Stärke zu zeigen, die seine Schwäche überdeckt“. Ringel erläuterte seine Gedanken mit Anekdoten und mit Zitaten aus der Literatur, in diesem Fall an Hand eines Gedichts von Peter Turrini. „Als Jugendlicher / stemmte ich manchmal / einen Sessel / mit den Zähnen hoch / in der Hoffnung / daß meine Schwächen / von so viel Stärke widerlegt werden. / Heute stemme ich / mangels guter Zähne / keine Sessel mehr. / Die Art aber / Stärke zu zeigen / damit die Schwäche / übersehen wird / ist geblieben.“[66]

Die Hierarchie im Straßenverkehr beschrieb Ringel so: „Die einen haben das Glück des Vorrangs, die anderen das Unglück des Nachrangs. Es gibt die Autofahrer, die Motorradfahrer, die Mopedfahrer, die Radfahrer, und am Ende dieser Liste – den Fußgänger.“ Von ihm habe schon Weinheber gesagt: „Harmlos gehst, Du bist do Publikum, / auf einmal kommt, vastehst, / da so a Gfrast und scheibt Dich um.“ Das sei die Hierarchie, und er wolle besonders „für die Schwächeren, die Benachteiligten, die Minderbemittelten“ eine Lanze brechen.

So wie Alfred Adler untermauert Ringel seine Positionen gerne mit Anekdoten: „Einer meiner Schüler führte mich mit dem Auto nach Baden. Er fuhr etwas zu rasch. Bei einer Biegung sprang plötzlich hinter einer Steinmauer ein Polizist hervor, der sich dort versteckt gehalten hatte. ‚Sie sind zu schnell gefahren. Sie werden bestraft!‘ Mein Schüler, in dieser Position des Gedemütigten, begann zu toben. Da sagte ich im Beisein des Polizisten zu ihm: ‚Lieber Freund, hör zu. Du bist noch immer goldig dran. Du fährst da im Auto. Stell dir vor, wie der andere dran ist. Der andere steht einen ganzen Tag hinter einer Ecke und lauert auf dich. Na, was für ein trauriger Beruf!‘ Im selben Moment war mein Schüler vollständig beruhigt, denn er war aus der demütigenden Position erlöst.“[67]

Hugo Sperber: *Die Lüge im Strafrecht*, Exemplar aus der Privatbibliothek Bruno Kreiskys

Hugo Sperber hat im Geiste Alfred Adlers zwei schmale Bücher verfasst. Das 64 Seiten starke Büchlein *Die Lüge im Strafrecht* ist 1927 in der Verlagsanstalt Dr. Zahn und Dr. Diamant erschienen. Bruno Kreisky hat dieses Buch offensichtlich gelesen, es fand sich in seiner Privatbibliothek und wies deutliche Gebrauchsspuren auf. Nach seinem Tod wurde das Buch in die Bibliothek des Vereins für Geschichte der Arbeiterbewegung transferiert und mit einer Archivnummer versehen. Die folgenden Seiten werden vor allem für jene Leser von Interesse sein, die sich für juristische Fragen interessieren.

Wir haben Mag. Friedrich Forsthuber, den Präsidenten des Landesgerichtes für Strafsachen Wien, aufgesucht und um seine Meinung zu Sperbers Buch gebeten. Forsthuber verfügt über ein fundiertes historisches Wissen, er hat 2012 im Rahmen einer Ausstellung über die Geschichte des „Grauen Hauses" den Schattendorf-Prozess des Jahres 1927 nachgestellt. Das damalige Urteil war Auslöser für die Juli-Revolte, die auch als „Justizpalast-Brand" in die Geschichte eingegangen ist. Auch das Verfahren gegen Friedrich Adler aus dem Jahr 1917 wurde wortgetreu nach dem Prozessakt mit verteilten Rollen im Großen Schwurgerichtssaal verhandelt – Friedrich Adler, der Sohn des Parteigründers Victor Adler, hatte inmitten des Ersten Weltkriegs den österreichischen Ministerpräsidenten Karl Graf Stürgkh aus Protest gegen die Kriegspolitik erschossen – im Hotelrestaurant Meißl & Schadn am Neuen Markt 2.

„Es handelt sich bei Sperbers Buch um einen Text, der auf ein breites Publikum abzielt“, sagt Präsident Forsthuber, „gleichzeitig aber auch den Juristen sensibilisieren soll. Das Buch ist unterhaltsam geschrieben, Anekdoten lockern den Text auf.“

Sperber kritisierte die Praxis, durch die man in Österreich zum Untersuchungshäftling wurde: „Personen werden durch den Kriminalbeamten angehalten und zur Polizei gebracht. Über die Haft kann nur der Richter entscheiden. Der Polizeibeamte darf das natürlich nicht. Er kann lediglich die ‚Verwahrung einer Person‘ anordnen. (...) Gründe für seine Entscheidung anzuführen, ist der Polizeibeamte nicht verpflichtet. Wir wissen nicht, warum er verwahrt. Ob etwa, weil er schlecht gefrühstückt hat oder etwa, weil ihm die Physiognomie des Verwahrten nicht gefällt, oder auch, weil dieser kein Geständnis abgelegt hat (...) und dann schließlich denkt sich unser guter Polizeibeamter, ich entscheide ja nicht definitiv, von mir geht die Sache noch an den Staatsanwalt und an den Untersuchungsrichter und die werden's schon machen. (...)“

Der „Eingelieferte“ wandert also in die Untersuchungszelle und der Akt wandert zur Staatsanwaltschaft. Auch der Staatsanwalt hat keine Verantwortung. „Er kennt den Fall nicht, er sieht den Beschuldigten nicht, er sieht keine Zeugen und er denkt sich schließlich, vor mir hat ja der Polizeibeamte entschieden und nach mir wird der Untersuchungsrichter entscheiden. Der kann ja noch immer gut machen, wenn ich einen Fehler begangen habe (...)“

Dann steht „der Verwahrte“ endlich vor seinem Richter, also dort, wo er hingehört – er hat ja das gesetzlich gewährleistete Recht auf Vernehmung binnen 48 Stunden. „Aber wie gestaltet sich diese Vernehmung? Vor dem sogenannten Journalrichter werden die Häftlinge in Masse hingetrieben, der befragt ihn um seine Generalien und dann wird ihm so nebenbei mitgeteilt, daß die ordentliche Untersuchungshaft verhängt wurde. (...)“[68]

Für Präsident Forsthuber ist das aus damaliger Sicht treffend formuliert. „Sperber legt den Finger auf einen sensiblen Punkt des Strafrechts – die Prüfung der Haftfrage. Mittlerweile hat sich vieles zum Besseren gewendet. Sperbers Wunsch, dass bei Fortsetzung der Haft auch der Verteidiger seine Argumente einbringen kann, wurde Wirklichkeit. Allerdings würde Sperber kritisieren, dass heute eine Haftverhandlung meist nur zehn Minuten dauert.

Seit der mit 1. Jänner 2008 in Kraft getretenen Reform der Strafprozessordnung leitet die Staatsanwaltschaft das Ermittlungsverfahren. Aus dem Untersuchungsrichter wurde der Haft- und Rechtschutzrichter, seine Aufgabe ist es, die Ermittlungstätigkeit von Staatsanwaltschaft und Polizei zu kontrollieren und über allfällige Eingriffe in die Grundrechte zu entscheiden, vor allem in das Grundrecht auf persönliche Freiheit. Zu Sperbers Zeiten war es auch noch nicht möglich, nach Ausschöpfung des Rechtszuges eine Grundrechtsbeschwerde an den Obersten Gerichtshof zu richten.

An anderer Stelle kritisierte Sperber, dass bedingte Strafen zu einer lebenslangen Stigmatisierung des Verurteilten führten: „Wir haben die bedingte Verurteilung und haben die Straftilgung. Die bedingte Verurteilung bewahrt den Verurteilten vor der Strafverbüßung und theoretisch auch vor den Rechtsfolgen. Aber nur theoretisch. Die Registrierung bleibt. Der bedingt Verurteilte kann, wenn die Rechtsfolgen suspendiert sind, zum Beispiel Bundespräsident werden (...), wenn er aber den sträflichen Ehrgeiz hat, Maronibrater zu werden oder gar mit einem Gefrornenwagerl durch die Straßen der Vorstadt zu fahren, – ja Bauer, das ist eine andere Sache. Dann wird genauest der Leumund erhoben, die bedingte Vorstrafe kommt zum Vorschein und selbstverständlich fehlt dem auch nur bedingt Verurteilten die moralische Eignung zur Erlangung einer so hohen Würde. Das ist kein am Schreibtisch ersonnener Fall, sondern das ist traurige Praxis.“[69]

Präsident Forsthuber nickt zustimmend. „Damals haben sich Vorstrafen auch auf Passansuchen oder den Ehedispens ausgewirkt – das gehört der Vergangenheit an. Aber es lässt sich auch nach der heutigen Rechtslage ein Beispiel ähnlicher Art konstruieren – im Fall einer Haftstrafe von mehr als drei Monaten.

Nehmen wir an, ein Mann bekommt wegen einer eher unbedeutenden Straftat eine bedingte Haftstrafe von vier Monaten mit dreijähriger Bewährung. Die drei Jahre sind abgelaufen, der Mann arbeitet inzwischen probeweise für eine Security-Firma. Als ihn diese fix anstellen will, verlangt sie von ihm ein Leumundszeugnis. Der Mann ist überzeugt, dass die Strafe bereits getilgt ist, also besorgt er sich ruhigen Gewissens das Leumundszeugnis. Dann erlebt er eine böse Überraschung: Die Vorstrafe scheint im Leumundszeugnis noch immer auf. Es dauert nämlich zwei weitere Jahre, bis sie im Strafregister getilgt ist. Da er im seinerzeitigen Urteil nicht vom Wahlrecht ausgeschlossen wurde, könnte er für das Bundespräsidentenamt kandidieren – obwohl er für die Anstellung in einer Security-Firma moralisch nicht geeignet war."

Sperber sprach sich für eine Flexibilisierung der Tilgungsfristen aus, Präsident Forsthuber gibt ihm recht: „Das wäre vernünftig. Warum soll der Richter hier nicht einen gewissen Spielraum haben?" Sperber würde sich wohl auch über das heutige Prinzip der Diversion freuen, die alternative Form der Beendigung eines Strafverfahrens: Wenn in bestimmten Fällen der Beschuldigte zum Beispiel für einen Tatausgleich sorgt oder gemeinnützige Leistungen erbringt, kommt es zu keinem Verfahren und zu keiner Vorstrafe.

An Hand eines anekdotischen Beispiels zeigte Sperber, wie wandelbar die Gesetzgebung ist. Was gestern strafbar war, kann heute eine verdienstvolle Handlung sein oder umgekehrt. Der folgende Text könnte die Inhaltsangabe einer Kabarettnummer sein.

„Ein Mann wird im Frieden wegen zu billigen Verkaufes seines Warenlagers wegen fahrlässiger Krida verurteilt. So ungefähr im Jahre 1914. Da sein Geschäft nicht geht, widmet er sich dem Sacharinschmuggel. Wird angehalten, bestraft, das Sacharin konfisziert und in einem eigens hiezu erbauten Ofen verbrannt. Er verbüßt seine Strafe und ist nun zur Umkehr entschlossen. Verwandte stellen ihm Geld zur Verfügung und er gründet wieder ein kleines Geschäft. Da er aber weiß, dass man nicht zu billig verkaufen darf, ja nicht unter dem Marktpreis, tut er es nicht mehr; aber inzwischen ist der Krieg gekommen und mit ihm die Preistreibereigesetzgebung und er wird diesmal eingesperrt, weil er zu teuer verkauft hat. Er verbüßt seine Strafe, da erinnert er sich in einem unglückseligen Moment, dass er aus der Zeit, wo er noch Sacharinschmuggel betrieben hat, noch ein Quantum Sacharin aufbewahrt hat und da er weiß, dass das Sacharin von Amts wegen verbrannt wird, so nimmt er es in einer patriotischen und ehrlichen Aufwallung und verbrennt es auch. Aber da kommt er schön an. Er wird wieder wegen Zerstörung von unentbehrlichen Bedarfsartikeln eingesperrt. Nicht allzu unbegreiflicherweise ist der Mann erbittert und an dem Tage, wo er das Gefängnis verlässt, macht er seiner Erbitterung Luft, indem er auf offener Straße in den Ruf ausbricht: ‚Nieder mit dem Kaiser.' Er wird verhaftet und wieder verurteilt, diesmal zu einigen Jahren. Was sonst selten der Fall ist, auf ihn hat die Strafe bessernd gewirkt. Er entschließt sich zur Umkehr und als er am 12. November 1918, um 2 Uhr nachmittags, enthaftet wird, bricht er vor der Türe des Landesgerichts in den Ruf aus: ‚Hoch Kaiser Karl.' Inzwischen ist die Republik verkündet worden und er wird darauf wieder eingesperrt. Unser Mann soll nach diesen Erlebnissen definitiv irrsinnig geworden sein."[70] Für Präsident Forsthuber ist das „eine kafkaeske Aneinanderreihung von Rechtsirrtümern, die den Betroffenen verständlicherweise an der Rechtsordnung zweifeln lässt."

Forsthuber kritisiert wie Sperber die noch heute vorherrschende Erwartungshaltung, mit Mitteln des Strafrechts alle gesellschaftspolitischen Probleme lösen zu wollen. Sperber formulierte es so: „Nur für die gröbsten, allergreifbarsten Dinge ist das Strafrecht da. (...) Man kann mit dem Strafrecht eventuell gegen Diebe einschreiten. Aber ein Mittel der Eugenetik, der ethischen Fortentwicklung ist es sicher nicht. Und man kann auch mit der Staatsanwaltschaft nicht Sozialpolitik treiben und die Wirkung der Inflation aufheben, wie wir alle aus dem Mißerfolg der Preistreibergesetzgebung wissen."

„Sperber hat Visionen gehabt", resümiert Forsthuber, „sie sind zum Teil inzwischen realisiert. Der schwere verschärfte Kerker und die Institution der Zwangsarbeitsanstalt existieren nicht mehr. Heute beschäftigt uns hingegen der rapide Anstieg von Einweisungen in Anstalten für geistig abnorme Rechtsbrecher. Wahrscheinlich hat Sperber nicht im Traum daran gedacht, dass es einmal elektronische Fußfesseln geben wird. Sperber hat die damalige Welt durch seine marxistische Brille gesehen, aber viele Gedanken, die er in seiner Broschüre angerissen hat, beschäftigen uns noch heute: Was ist der Sinn der Strafe? Wie kommen wir zu mehr Gerechtigkeit?"

Wir zeigen Präsident Forsthuber eine dreiteilige Beitragsserie Sperbers, die in der linksgerichteten Tageszeitung *Der Abend* am 21. und 28. Juli sowie am 3. August 1927 abgedruckt wurde. Sperber wehrte sich gegen den Vorstoß der von Prälat Ignaz Seipel geführten

Regierung, das österreichische Strafrecht an das deutsche anzugleichen. Obwohl Österreich dringend eine Erneuerung des Strafrechts brauche („wir judizieren auch heute noch frisch drauf los, nach den Gesetzen von Anno Domini 1803"), sei dies der falsche Weg. Sperber störte es, dass in dem Entwurf – er hätte in Österreich und Deutschland gleichzeitig Gesetz werden sollen – die Todesstrafe vorgesehen war: „Heute wirkt die Tatsache, dass Menschen bewußt, sei es auch im Dienste der Justiz, andere töten, nicht mehr abschreckend, sondern nur verrohend." Auch Forstuber ist ein vehementer Gegner der Todesstrafe. Er weist darauf hin, dass in Österreich die Todesstrafe im Verfassungsrang erst 1968 abgeschafft worden ist.

Sperber verlangte – ganz im Geiste Alfred Adlers – eine stärkere Rücksichtnahme auf den Straffälligen als soziales Wesen. „Man sieht, sehr haben sich die Verfasser des Entwurfs nicht angestrengt, irgend einen neuen Gedanken bringen sie nicht, und ihr Um und Auf lautet immer wieder: Einsperren, dasselbe Einsperren ohne Rücksicht auf Beweggründe der Tat aus welcher Umgebung der Täter kommt und wie er veranlagt ist. In dasselbe Gefängnis kommen der Leidenschaftliche, der Gewinnsüchtige, der Listige, der Törichte und der Schwächling." Man müsse alternative Formen der Strafe finden, die den Betroffenen in seiner Persönlichkeit nicht so stark treffen. Sperber nannte „als wirksamste Maßregel die Aufsicht". Als in den 1950er Jahren die Bewährungshilfe gegründet wurde, ist Sperbers Wunschtraum posthum in Erfüllung gegangen.

Es ist spät geworden. Ehe wir uns verabschieden, gehen wir noch auf den Balkon des Großen Sitzungssaales, der direkt an das Büro des Präsidenten grenzt. Genau gegenüber, im obersten Stockwerk des Hauses Landesgerichtsstraße 20, hatte Hugo Sperber seine Kanzlei. Ein Teil der Fenster schaut in Richtung Landesgericht, ein anderer Teil in die Liebiggasse. Während die anderen Wohnungen oder Büros des Hauses hell erleuchtet sind, ist es in Sperbers ehemaligem Domizil finster. Die Hausverwaltung hat Wolfgang vor einigen Tagen mitgeteilt, dass die Räume gerade neu vermietet werden.

Da sich die Verlagsanstalt Dr. Zahn und Dr. Diamant praktisch über Nacht aufgelöst hatte – Zahn meldete sich Anfang November 1927 nach

Berlin ab – musste sich Sperber nach einem anderen Verlag umsehen. Sein nächstes Buch erschien 1930 in dem angesehenen Verlag von Moritz Perles.

Hier redigierte die Psychologin und Frauenrechtlerin Sofie Lazarsfeld die Buchreihe *Richtige Lebensführung* mit Aufsätzen „zur Erziehung des Menschen nach den Grundsätzen der Individualpsychologie". Sie wurde Leiterin einer individualpsychologischen Ehe- und Sexualberatungsstelle und hielt Vorträge im In- und Ausland. Sperbers 48 Seiten starkes Büchlein mit dem Titel *Todesgedanke und Lebensgestaltung* ist auch eine kritische Auseinandersetzung mit Sigmund Freud. Unter Berufung auf Alfred Adler sieht er nicht den Sexualtrieb als die entscheidende Triebfeder des Menschen, sondern die Angst vor der eigenen Sterblichkeit, der Gedanke an den Tod. Jeder gesellschaftliche Fortschritt ziele darauf ab, das Leben zu verlängern und zu erhalten. Deshalb sei die Erfindung eines neuen Medikaments ein Fortschritt, die Entwicklung von Giftgas ein Rückschritt. „Ein Sozialist kann daher (...) keine Politik des Blutvergießens machen, sonst ist er vielleicht in seinem Hirn erfüllt mit marxistischen Gedankengängen, persönlich aber ein Seelengenosse seiner Widersacher. Auch für die Kirche der Zukunft muss das Blutvergießen etwas Wesensfremdes bleiben: Sozialismus non sitit sanguinem. Erfreulicherweise bietet der Kulturfortschritt immer mehr Mittel, die das Blutvergießen im Klassenkampf ersparen. (...) Der bomben- und dolchschwingende Revolutionär und Verschwörer wird anderen Idealgestalten weichen müssen."[71]

Mit dem Beginn des Austrofaschismus und dem Verbot der Sozialdemokratie im Jahr 1934 fand auch die Expansion des Vereins für Individualpsychologie ein vorläufiges Ende. Projekte wie die Individualpsychologische Versuchsschule im 20. Wiener Gemeindebezirk wurden eingestellt, viele Mitglieder wurden verhaftet. Aber es sollte 1938 noch viel schlimmer kommen.

Justinian Frisch sammelt Sperberiana für Anekdoteles

Ein wichtiger Lieferant von Sperber-Anekdoten soll Justinian Frisch gewesen sein. Also muss ich mir in der Handschriftenabteilung der Nationalbibliothek den Briefwechsel zwischen ihm und Friedrich Torberg ansehen. Die Briefe stammen aus den Jahren 1947 und 1948. Da sich die Originale der Briefe „Frisch an Torberg" in anderen Mappen befinden als die Durchschläge der Briefe „Torberg an Frisch", geht es zunächst darum, eine chronologische Reihenfolge herzustellen. Torberg verwendet oft gelbes Durchschlagspapier, das erleichtert das Ordnen.

Justinian Frisch arbeitete damals für den Bermann-Fischer-Verlag in Stockholm. Gottfried Bermann hatte angesichts der Bücherverbrennungen in Deutschland seinen Verlag nach Wien verlegt, nach dem „Anschluss" Österreichs vorübergehend nach Zürich und dann nach Stockholm. Als auch in Schweden die Sympathie für das nationalsozialistische Deutschland wuchs und Bermann sogar für fünf Wochen in „Schutzhaft" genommen wurde, wich er im Juni 1940 in die Vereinigten Staaten aus. Nach 1945 leitete Bermann den Verlag zunächst wieder von Stockholm aus.

Hier lebte Justinian Frisch – er lektorierte die Manuskripte, als sogenannter Hersteller war er auch für die Ausstattung der Bücher und für die Druckvergabe verantwortlich. Daneben übersetzte er eine Reihe viel beachteter Romane aus dem Amerikanischen ins Deutsche. Praktische Erfahrungen hatte er als Mitarbeiter in der Druckerei und Verlagsanstalt Waldheim Eberle gesammelt. Justinian Frisch war ein Polyhistor, wie man ihn heute kaum noch findet. Er konnte ein abgeschlossenes Jus-Studium vorweisen, außerdem war er Maler und studierte Kunstgeschichte.

Torberg befand sich zu diesem Zeitpunkt in seinem New Yorker Exil und arbeitete an seinem Roman *Hier bin ich, mein Vater*. Frisch betreute ihn von Stockholm aus.

Justinian Frisch ist eine überaus interessante Persönlichkeit, aber zu einer noch größeren Berühmtheit haben es sein Vater und sein Sohn gebracht.

Der Vater von Justinian Frisch, Moriz Frisch, war ein angesehener Buchdrucker und der erste Verleger der Zeitschrift „Die Fackel" von Karl Kraus. Laut Torberg entwickelte er „beim Sprechen eine Verschleppungstaktik, die zeitgenössischen Berichten zufolge – ich selbst habe ihn nicht gekannt – Nerven und Geduld seiner Zuhörer auf arge Proben stellte."[72]

Der Sohn von Justinian Frisch war laut Torberg „der bedeutende in Oxford lebende Atomphysiker Otto Frisch".[73] Bedeutend war allerdings ein wenig untertrieben. Otto Robert Frisch, geboren 1904 in Wien, war mehr als das.

Zwar identifizierten Otto Hahn und Fritz Strassmann in Berlin bei der Kollision von Neutronen mit Uran-Atomkernen das Element Barium, doch konnten sie die radiochemische Entdeckung nicht physikalisch interpretieren. Das schaffte Otto Frisch mit seiner Tante Ilse Meitner in Schweden. Sie erkannten als Erste, dass eine „Kernspaltung" stattgefunden hat. Hahn bekam den Nobelpreis, Frisch gilt als ein Mitentdecker der Kernenergie.

Otto Frisch verfasste auch einen bahnbrechenden Aufsatz über die Konstruktion einer Atombombe und beteiligte sich als britischer Staatsbürger in den USA an der Entwicklung und am Bau der ersten amerikanischen Atombomben, dem sogenannten „Manhatten-Projekt". Zuvor, in Europa, arbeitete er nicht in Oxford, wie Torberg irrtümlich schreibt, sondern in Cambridge.

Justinian Frisch ist auch allen Kennern des Werks von Karl Kraus ein Begriff. Als Kraus Ende Juni 1901 in Heft 81 seiner Zeitschrift *Die Fackel* ankündigte, eine Erscheinungspause bis zum Herbst einzulegen, gründet Justinian Frisch eine Zeitschrift mit dem Titel *Die neue Fackel.* Am 12. Oktober 1901 erschien diese erstmals, allerdings unter dem wettbewerbsrechtlich weniger verfänglichen Namen *Im Fackelschein,* später hieß sie *Im Feuerschein.* Trotzdem führte dies, wie man sich denken kann, zu gegenseitigen publizistischen Beschimpfungen und zu Gerichtsverfahren. Auch sein Vater Moriz Frisch ist dem streitbaren und wortgewaltigen Schriftsteller vor Gericht begegnet – es ging unter anderem um die Urheberrechte des Titelblattes der Zeitschrift *Die Fackel.* Aus der Druckerei von Moriz Frisch ist später die Vorwärts-Druckerei hervorgegangen, das Druckhaus der Sozialdemokratischen Partei.

In der Anekdotensammlung *Die Tante Jolesch* betont Torberg, wie wichtig Justinian Frisch bei der Kodifizierung der Sperber-Anekdoten war. „Dr. Justinian Frisch verbrachte seine letzten Lebensjahre [tatsächlich waren es nur einige Monate] bei seinem Sohn in Cambridge [hier richtig] und hat mir im Verlauf unserer weiteren Korrespondenz, in der es hauptsächlich um die Kodifizierung der Aussprüche Dr. Hugo Sperbers ging, wertvolle Hilfe geleistet.“ [74]

Justinian Frisch war ein bestimmt auftretender Lektor. Obwohl er sich der österreichischen Ausprägung der deutschen Sprache verpflichtet fühlte, wollte er Verstöße gegen den *Duden* nicht gelten lassen. Torberg leistete entschieden Widerstand, ihm war es wichtig, dass seine sprachlichen Eigenheiten im Text stehen blieben.

Frisch drückt immer wieder sein Unbehagen über die Beharrlichkeit des von ihm betreuten Autors aus. Einmal wählt er die Anrede „Sehr geehrter Herr Nürgler, intensive Form von Nörgler.“ Er selbst bezeichnet sich als „Kärrner“ – er musste also unbedankt eine harte und lästige Kleinarbeit auf sich nehmen.

Nach längerem Suchen finde ich den Beginn des Briefwechsels. Es ist ein Schreiben Torbergs an Frisch, in dem Torberg Details der Lektoratsarbeit an seinem Manuskript *Hier bin ich, mein Vater* anspricht. Am Ende stellt er Frisch die Frage, ob er mit jenem „Insassen des Café Herrenhof“ identisch sei, an den er sich erinnern könne.

Frisch antwortet am 1. Juli 1947: „Sehr geehrter Herr Doktor! Ja, ich bin es!“ Er bedankt sich für Torbergs Grüße, räumt aber ein, dass er sich an ihn nicht mehr erinnern könne, nicht an seine „materielle Erscheinung“, nur an seine Bücher, vor allem an den *Schüler Gerber*.[75] Da Torberg knapp dreißig Jahre jünger als Frisch war, ist es nicht verwunderlich, dass Torberg Frisch kannte, Frisch jedoch nicht Torberg.

Torbergs Freund Milan Dubrovic, der spätere Chefredakteur der Tageszeitung *Die Presse*, weist in einer *Festschrift für Friedrich Torberg* darauf hin, dass die jüngeren Gäste der Literaturcafés eine demütigende Prozedur auf sich nehmen mussten, bis sie anerkannt waren. „Nach einer zeremoniellen Periode täglicher Anwesenheit folgte das Stadium des behutsam geduldigen Dabeisitzendürfens, zunächst nur am äußersten Rand bestimmter Tischrunden, in denen namhafte Schriftsteller oder bloß als besonders gescheit geltende Literaturhabitués das Wort führten." Ein junger Bursch im Schnöselalter, noch dazu eine betont sportliche Erscheinung, habe es hier nicht leicht gehabt.[76]

Hinzu kam, dass Frisch gemeinsam mit Leo Perutz, Alfred Polgar und Otto Soyka zu den Stammgästen des legendären Café Central gehört hatte und nach Ende des Ersten Weltkriegs mit diesen ins nur wenige Schritte entfernte Café Herrenhof übersiedelt war. Zuvor war Frisch als Gymnasiast sogar noch ab und zu ins Griensteidl gegangen.

Dagegen kannte Torberg aus eigener Erfahrung vor allem das Café Herrenhof. Ein Rechenbeispiel verdeutlicht den Altersunterschied: Im Jahr 1927, als Torberg erstmals im Café Herrenhof gesichtet wurde, war er 19 Jahre alt, Frisch hingegen 48.

Am 12. Juli 1947 schreibt Frisch an Torberg: „... ich will Ihnen gleich sagen, daß Sie mir als Partner eines Briefwechsels, wie ich ihn in früheren Tagen zu pflegen liebte, gar wohl behagen würden". Deshalb packt er gleich seine Herrenhof-Erinnerungen aus, beschreibt die Räumlichkeiten. Das Lokal bestand aus einem Frontlokal an der Herrengasse, einem Mittelsaal und einem Spielzimmer an der Wallnerstraße. Frisch schildert, wer sich wo aufhielt, im Mittelsaal beispielsweise Werfel, Broch und Musil. Er selbst habe sich meist im hinteren Teil aufgehalten, „wo auch mancher Literat wohnte".

Dort habe der *Fackel*-Mitarbeiter Otto Soyka geistreiche Gespräche mit der Journalistin und Schriftstellerin Gina Kaus geführt (dass sie mit Karl Kraus befreundet war und mit Soyka ein Verhältnis hatte, kann man in ihrer Biografie *Von Wien nach Hollywood* nachlesen), und Gustl Griener habe Karten gespielt. „... er hieß wohl Grüner, aber Sperber sagte nie anders als Griener, und zwar ‚Schöner Griener ...', das alte Studentenlied zitierend, oder ‚Besser Grien Siebener als sieben Griener' ..."

Gegen Ende repliziert Frisch mit Blick auf ein früheres Schreiben Torbergs: „Die von Ihnen genannten Milan Dubrovic und Dr. Inngraf kenne ich nicht einmal dem Namen nach." Auch Friedrich Torberg erwähnt er mit keinem Wort, als wäre dieser nicht Mitglied dieser Kaffeehausgesellschaft gewesen.[77]

Am 8. August 1947 fragt Torberg pikiert, warum seine Erscheinung, wie er es formuliert, aus dem Abbild des Café Herrenhof „wegeskamotiert" wurde: „War ich ein Geist, mit dem die Großkopferten

Café Herrenhof bei Nacht

in den erhöhten Logen sich unterredeten? Ein Geist, den der schöne Griener mit spitzig fuchtelndem Zeigefinger von der Untunlichkeit einer weiteren Anhängerschaft an Karl Kraus zu überzeugen trachtete, damit den unverbindlichen Widerspruch Gina Kausens und den widerwilligen Beifall Ernst Polaks hervorrufend?"

Schließlich habe er doch auch mit Alfred Adlers Sohn, mit Ernst Stern und mit Stappler Poker gespielt, und Hugo Sperber habe sich zu später Stunde, als die Sessel auf die Tische gestellt wurden, „röhrend wie ein Hirsch zur Brunftzeit" an ihn gewandt: „Kommen Sie, Reb Torberg! Ziehen wir blökend heimwärts auf unsern großen, ungewaschenen Füßen?"[78]

Schon am 13. August 1947 antwortet Frisch: „Reb Torberg! Dankbar übernehme ich Sperbers Anrede, da sie Ihrer Würde und Ihrem Range als talmudischen Daikezers vollauf gerecht wird." Der Brief schließt mit den Worten: „Können Sie mir nicht Ihr Photo schicken? Vielleicht erwacht meine Erinnerung. Ich möchte natürlich jetzt erst recht wissen, wie Sie ausschauen."[79]

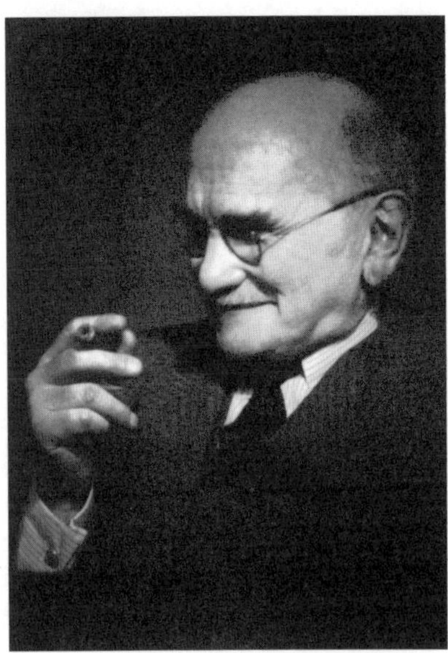

Justinian Frisch auf einem Foto, das er 1947 Torberg per Post schickte

Torberg wird später ein Foto nach Stockholm schicken. Auf die Fotohülle schreibt er: „Pin ich's? Ja, ich Pinz!“[80] Frisch wird das Foto aus der Hülle nehmen, ein Bild von sich hineinschieben und beides mit der Post nach New York senden.

Ich finde das Foto und die Hülle in einem der Aktenordner der Handschriftenabteilung und mache mir Gedanken, was „Pin ich's? Ja, ich Pinz!“ bedeuten könnte. Justinian Frisch in Schweden wird es vor mehr als 60 Jahren ähnlich ergangen sein.

Später, am 3. Februar 1948, erklärt Torberg, was er damit gemeint hatte: „Pinz, der Unglücksselcher ist eine Figur aus der ‚Ahnfrau‘ und entstammt dem (zu diesem Behuf falsch zitierten) Auftrittsmonolog des Jaromir:

„Ja, ich PINZ, ich UNGLÜCKSSELCHER
PINZ, den alle Häscher suchen.
PINZ, den alle Mütter fluchen

Und so weiter bis zur endlichen Identifikation ‚Bin der Räuber Jaromir‘“.[81]

Torberg und Frisch lieben es, die Klingen zu kreuzen. „... eine Diskussion mit Ergebnis ist ein Nonsens", schreibt Frisch, „und Sie sehen, daß ich keineswegs geneigt bin, irgendeine Ihrer Propositionen zu akzeptieren. Sollte es *Ihnen* einfallen, Ihren Standpunkt aufzugeben und am Ende gar *mir* recht zu geben, dann werde ich sofort das Gegenteil von dem, was ich verfochten hatte, beweisen. Wir sind Demokraten, und ohne Opposition gibt es keine Demokratie, nicht wahr? Um Gotteswillen, geben Sie mir nicht recht!"[82]

Torberg hat sicher genauso gedacht. So streiten die beiden zunächst darum, ob man die Gäste des Café Herrenhof als „Insassen" bezeichnen darf oder nicht. Gleich in seinem ersten Brief hatte ja Torberg gefragt, ob sich hinter dem Namen Justinian Frisch jener Mann verberge, den er als „Insasse des Café Herrenhof" in Erinnerung hat.

Frisch hatte in dem bereits erwähnten Schreiben vom 1. Juli 1947 geantwortet: „Wenn es mich auch schmerzt, in der Wiener literarischen Emigration keine andere Etikette zu tragen als die eines ‚Insassen des Café Herrenhof', so tut es mir andererseits wiederum wohl, nach so langer Zeit und über so großen Raum hinweg als Angehöriger einer merkwürdigen, wenn auch nicht sehr angesehenen Gemeinschaft begrüßt zu werden."[83] Das ist der Aufschlag zu einem rhetorischen Ping-Pong-Spiel.

Torberg erwidert, dass er die Etikette „als etwas höchst Respektables und Ehrenwertes" empfinde.

Frisch assoziiert den Ausdruck „Insasse" hingegen „mit dem Begriff der Strafanstalt, des Versorgungshauses, des Alkoholikerheims, kurz mit der Vorstellung solcher Institute, in denen man sich, meist unfreiwillig, dauernd – Tag und Nacht – aufhält". Man müsse statt „Insasse" richtiger „täglicher Besucher", „Habitué", allenfalls noch „Stammgast" oder „Dauergast" sagen.

Torberg rechtfertigt den Ausdruck „Insasse" damit, dass das Herrenhof von manchen Stammgästen als Strafanstalt empfunden wurde, dass es mit einem Versorgungshaus vergleichbar war (weil die Gäste mit einer Schale Braun, zwei Gebäck und jeder Menge Druckerschwärze ruhig gestellt wurden), und dass viele Gäste ähnlich wie Alkoholiker regelmäßig ins Lokal getorkelt kamen.

Frisch lehnt „Insasse" weiterhin „nachdrücklichst" ab: „Ihre Argumente umfassen nach altem Talmudistenbrauch nur jene Kriterien, die Ihnen passen. Es sind Vergleichsmomente, die, aus einem Begriffskomplex willkürlich und schikanös herausgerissen, jeder Beweiskraft ermangeln, da nur das Ganze mit dem Ganzen, nicht aber ein einzelner Teil mit einem einzelnen Teil verglichen werden darf." Das Element der Dauer sei nicht relevant, weil ein Herrenhofgast – im Unterschied zu einem Sträfling, immer wieder Urlaub von seinem Stammlokal nimmt oder sich sogar ein neues sucht. Das Element der Versorgung habe zwar noch im Central in gewisser Weise Geltung gehabt, weil einige das Privileg hatten, die als wohlhabend geltenden Gäste anzubetteln. „Dies geschah unter der Fiktion eines Darlehens, und der jeweils Berechtigte hieß (ein Sperberwort) ‚der Schnorrer vom Tag'." Im Herrenhof habe es jedoch diese humanitäre Institution nicht mehr gegeben, „wenigstens nicht systematisiert wie im Central." Das Element der Strafe habe nichts mit dem äußeren Zwang zu tun, mit dem man Sträflinge in Strafanstalten festhält. Eher könne man das Kaffeehaus als eine Vorstufe zur Strafanstalt bezeichnen, „wie sich denn auch daselbst zahlreiche Anwärter (so mancher hat auch später die zweite Stufe erreicht) aufhielten." Das Element des Alkoholismus werde deshalb nicht schlagend, weil im Herrenhof sehr wenig Alkohol konsumiert wurde. „Ab und zu ein Doppel-Sliwowitz, sonst nur Kaffee und Soda mit Himbeer."

Torberg schildert knapp dreißig Jahre später – zu dieser Zeit war Frisch längst tot – in seinem Buch *Die Tante Jolesch* den Dialog völlig anders. Jetzt behauptet Torberg, es sei nicht um den Begriff „Insasse", sondern um den Begriff „Stammgast" gegangen – obwohl er den Schriftverkehr von damals vorliegen hatte: die eigenen Schreiben als Durchschlag, jene seines Briefpartners im Original.

Er habe am Beginn der Korrespondenz die behutsame Frage gestellt, ob der Adressat „mit dem einstigen Stammgast des Café Herrenhof" identisch sei. „Das hätte ich nicht tun sollen. In seinem nächsten Brief verwahrte sich Dr. Justinian Frisch vier Seiten lang gegen die Zumutung, als Stammgast bezeichnet oder gar definiert zu werden, und begründete seine Position so eingehend, daß ich nicht umhin konnte, meine Position auf ebenso vielen Seiten zu verteidigen. Einige seiner Einwände akzeptierte ich, insgesamt jedoch gab ich ihm die mittlerweile eingetretenen politischen und zeitgeschichtlichen Entwicklungen zu bedenken, die den Begriff ‚Stammgast' in einem andern, minder fragwürdigen Licht erscheinen ließen." Frisch habe darauf geantwortet, dass „diese Fragwürdigkeiten durch keine historische Patina überlagert werden dürfen und daß ich mich damit eines üblen dialektischen Tricks schuldig gemacht hätte." Die Diskussion habe sich ins Weltanschauliche ausgeweitet und der Roman *Hier bin ich, mein Vater* sei deshalb mit einjähriger Verspätung erschienen.[84]

Torberg bringt in der Folge die ihm geläufigen Sperber-Anekdoten zu Papier und schickt sie nach Schweden, um seinen Briefpartner zu animieren, im Gegenzug dasselbe zu tun. Damit löst er bei Frisch Unbehagen aus: „Nicht daß ich einzelne Perlen als geistiges Eigentum reklamieren wollte (auf diesem Gebiet herrscht immer Kommunismus, ein Copyright gab es nicht), aber einige Prägungen, die sie Sperbern zuschreiben, stammen tatsächlich von mir."

Torberg bewundert Frisch, weil er so viele Sperber-Sprüche kennt, und Frisch bewundert Torberg aus dem gleichen Grund.

Mit Schreiben vom 9. Jänner 1948 erzählt Frisch „die Geschichte von Dr. Sperber und der Abortfrau": „Sperber vertritt die Verwalterin des Damenklosetts des C. H. [Café Herrenhof] gegen ihren Gesangslehrer, der angeblich übermäßige Honorarforderungen an sie stellte. Mich interessierte weniger die juristische Seite der Sache, sondern ich fragte Sperber erstaunt: ‚Die Abortfrau lernt singen? Was singt sie denn?' Sperber: ‚Wahrscheinlich: *Komm, lieber Mai und mache!*'"[85]

Gleich am 16. Jänner 1948 reagiert Torberg auf das Schreiben. „... und ich bin Ihnen von Herzen dankbar, daß Sie mir den Ausspruch ‚Komm, lieber Mai und mache!' wieder ins Gedächtnis gerufen haben, ich kannte ihn nur als Zitat, die Genesis – wie gleichfalls Sperber zu sagen pflegte – war mir unbekannt. Übrigens tun Sie ihm Unrecht, wenn sie das ganze als „die Geschichte von Dr. Sperber und der Abortfrau" präsentieren. Es gibt ihrer zahlreiche, und hätte mich nicht die Zeitnot am Kragen, ich machte mich also gleich an die Abfassung einer Dissertation über ‚Die Rolle des Aborts und der Abortfrauen im Sperberschen Anekdotenkreis'. Vielleicht teilen Sie mir in schlagwortartiger Kürze, am einfachsten durch simple Angabe der Pointe, die Ihnen bereits bekannten Beispiele mit, und ich beliefere Sie dann nächstes Mal mit dem etwaigen Rest, wobei nicht auszuschließen ist, daß ich meinerseits die Genesis einiger der von Ihnen angegebenen Pointen zu erbitten haben werde."[86]

Torberg schickt also Frisch eine Reihe von Pointen zum Thema „Sperber und die Abortfrau" – und Frisch antwortet am 27. Februar 1948, dass er keine davon kenne.[87] Das ist erstaunlich, denn Frisch hat den Rechtsanwalt Dr. Sperber wohl besser gekannt als Torberg. Immerhin kann Torberg nun mit seinen Kenntnissen prunken.

In einem Brief vom 25. Februar 1948 erzählt er Frisch, dass Sperber zwischen einer „gewöhnliche Abortfrau" – auch „Kantische Abortfrau" genannt – und einer „Abortfrau mit erweitertem Kompetenzkreis" unterschieden habe. Letztere sei auch für die Verwaltung der Garderobe und für die Beistellung von Tafel, Kreide und Schwamm für die Kartenpartien verantwortlich gewesen.

In einer Parallelbildung habe Sperber beim Genuss einer Portion Frankfurter mit Gulaschsaft häufig noch einen „Gulaschsaft an sich" oder „Kantischen Gulaschsaft" nachbestellt.

Dann erzählt Torberg eine Anekdote aus der Opern-Bar. Während einer der zahlreichen Wirtschaftsdepressionen wurde Sperber von einem wohlhabenden Gönner zum Besuch dieser Bar eingeladen. Als die zwei das Lokal betraten, stellte sich heraus, dass kein einziger Gast da war. Nach der in vielen Nachtlokalen geübten Gepflogenheit war jedoch der Eintritt der zwei Gäste vom Portier durch ein Klingelzeichen ins Lokal signalisiert worden.

In diesem Moment begann sich in dem Lokal eine künstliche Geschäftigkeit zu entwickeln. Die Kellner verteilten sich über das ganze Lokal, die Kapelle intonierte den neuesten Schlager, der Eintänzer tanzte mit einer der Bardamen, die Garderobefrau hängte ihren eigenen Mantel an einen der vorderen Haken usw. Nachdem Sperber die Szene kurz überblickt hatte, sagte er: „Ich möchte wetten, die Abortfrau sitzt am Häusel und scheißt."

Die nächste Station des Anekdoten-Reigens ist das Café Dobner am Getreidemarkt. Im Souterrain befand sich eine Bar, am Ansatz der hinunterführenden Treppe das Damenklosett – eine Konstellation, die Sperber unbekannt war, da er das Café Dobner nie frequentierte. Als er das ausnahmsweise einmal tat, hielt er hinter der Drehtür verwirrt inne und röhrte einem Oberkellner über das ganze Lokal hinweg die Frage zu: „Herr Ober, wieso kommt bei Ihnen aus dem Damenklosett Musik?“

Frau Powondra, das klassische Beispiel einer „Kantischen Abortfrau“, wirkte im Café Reichsrat, wo Sperber häufig sein Mittagmahl einnahm – von seiner Kanzlei in der Landesgerichtsstraße waren es nur ein paar Schritte in dieses Kaffeehaus mit der Adresse Stadiongasse 23. Laut Torberg verzehrte Sperber gewöhnlich zwei Normal-Menus, „und zwar in der auf der Speisekarte vorgezeichneten Reihenfolge, also: Suppe, Braten mit Beilage, Mehlspeise, Schwarzer Kaffee, Suppe, Braten mit Beilage, Mehlspeise, Schwarzer Kaffee. Begreiflicher Weise wurde ihm sodann die Benützung des Aborts zu einer dringenden Notwendigkeit, der er auch immer sofort nachkam.“

Eines Tages nun sahen ihn die verblüfften Gäste „aus dem Abort hervor- und mit mühsam zusammengehaltener Hose auf die Abortfrau losstürzen, der er in den Tönen höchsten (und lautesten) Zornes vorzuwerfen begann, daß sich auf dem von ihm benützten Klosett kein Klosettpapier mehr befände und dass sie, die Abortfrau, sich dadurch einer Vernachlässigung der pflichtgemäßen Obsorge schuldig gemacht hätte.“ Würde ihm, als dem Rechtsanwalt, ein Vergehen ähnlicher Schwere unterlaufen, verlöre er seine Praxis.

Um der biederen Frau die juristische Parallele klarzumachen, begann Sperber jeden seiner Sätze mit der formellen Feststellung: „Ich bin Rechtsanwalt, und Sie sind Abortfrau. Wenn Sie, Abortfrau ...“ usw. – bis die fassungslos Verstummte sich endlich zu einem Protest aufraffte: „Aber Herr Doktor, warum heißen S’ mich denn allerweil Abortfrau? I hab ja einen Namen!“ Sperber, vom unsachlichen Charakter dieses Einwurfs aufs Tiefste degoutiert, wandte sich mit der nachfolgenden Bemerkung ab und wieder dem Abort zu: „Entschuldigen Sie, Frau Powondra – ich habe nicht gewusst, dass Sie eine Individualität sind!“

Eine klassische „Abortfrau mit erweitertem Wirkungskreis“ sei die Frau Lukasch im alten Café de l’Europe (Eingang Jasomirgottstraße) gewesen. Sie habe für die Stammgäste sogar den täglichen Spielplan der Wiener Kinotheater in Verwahrung gehalten und ihn auf Verlangen vorgewiesen. „Dr. Sperber, der als Stammgast dem nächtlichen Turnus angehörte (Sitzungsdauer ½ 2 bis 4), erschien dennoch ab und zu auch untertags im Europa, – dann aber nur behufs Inanspruchnahme des Aborts, auf den er eilig watschelnden Schrittes zustrebte, schon unterwegs mit der Lockerung seiner Toilette beginnend."

Das hatte sich mit der Zeit für Frau Lukasch zu einem so vertrauten Vorgang entwickelt, „dass sie, wenn sie Dr. Sperber zu einer früheren Stunde als Mitternacht auftauchen sah, nahezu automatisch und mit einer stummen, selbstverständlichen Geste (die von Dr. Sperber ebenso stumm und selbstverständlich hingenommen wurde) das Herrenklosett für ihn öffnete. Sie erlitt einen schweren Schock und musste gelabt werden, als Dr. Sperber, ihre Vorsorge gröblich missachtend, sie einmal mit den Worten anfuhr: ‚Nein! Den Kinofahrplan!'"[88]

Torberg sammelte also systematisch Material für ein Buch über den Rechtsanwalt Dr. Hugo Sperber und machte sich Notizen über die Herkunft der Anekdoten. So fügt er beispielsweise am Ende eines Briefdurchschlags mit Maschine folgenden Text hinzu: „Appendix: ‚Komm lieber Mai und mache!' lt. Brief Dr. F. v. 8. I. 48."

Torberg dachte damals sogar schon über die Kapitel-Aufteilung eines Sperber-Buches nach: „Ich bin mir nicht völlig klar darüber, ob die beiden Themenkreise ‚Kaffeehaus' und ‚Kartenspiel' gesondert zu verbuchen sein werden oder jeder für sich – das wird am Schluss davon abhängen, wie viel mir zu jedem noch einfällt. Hernach aber steht uns noch ein fast völlig unberührtes bevor, und vielleicht das gewaltigste von allen: Die Rolle der Jurisprudenz in der Sperberschen Anekdote." Torberg sendet Frisch wiederum mehrere Pointen und wartet auf eine Reaktion aus Stockholm.

Frisch reagiert prompt. Am 21. September 1948 schreibt er an Torberg: „Und ich ergreife mit Vergnügen die Feder, um auf Ihr Stichwort: ‚Die Rolle der Jurisprudenz in der Sperberschen Anekdote' zu replizieren." Justinian Frisch, ein gelernter Jurist, ist enflammiert. Er schickt gleich eine Anekdote nach Wien.

Sperber habe einmal einen Einbrecher verteidigt, der am helllichten Tag ein Juweliergeschäft ausgeräumt hatte, was vom Staatsanwalt als besonders frech und schamlos gebrandmarkt wurde. In der Replik sagt Sperber: „Hoher Gerichtshof! Meine Herren Geschworenen! Wenn mein Klient um Mitternacht eingebrochen hätte, dann würde der Herr Staatsanwalt die verwerfliche Tücke, den schädlichen Vertrauensmißbrauch angeprangert haben, er würde es als erschwerenden

Umstand hervorgehoben haben, daß mein Klient zu nachtschlafender Zeit, unter dem Schutze der Dunkelheit sich am Eigentum des friedlichen Bürgers vergangen habe. Also: Bei Tag soll er nicht einbrechen, bei Nacht soll er nicht einbrechen – ja, sagen Sie mir, meine Herren Geschworenen: Wann soll so ein armer Teufel eigentlich einbrechen?!'"

Torberg gefällt die Pointe nicht, er ist für eine andere Version: „Wann soll mein Klient eigentlich einbrechen?" Gleichzeitig gibt er zu, dass die Variante „armer Teufel" möglicherweise die richtige ist. Die Gegenüberstellung des höflich-formellen „Klienten" mit der verbrecherischen Tätigkeit des Angeklagten würde jedoch „den Humorgehalt" steigern. Sperber mache von derlei Kontrastwirkungen gerne und zweifellos bewusst Gebrauch, „so wenn er den von ihm verteidigten Raubmörder Dörr mit unerbittlicher Konsequenz als ‚Herr Dörr' bezeichnete (sowohl in seinen Erzählungen wie im Gerichtssaal selbst), oder das Burgenland als eine Gegend ‚die außer Ananaserdbeeren und Raubmördern noch nichts hervorgebracht hat', etc."

Frisch insistiert: „Ich bin für den ‚armen Teufel', weil darin auch ein Witz liegt, nämlich das Bedauern eines Menschen, der durch bürokratische Vorurteile am Einbrechen gehindert wird." [89]

Torberg wird für sein Buch *Die Tante Jolesch* die Anekdote folgendermaßen umarbeiten: Sperbers Klient habe zwei Einbrüche begangen, einen bei Tag und einen bei Nacht. Der Staatsanwalt legt ihm im ersten Fall erschwerend die besondere Frechheit zur Last, sein verbrecherisches Handwerk sogar bei Tag auszuüben, im zweiten Fall die besondere Tücke, sich das Dunkel der Nacht zunutze gemacht zu haben. Darauf Sperber: „Herr Staatsanwalt, wann soll mein Klient eigentlich einbrechen?" [90]

Reibebaum Sperbers in einer weiteren Anekdote ist eine schwatzhafte jüdische Handelsfrau, die ihm mit aller Gewalt einen Fall aufzudrängen versucht, den Sperber aus verschiedenen Gründen nicht übernehmen will. Als sie nicht und nicht ablässt, und alle Versuche Sperbers, sie aus seiner Kanzlei zu befördern, nichts fruchten, röhrt er ihr endlich entgegen: „Liiiebe Frau, Sie sind mir lästig! Entfernen Sie sich!" Jene, vor allem darauf bedacht, das Gespräch aufrecht zu erhalten, gackert weiter drauflos: „Ja aber warum denn Herr Doktor ich will Ihnen doch ein Geschäft bringen wieso bin ich Ihnen lästig?!" Sperber (in gesteigerter Pein): „Sie sind mir LÄSTIG, liebe Frau, Sie sind mir lästig wie die Tiere in meinem Bett!" – „Ja aber wieso denn was denn für Tiere Herr Doktor?" – Sperber (brüllend, Faust auf den Tisch): „Tiger!!"[91]

Zur Anekdote über den „kurz angebundenen Herrn Landesgerichtsrat ..." macht Torberg den Vermerk: „Quellennachweis: Dr. Leo Frischauer." Justinian Frisch gibt an, die Anekdote nicht zu kennen. Es wird in der Buchversion die Geschichte eines Sektionsrates werden, der einer seltsamen sexuellen Praxis anhängt – das Verb hat hier durchaus doppeldeutigen Charakter, wie sich gleich zeigen wird. Der Sektionsrat lockt minderjährige Mädchen in seine Wohnung. Er bindet sich eine Seidenschnur an seinen kümmerlichen Penis und lässt sich von dem Mädchen um den Tisch des Wohnzimmers führen, bis er einen Orgasmus hat. Da er bei Gericht aus Verlegenheit und Scham schweigt, sagte Sperber: „Herr Vorsitzender – der kurz angebundene Sektionsrat verweigert die Aussage."

Bei der Anekdote „Lieber Freund, hier ist mein Arbeitszimmer und nicht das Ihre!" verweist Frisch auf eine mitgeschickte Kolumne, die er für einen Ausschnitt aus der deutsch-jüdischen Zeitung *Aufbau* hält und mit dem Datum „26/V 48" versehen hat. Der Autor ist Leonard Lyons. Dieser schildert eingangs, wie geschickt Sperber einen Hühnerdieb verteidigt hat.

„It's a story about Dr. Hugo Sperber, the Viennese criminal lawyer who was purged by Hitler. He once defended a man accused of stealing a chicken from Vienna's Schrebergardens. Sperber's summation to the jury, which won an acquittal, consisted of only three words. He shrugged his shoulders and said: ‚Gentlemen, ONE chicken?'"

Eine weitere Anekdote spielt in Sperbers Kanzlei. „One day, when a Persian rug was stolen from the lawyers waiting room he immediately posted a sign: ‚TO My Clients – Always remeber that you are in MY working premises, not YOURS.'"[92]

In einem späteren Schreiben korrigiert Torberg seinen Briefpartner. Die Kolumne sei nicht im *Aufbau* erschienen, sondern „in der ‚New York Post', eines der besseren New Yorker Boulevardblätter". Der Verfasser sei ihm persönlich bekannt, er habe auf Befragen seine Quelle preisgegeben: „Es handelt sich um einen mir unbekannten Herrn Maurice Feldmann aus Wien." Die Sache mit dem Arbeitszimmer sei in der Tat ein ad hoc getaner Ausspruch gewesen, kein Schild oder Plakat.[93]

Im Gegenzug erzählt Frisch eine ähnlich funktionierende Anekdote: „Hierher gehört auch die Geschichte vom Tapezierer. Sperber hat für einen Tapezierer einen aussichtslosen Prozeß verloren. Der Klient kommt in seine Kanzlei gestürmt und verlangt, Sperber solle sofort gegen das Urteil appellieren. Sperber antwortet in aller Seelenruhe: ‚Ich lege keine Berufung ein!' Der Tapezierer brüllt: ‚Wenn ich als Klient es verlange, müssen Sie Berufung einlegen!!' Sperber: ‚Ich lege keine Berufung ein.' Hierauf ergreift der Tapezierer wütend Hut und Stock und wendet sich zum Gehen: ‚Dann werde ich selbst Berufung einlegen!' Sperber setzt sich an seinen Schreibtisch und sagt: ‚Gut. Und inzwischen werde ich Ihren Abort tapezieren.'"[94] Torberg nimmt diese Anekdote wohlwollend zur Kenntnis: „Für den (...) Tapezierer vielen Dank, er war mir unbekannt und wird sofort katalogisiert."

Torberg wird die zweite Anekdote aus der „New York Post" in den Fortsetzungsband *Die Erben der Tante Jolesch* aufnehmen: Ein vorbestrafter Gewohnheitsdieb hat sich von Sperber in dessen Kanzlei beraten lassen und ihm vom Rauchtisch eine Zigarettendose gestohlen. Als Sperber den Diebstahl bemerkte, sagte er: „Legen Sie die Tabatière wieder zurück. Hier ist *mein* Arbeitszimmer, nicht das Ihre."[95]

Die Pointe „Ich habe Sie nicht beim Einbrechen gestört, stören Sie mich nicht beim Verteidigen!" ist laut Frisch leicht in eine Geschichte einzubauen. „Es ist eine an den Angeklagten gerichtete Mahnung, ihm (Sperber) nicht ins Wort zu fallen."

Schon im Frühjahr 1948, mitten in den Briefwechsel über Sperberiana, kommen alarmierende Nachrichten aus Stockholm. Einzelne Briefe sind nicht mehr mit der Maschine, sondern mit der Hand geschrieben. Einer bricht unvermittelt ab: „Ich schreibe an diesem Brief schon zwei Tage und komme nicht mehr weiter. (...) Ich liege tagelang ganz allein ..."[96] Seine Frau war offensichtlich schon seit Längerem nicht gehfähig. Die Briefe und Postkarten „aus der Matratzengruft", wie Frisch scherzhaft schreibt, tragen als Absender die Adresse eines Spitals: „Radiumhemmet", zu Deutsch: Radiumheim. Auch das verheißt nichts Gutes.

Erst Wochen später, am 14. Juli 1948, verfasst Frisch wieder einen ausführlichen Brief.

„Lieber Herr Torberg,

ich weiß wirklich nicht, auf wie viele Briefe ich Ihnen Antwort schuldig bin, weiß auch nicht mehr, über welche Gegenstände wir disputiert haben – warum? das sagt Ihnen der beiliegende Bericht (...) Ich verspreche Ihnen, daß ich die Streitaxt wieder ausgraben werde, sobald ich zu Kräften komme. Von der Friedenspfeife kann sowieso nicht die Rede sein, da mir das Rauchen aufs Strengste verboten ist.

Ich bin aber guter Dinge und zuversichtlich. Und in diesem Zeichen grüße ich Sie als Ihr sehr ergebener Frisch.“ [97]

In der Beilage folgt die detaillierte Krankengeschichte. Im November des Vorjahres stellte der Arzt im Stockholmer Radiuminstitut ein Karzinom des linken Unterkiefers und der inneren Wange fest und erklärte gleichzeitig, dass die Erkrankung schon so ausgebreitet sei, dass eine Operation nicht mehr in Frage käme. Er verordnete eine Serie von Radiumbestrahlungen, die zu schmerzhaften Reaktionen führten, aber keine Verbesserung brachten.

Im Februar ließ der Arzt „eine sogenannte Brachy-Radiumbestrahlung (von innen) vornehmen“. Die Applizierung „dauerte vier Stunden, war sehr quälend, blieb aber ohne Erfolg“, so daß sich der Arzt in der Folge entschloss, es mit einer Reihe von Röntgenbestrahlungen zu versuchen. Diese mussten abgebrochen werden, weil Frisch Gelbsucht bekam.

„Nach einem kurzen ‚Urlaub‘, den ich zu Hause zubrachte, übersiedelte ich zum Zwecke der Operation [eine Ausbrennung] wieder ins Radiuminstitut.“ Kurze Zeit später wurde Rotlauf konstatiert.

Er hatte zu diesem Zeitpunkt 10 Kilo abgenommen, wog nur mehr 55 Kilo. „Äußerlich bin ich stark entstellt durch eine narbenartige Kontraktion der linken Wange. Die endgültige Heilung wird ungefähr ein Jahr dauern, da der Knochen des Unterkiefers bloßgelegt ist.“

Aus einem Schreiben vom 21. September 1948 klingt schwacher Optimismus: „Die Träne quillt, die Erde hat mich wieder! Allerdings in ziemlich beschädigtem Zustand. Das Photo, das ich Ihnen vor längerer Zeit widmete, gilt nicht mehr. Mein neues Paßphoto zeigt ein ganz schmales, altes Gesicht und auf der linken Backe eine tiefe Narbe (obgleich ich nicht von außen mit dem Messer, sondern von innen mit einem glühenden Platinplättchen operiert wurde). Endlich wird in meinem nächsten Paß – hoffentlich einem schwedischen – ein ‚besonderes Merkmal' stehen: Auffallende Narbe an der linken Wange, ähnlich wie ein Schmiß …" [98]

Torberg weiß, dass der Briefwechsel über Sperberiana für den kranken Frisch eine Ablenkung darstellt. Er versucht, seinen Briefpartner mit Scherzen aufzuheitern. In einem Wortspiel zwischen schwedisch *hemmet* (= Heim) und Wienerisch *Hemad* (= Hemd), wünscht er Frisch, dass er „sein Radiumhemmet bald ausziehen kann."

Gleichzeitig reduzierte Torberg den Briefverkehr mit Frisch, worüber sich dieser seine Gedanken macht: „Der letzte Brief von Ihrer Hand, den ich vor mir liegen habe, ist vom 29. Mai 1948 datiert, und, soweit mir bewußt ist, habe ich ihn gar nicht oder irgendwie aufschiebend und provisorisch beantwortet. Die Folgen meines Schweigens, für das ich einige Entschuldigungsgründe habe, waren furchtbar: Ich habe seither überhaupt nichts mehr von Ihnen gehört. Das ist auf verschiedene Weise zu erklären. Entweder Sie wollten mich bestrafen, oder Sie hielten mich in meinem dekrepiten Zustand der Führung einer vernünftigen Korrespondenz nicht für fähig, oder Sie glaubten, ich sei schon tot. (…) Was aber meine Lebensgeister aufs Lebhafteste entfachte, ja was meine Genesung (die Wiederherstellung des Herstellers – stellen Sie sich mit ihm wieder her?) im günstigsten Sinn beeinflußte, das ist die Dosis Sperber, die mir wie eine Panazee aus obzitiertem Schreiben entgegenblitzte." [99]

Im November kündigt Frisch die Übersiedlung von Stockholm nach Cambridge an: „Montag, den 22. d. Mts. kommt mein Sohn – Jacksonian Professor für Natural Philosophy an der Universität Cambridge, M.A., Ph.D., D.Sc., O.B.E., F.R.S., Inhaber der amerikanischen Medal of Freedom, Fellow of the Trinity College, Mitarbeiter der ‚Neuen Rundschau', Nachfolger Lord Ernest Rutherford's und Mitentdecker der Atomenergie – mit Flug nach Stockholm, um seine alten Eltern abzuholen." [100]

Am 2. Jänner 1949 schreibt Frisch bereits eine Postkarte aus Cambridge. Er teilt mit, dass er seit 27. November in England ist und dass ihm der König von Schweden die Staatsbürgerschaft verliehen habe.[101]

Am 3. Juni 1949 stirbt Justinian Frisch in Cambridge – kurz vor seinem 70. Geburtstag.

Die letzten Briefe des Justinian Frisch haben mich so bewegt, dass ich die leisen Worte vom Tisch des Bibliothekars überhört habe: „Bitte, Leseschluss." Mit diesem Satz werden um 15.45 Uhr alle Leser aufgefordert, ihre Sachen zu packen und die Handschriften zurückzugeben. Um Punkt 16 Uhr schließt die Handschriftenabteilung.

Wenig später steht der Bibliothekar direkt neben mir und sagt nicht mehr leise, sondern betont und vorwurfsvoll: „Entschuldigen Sie, bitte! Es ist Leseschluss!"

Sperber war die Karikatur eines Soldaten

Aus den Dokumenten des Kriegsarchivs lässt sich Hugo Sperbers militärische Laufbahn rekonstruieren. Sperber diente als Einjähriger Freiwilliger bei den Jägern, rückte 1915 zum k. k. Landwehrinfanterieregiment ein, kämpfte in der Landsturmmarschkompanie am russischen Kriegsschauplatz und wurde am 5. Juni 1916 bei schweren Kämpfen in Sapanow durch einen Schulterschuss verwundet. Inzwischen Leutnant und ausgezeichnet mit dem Karl Truppenkreuz und dem Verwundetenabzeichen ging er 1917 wieder ins Feld und diente bis zum Kriegsende schließlich als Reserveoberleutnant im k. k. Landwehrinfanterieregiment Nr. 1.

Zu Torbergs Schilderung des nicht sonderlich gepflegten Äußeren passt die Bestrafung des Einjährig Freiwilligen Feldwebel-Kadett-Aspiranten „wegen vorschriftswidriger Adjustierung und vorschriftswidrigen Tragens des Haupthaares". Sperber bekam im Jänner 1916 acht Tage Kasernenarrest. Aus einer anderen Aufzeichnung geht hervor, dass Sperber kein besonders guter Schütze war.

Torberg erfuhr erst nach Erscheinen des Buches *Die Tante Jolesch* von Sperbers Kriegsdienst. Ein gewisser Oskar Kluger schreibt Torberg am 24. August 1975:[102] „Es ist vielleicht wenigen bekannt, daß Dr. Sperber im Ersten Weltkrieg Reserveoffizier war und ich war im Jahre 1916 einige Monate bei derselben Kompagnie mit ihm im Felde.

Er war, wie Sie sich vorstellen können, schon rein äußerlich die Karikatur eines Soldaten, seine Uniform war verdreckt und zerknittert und zeitweise war er sehr verlaust. Zudem ließ er sich an der Front einen Bart wachsen, der sich um sein rundes Gesicht kräuselte und ihn wirklich fürchterlich erscheinen ließ. Angeblich hat er sich freiwillig ins Feld gemeldet und wie er mir sagte, hätte er sich leicht entheben lassen können, wollte aber unbedingt dabei sein, damit man ihm später ja nichts nachsagen könne. (...)

Der Zufall wollte es, daß das Regiment (k. k. Schützenregiment Nr. 1, früher Landwehrinfanterieregiment Nr. 1) nach einigen unglücklichen Gefechten und großen Verlusten neu eingeteilt wurde und unsere Kompagnie außer ihrem Kommandanten, einem aktiven Oberleutnant, gleich drei jüdische Zugkommandanten hatte, nämlich Dr. Sperber, Dr. Hönigmann und mich, und das beim zweiten Wiener Hausregiment nach den Deutschmeistern. Wir gehörten damals in Wolhynien [ukrainisch und russisch Wolyn; Landschaft in der nordwestlichen Ukraine] einem Deutschen Verband an (Heeresgruppe Linsingen) und wurden kompagnieweise zwischen den Deutschen in der Front eingesetzt. Um das Verhältnis zu diesen zu verbessern, wurde unser Kompagniekommandant jeweils mit einem deutschen für die Dauer eines Monats ausgetauscht. Mit sehr gemischten Gefühlen sahen wir der Ankunft des Deutschen entgegen, es stellte sich aber heraus, daß das ein sehr netter, älterer Reserveleutnant aus Hamburg war und außerdem ein großer Kartenspieler. Nun haben Sie in Ihrem Buch ausführlich über die Kartenkünste Dr. Sperbers geschrieben, aber man muß es miterlebt haben, wie er den am Anfang sehr erstaunten Mann aus Hamburg mit den Mysterien des Tarockspiels vertraut machte und dieser langsam dessen Sprache und Witze zu verstehen begann."

Bald saßen sie den ganzen Tag zu dritt im vordersten Schützengraben und spielten Tarock, während Oskar Kluger als Jüngster, damals Fähnrich, für alle drei Dienst machen musste.

„Am Ende des Monats war man so befreundet, daß es einen sehr unmilitärischen, ja rührenden Abschied gab."

Oskar Kluger, ein Jahrgang 1897, erzählt noch eine zweite Episode. Diese habe sich im strengen russischen Winter 1916 an der Front zugetragen. „Es war die Inspektion eines deutschen Generals angesagt. Alles stand auf seinem Platz im Graben und Dr. Sperber in seiner winterlichen Vermummung war schrecklich anzusehen. Endlich erschien der hohe Besuch und Sperber nahm, so gut er konnte, Haltung an und schrie mit seiner krächzenden Stimme: ‚Hof- und Gerichtsadvokat Leutnant Doktor Sperber meldet sich gehorsamst als Abschnittskom-

Otto Josef Olbertz: „Kartenspielen hinter der Front“, 1914

mandant!‘ Der General blickte ihn erschrocken an, und entfernte sich wortlos, raschen Schrittes. Wir hatten Mühe das Lachen zu verbeißen.“

Oskar Kluger verlor Sperber später aus den Augen, als er nach der Rückkehr von einem Urlaub versetzt wurde. „Ich hörte dann, daß er doch ins Hinterland geschickt wurde, sicher auf Betreiben seiner Vorgesetzten und nicht auf das seine; denn er wollte beweisen, daß ‚wir‘ [Juden] keineswegs Drückeberger waren.

Er hat auch immer seine Pflicht getan und nie Angst gezeigt, was ihm oft, als körperlich ungeschicktem, ganz unsportlichem Menschen, sehr schwer gefallen sein muß. Er war bei Leuten, die seine Art zu reden verstanden, sehr beliebt und geschätzt, aber leider waren das nicht viele.

Als Soldat war er eine komische Figur und ein Original, an das ich mich gerne erinnere.“

Torberg antwortet am 1. September 1975 mit der Entschuldigung, dass er erst jetzt aus dem Urlaub zurückgekommen sei. „Daß der Brief von einem persönlichen Freund des von mir so sehr geliebten Dr. Sperber stammt, berührt mich sehr. Ich hatte von Sperbers Kriegsdienst nichts gewusst – er sprach nie darüber, und das steht ja eigentlich im Einklang mit seinen Motiven und seinem ganzen Charakter.

Vielleicht ergibt sich einmal die Gelegenheit zu einer mündlichen Unterhaltung über ihn und über die ganze Zeit-Atmosphäre, die mit ihm dahingegangen ist.“ [103]

Was Oskar Kluger über Hugo Sperber schreibt, deckt sich in vielen Punkten mit Torbergs Darstellung in dem Buch *Die Tante Jolesch*: Seine ungepflegte, ja geradezu provokante äußere Erscheinung, seine merkwürdige Stimme – Kluger bezeichnet sie als krächzend, Torberg als röhrend – jedenfalls war Hugo Sperber offensichtlich auch als reale Gestalt ein Original.

Torberg korrespondiert mit der geschiedenen Frau von Franz Jolesch

Die Frau, die mit dem Mädchennamen Gosztonyi hieß, ist für uns deshalb von Relevanz, weil sie in ihrer zweiten Ehe mit Franz Jolesch verheiratet war, und das war „der Neffe Franzl“ in Friedrich Torbergs *Die Tante Jolesch*. Ihr dritter Ehemann war der berühmte Komponist Hanns Eisler (1898–1962), ein Schüler Arnold Schönbergs und politisch sowie künstlerisch einer der engsten Weggefährten Bert Brechts. Eisler blieb bis zu seinem Lebensende österreichischer Staatsbürger – ebenso wie Brecht. Beide wollten neben ihrer Verankerung in Ostberlin auch ein Standbein im Westen haben und dafür erschien ihnen Österreich ideal.

Mitte Jänner 1933 fuhr Eisler nach Wien, um mit Anton Webern ein Konzert von Stücken aus *Die Maßnahme* und *Die Mutter* vorzubereiten. Hier erreichte ihn die Nachricht von der Machtergreifung Hitlers in Deutschland. Er fuhr im Februar noch einmal nach Berlin zurück, offensichtlich um seine Wohnung aufzulösen und den dort befindlichen Hausrat nach Wien zu überführen.

Als Eisler in die Hohe Tatra reiste, um einen Film über das Leben in der Karpato-Ukraine vorzubereiten, lernte er Louise Jolesch kennen. Ende 1933 besuchte die junge Frau Hanns Eisler in Paris, von 1934 an begleitete sie ihn ständig. Am 7. Dezember 1937 heirateten sie in Prag. Die Ehe sollte knapp zwei Jahrzehnte halten.

Louises vierter Ehemann war Ernst Fischer (1899–1972), ein österreichischer Schriftsteller und Politiker. Obwohl er Kommunist war – oder gerade deshalb – wurde er von den zwei großen Parteien ÖVP und SPÖ umworben.

Unmittelbar nach dem Krieg hatte Fischer in der Regierung eine Funktion inne, die mit dem Aufgabenbereich eines heutigen Unterrichtsministers vergleichbar ist. Als die KPÖ bei der ersten Nationalratswahl 1945 nur als marginale politische Kraft hervorging, musste Fischer dieses Amt aufgeben. Er schrieb für das „Neue Theater in der Scala" ein linientreues Theaterstück gegen den Titoismus mit dem Titel *Der große Verrat*. Die westlich orientierten Medien Wiens bezeichneten diese Spielstätte in der Favoritenstraße 8 abwertend als „Russentheater", weil es von den kommunistischen Remigranten Karl Paryla und Wolfgang Heinz begründet worden war. Louise Eisler-Fischer, geschiedene Jolesch, übersetzte Theaterstücke für die „Scala", unter anderem *Golden Boy* und *Waiting for Lefty* von Clifford Odets (1906–1963). Der in Philadelphia geborene Drehbuchautor war ein knappes Jahr lang Mitglied der Kommunistischen Partei gewesen und musste deshalb vor dem „Ausschuss für unamerikanische Umtriebe" aussagen.

Ernst Fischer war ab 1948 Mitherausgeber des *Österreichischen Tagebuchs*, später hieß es *Tagebuch*, dann *Wiener Tagebuch*. Im Jahr 1956 wurde Fischer im Zusammenhang mit der Auseinandersetzung um den Ungarischen Volksaufstand und unter Mitwirkung Torbergs aus dem Vorstand des P.E.N.-Clubs ausgeschlossen. Erst 1968, nach den Ereignissen des Prager Frühlings, hat sich Fischer vom Totalitarismus losgesagt und ist prompt aus der KPÖ ausgeschlossen worden.

Ernst Fischer war ab 1932 mit Ruth von Mayenburg verheiratet und ab 1955 in zweiter Ehe mit Louise Eisler. Die Wissenschaftlerin Marina Fischer-Kowalski ist seine Tochter aus der ersten Ehe mit Ruth von Mayenburg.

Friedrich Torberg kannte Louise Eisler aus den 1930er Jahren, als sie mit Franz Jolesch verheiratet war. Torberg besuchte damals die beiden öfter in Wiese bei Iglau.

Rund zehn Jahre später fanden sie sich wieder – zumindest brieflich. Lou lebt mit Hanns Eisler in einer gemieteten Villa in Malibu, in

Lou Eisler in Malibu, Pacific Palisades, Amalfi Drive, ca. 1946

Pacific Palisades, direkt neben dem schönen Haus von Thomas Mann („Sein Pudel Nico pflegte unseren Garten als Toilette zu benützen."); ganz in der Nähe haben sich Bert Brecht und Lion Feuchtwanger niedergelassen. Torberg ist inzwischen von der Westküste nach New York übersiedelt.

Am 27. November 1945 schreibt Louise Eisler einen alarmierenden Brief an Torberg. Sie hat erfahren, dass es ihrem geschiedenen Mann Franz Jolesch in der Tschechoslowakei sehr schlecht geht, und sie bittet daher ihren Jugendfreund Friedrich Torberg, „dem Franzl zu helfen".

Franz Jolesch will auf dem Umweg über seine geschiedene Frau mit seinem alten Freund in Briefkontakt treten. Louise Eisler zitiert wörtlich aus Franzls Brief: „Von den drei Dingen, die das Leben lebenswert machen, Behaglichkeit, Freude und Hetz, bekommt man auf unsere Karten noch keine Zuteilung, deshalb will ich viel, ja alles wissen, sag das dem Fritz, ich sehne mich so nach seinen Briefen. Ich werde auch fleißig antworten, wenn meine Briefe auch vorderhand Nonvaleurs sind."

Friedrich Torberg in New York, ca. 1945

Dann schildert Louise, wie sie Franzls derzeitige Lage einschätzt: „Der Brief ist sehr traurig, Franzl gilt, trotz Buchenwald, als Staatsfeind und Deutscher, wegen seiner Schulen. Er schreibt, daß der Hyperchauvinismus und nationale Paroxysmus zu fürchten ist, daß ‚Adolf dagegen ein Waserl war'. Alles um ihn herum ist tot. Auch seine Mutter [sie wurde in der Shoah ermordet]. Kato [die zweite Ehefrau von Franz Jolesch] hatte sich in Budapest versteckt. Natürlich bekommt er als ‚Staatsfeind' die Fabrik nicht zurück, obwohl sie nicht verstaatlicht wird, da nicht groß genug. Von seinen Sachen blieb kein Taschentuch. Er wohnt in zwei Zimmern der früheren Wohnung seiner Mutter, die man ihm erlaubt hat, ohne Möbel, [er] hat in Prag eine kleine Anstellung (...), ist sehr arm, gesundheitlich kaputt und möchte hierher. Von Lebensmitteln braucht er, wie er schreibt, am meisten: Dryed Eggs [Eierpulver], Zigaretten, Konserven, alte Sachen zum Anziehen. Falls Du es Dir leisten kannst, schicke was. Ich schicke natürlich ständig."

Louise appelliert an Torberg, er solle „dem Franzl gleich schreiben". „Aber auch ich möchte *sehr* gerne von dir hören. Was machst

Du? Woran arbeitest Du? Marianne Durte schrieb unlängst aus Sao Paulo, Brasilien. Sie schwärmte von einem Gedicht von Dir, das im ‚Aufbau' erschienen ist. Leider lese ich nicht den ‚Aufbau', was doch ein Fehler zu sein scheint, die in Sao Paulo haben es besser. Was hast Du für Pläne? Wirst Du in New York bleiben? Wir wohnen jetzt (...) am Meer, das ist schön, aber nur auf kurz, denn im März muss ich heraus und dann gibt es nie mehr was zu mieten. Ich möchte nach N. Y. Wenn ich dort ein Bett hätte. Schreibe einen freundlichen Brief Deiner alten Freundin!

Gez. Lou"

Handschriftlicher Zusatz auf der Rückseite: „Glaubst Du, daß Du durch Deine tschechischen Verbindungen zu Benes + Masaryk was von hier aus für Franzl tun könntest, daß er dort besser behandelt wird. Vielleicht kann Frau Werfel helfen." [104]

Torberg hat prompt reagiert, schon am 3. Dezember 1945 schreibt er zurück:

„Alte Lou,

soeben kommt Dein Brief, der mich sehr aufregt. (...) Meine ‚tschechischen Verbindungen' sind, vorsichtig ausgedrückt, dürftig. Noch dürftiger scheinen Deine Vorstellungen von Frau Alma Mahler-Werfel zu sein. Hingegen gibt es in Hollywood den Hugo Haas, ein Duzfreund Jan Masaryks und sein Gastgeber als M. zuletzt in Hollywood war. (...) Versuch's. Ich halte es für aussichtslos, nämlich an und für sich, – es soll Dir also nicht leid tun, wenn Haas ablehnt (was er wahrscheinlich tun wird). Ich bin mit ihm leider seit geraumer Zeit außer Kontakt, sonst würde ich ihm selbst schreiben. (...) Ich meinerseits werde herumhorchen und -tasten, mache mir aber keine Hoffnungen. Franzl ist bei weitem nicht der einzige KZ-Überlebende, dem es so ergeht. Eigentlich höre ich *nur* von solchen Fällen. Und es sind nicht einmal immer ‚Fabrikanten', denen man ihre Fabrik nicht zurückgeben will (was im ersten Augenblick noch einen Schimmer von vergilbter Lesebuch-Berechtigung zu haben scheint); es gibt auch Intellektuelle, die man nicht in ihre Wohnung hineinlässt, weil sie deutsche Muttersprache haben, und es gibt noch vieles, vieles andre. Was Du aus Franzls Brief zitierst, ist mir nicht neu. Die Briefe eines Cousins von mir klingen genau so. (Er ist der einzige Überlebende meiner gesamten Familie, ihrer 15, einschließlich meiner Mutter und meiner älteren Schwester, sind in Oswiecim [Auschwitz] umgekommen.)

Die gewünschten Sendungen werden gleich morgen abgehen, sowohl Nahrungsmittel wie Kleidungsstücke. Ob dergleichen ankommt, ist leider noch immer Glückssache. Warme Strickwolle für Sweater und angerauchte Zigaretten sind am sichersten, wenigstens nach meiner Erfahrung. – Natürlich schreib ich ihm auch sofort, dem lieben, dem vertrottelten, in Paris war er und hat zurückfahren müssen. – Dabei kann ich Dir gar nicht sagen (aber Du wirst es verstehen), wie sehr mir vor diesen Korrespondenzen graut."

Torberg berichtet dann, dass er in New York Marietta Bellak geheiratet habe, „eine 25jährige aus der Tilgnergasse, was gleich um die Ecke von der Favoritenstraße ist". Pläne habe er keine, er wisse nur, was er nicht machen wolle. „Und glaub mir, Lutschi: Es ist gar nicht so wenig, wenigstens *das* zu wissen."

„Ich könnte mir sehr gut vorstellen, daß wir über alles das einen riesigen, stundenlangen, ganz in Rauch und Mokka und Cognac verpackten Aus-Schmus hätten [hebr. *schmuess* = Gespräch, Unterhaltung, Plauderei], gerade ich gerade mit Dir. Aber das wird brieflich schwer gehen. Vielleicht findet sich doch ein Bett für Dich in New York? Kann ich in diesem Zusammenhang etwas tun? Bitte schreib.

Herzlichst Dein
Gez. Friedrich"[105]

Kaum hat Lou Eisler den Brief Torbergs erhalten, setzt sie sich zur Schreibmaschine. Am 11. Dezember 1945 tippt sie folgende Antwort in die Tasten:

„Lieber Fritz!

Ich danke Dir sehr für Dein so promptes Reagieren. Außerdem habe ich mich ganz besonders über Deinen Brief gefreut. Deine Heirat nahm ich einfach hin, wie man im Traum alles entgegennimmt, das Unwahrscheinliche wie Selbstverständliche. Ich gratuliere sehr schön und möchte die Gnädige sehr gerne sehr bald kennenlernen. Was Du aus Europa schreibst, ist auch mir nicht neu. Die Ideen, die man dort versucht in die Tat umzusetzen, sehen so anders aus, daß man sie nicht wiedererkennt. (...) Wenn Du am 1. März ein Bett für mich weißt, lasse es mich wissen. Dann will ich nämlich mich allein in meinen Wagen setzen und ostwärts ziehen. (...)

Welchen Drug-Store hast Du zu Deinem Kaffeehaus erhoben? Vor allem aber möchte ich wissen, *was* du schreibst? Ich möchte sehr gerne bald wieder eine Broschüre von dir lesen. (...)

Alles Liebe Deine alte Lou

Gez. Lou“ [106]

Torberg hat auf diesen Brief monatelang nicht reagiert. Erst am 24. November 1946, also fast ein Jahr später, entschließt er sich zu antworten. Einleitend schreibt er, dass er bei einem Besuch von Gina Kaus festgestellt habe, dass er Lou noch eine Antwort schulde: „Dabei ist es mit meiner Schuld schon so lange her, dass von ‚Antwort‘ kaum noch die Rede sein kann – aber es wäre wohl auch im Fall einer sofortigen Reaktion nicht viel zu ‚antworten‘ gewesen: weil Dein Brief, in den edelsten Traditionen femininer Korrespondenzführung, zwar kurz, aber dafür ziemlich inhaltslos war. (...)“

Dann kommt Torberg auf Franz Jolesch zu sprechen: „Hast Du Nachricht vom Franzl? Ich hab ihm szt. ein Paket geschickt und einen Brief geschrieben, aber eine Bestätigung ist mir weder auf das eine noch auf das andre zuteil geworden. Von dritter Seite höre ich, daß es ihm gut geht und dass er *Most* spielt, – *Most,* wie Du vielleicht noch weißt, heißt auf tschechisch Brücke, und ich nehme an, daß man Bridge jetzt dort so nennen muß.“

Da Louise mit dem Franzl oft Bridge gespielt hatte, schien Torberg dieser Hinweis passend. „Und was treibst Du selber? Wann kommst Du nach New York? Auch *da*von war nämlich in Deinem letzten also sozusagen ‚Brief‘ die Rede. Was ist's damit?“

Lou Eisler hatte allerdings den New-York-Besuch für den bereits vergangenen März geplant, wie ja Torberg dem ihm vorliegenden Schreiben entnehmen konnte. Jetzt war bereits Ende November.

„Dem ‚Aufbau‘ entnahm ich – in einer schillernden Formulierung Hans Kafkas –, daß der Deinige [Hanns Eisler] einen Vertrag bekommen hat; ich weiß aber nicht, ob sowas für Deine Reisepläne gut oder schlecht ist. Sollte es jedoch weder noch sein, und sollte Deine

Herkunft ausschließlich von Deiner eigenen Energie abhängen, dann sehe ich allerdings finster.

Von mir wird Dir ja die Gina alles Wissenswerte erzählen, es ist ohnehin nicht viel und das wenige möchte ich ihr nicht wegschreiben. Meine Frau scheint ihr sehr gut gefallen zu haben, meine politischen Ansichten weniger, am besten ist sie jedenfalls mit meinem Roman dran, denn den hat sie nicht gelesen. Er erscheint nächstes Jahr bei Bermann-Fischer, und Du bekommst dann natürlich ein Exemplar. Bis dahin – denn zumindest so lange wird es ja auch dauern, bevor Du mir wieder schreibst – bin ich mit vielen herzlichen Grüßen an Dich und Hans.

Gez. Fritz“ [107]

Torberg bezeichnet also das letzte Schreiben von Lou Eisler als einen „Brief unter Anführungszeichen“ und wirft ihr eine „feminine Korrespondenzführung“ vor, die er gleichzeitig als inhaltslos bezeichnet. Am Schluss geht er davon aus, dass sie mit ihrer Antwort genauso lange brauchen werde, wie er, nämlich ein Jahr. Im Klartext: Bitte, schreib nicht mehr!

Dass er den Brief so lange hatte liegen lassen und gerade im November 1946 antwortete, scheint kein Zufall gewesen zu sein. Am 13. Oktober 1946 hatte ein ehemaliges Mitglied der Amerikanischen Kommunistischen Partei, der zum Katholizismus konvertierte Leo Budenz, in einer Radioansprache schwere Vorwürfe gegen Gerhart Eisler, den Bruder von Hanns Eisler, erhoben: Dieser sei „der Hauptspion Moskaus in den USA und ein Agent der Komintern“. Gerhart Eisler habe unter dem Decknamen Hans Berger „eine Verschwörung gegen die amerikanische Regierung“ angezettelt.

Torberg analysierte 1943 für das FBI Brechts Lehrstück *Die Maßnahme*

In David Axmanns Torberg-Biografie lese ich, dass Torberg in Kalifornien einige Male mit Bert Brecht zusammentraf, „dessen Wissen, Witz und ‚raffinierte Art des Diskutierens' er so bewunderte, wie er dessen politische Haltung mißbilligte und kritisierte".

Bereits im Jahr 1943 lieferte Torberg – ebenfalls laut Axmann – „als temporärer Informant" dem Federal Bureau of Investigation (FBI) eine ausführliche Analyse von Brechts Lehrstück *Die Maßnahme*. Darin werde „die Tötung eines jungen Genossen im Interesse der ‚Revolutionierung der Welt' ausdrücklich gutgeheißen". David Axmann resümiert: „[Torberg] informiert also das FBI an Hand einer literaturkritischen Untersuchung über die politische Gesinnung des Theaterautors Brecht." Das FBI habe damals diese Informationen unter dem Titel „enemy alien control" bzw. „internal security" gesammelt.

Das interessiert mich. Es ist ja bekannt, dass Torberg nach seiner Rückkehr den Brecht-Boykott publizistisch organisiert hatte. Lange Zeit wurden Brechts Stücke auf österreichischen Bühnen nicht aufgeführt. Als Brecht die österreichische Staatsbürgerschaft erhielt, wurde dies von der Presse als Skandal hochgespielt.

Dass Torberg schon in den Vereinigten Staaten gegen Brecht aktiv war, wusste ich nicht. Das FBI ist die bundespolizeiliche Ermittlungsbehörde des Justizministeriums der Vereinigten Staaten. Die meisten Immigranten bemühten sich um eine Zusammenarbeit mit dem Office for War Information (OWI) und dem später ausgegliederten Office of Strategic Services (OSS). Für diese geheimdienstlichen Organisationen sammelten sie Informationen aus Nazi-Deutschland oder erstellten Studien, wie ein Entnazifizierungsprogramm nach Ende des Krieges aussehen könnte. Ab 1933 bemühte sich Torberg, durch seinen Freund Peter Heller beim OWI und beim OSS unterzukommen. Er wurde fallweise für Übersetzungsarbeiten und als Informant herangezogen.[108] Vielleicht hat er über diesen Umweg Zugang zum FBI gefunden.

Die Maßnahme gehört zu den umstrittensten Werken Brechts. Das „Lehrstück" entstand in Zusammenarbeit mit Hanns Eisler aus einer

Umarbeitung der Schuloper *Der Jasager*, die Brecht um 1929/30 nach einer japanischen No-Theater-Vorlage schrieb. Uraufgeführt wurde das Stück am 13./14. Dezember 1930 im Haus der alten Berliner Philharmonie in der Bernburger Straße in einer Nachtvorstellung. Lou Eisler schreibt in ihren Lebenserinnerungen, dass sie am 18. Jänner 1931 die zweite und damals letzte Berliner Aufführung im Großen Schauspielhaus besucht hat. Sie war damals noch mit Franz Jolesch verheiratet, reiste aber oft nach Berlin, wo sie auch Egon Erwin Kisch, den „rasenden Reporter", kennenlernte.

„Mit Kisch war ich auch bei Aufführung der ‚Maßnahme' von Brecht mit der Musik von Hanns Eisler. In unserer Loge saß auch Karl Kraus, der wild applaudierte. Ich lernte Erich Mühsam kennen, der sehr anerkennend über das Stück sprach. Die meisten Freunde von Kisch jedoch lehnten es völlig ab. Vor allem Georg Lukács. Er setzte in einer fast einstündigen Rede auseinander, warum die Gesamtkonzeption völlig abzulehnen sei. Ich selbst war tief beeindruckt. Nach der Aufführung saß ich mit Kisch im ‚Romanischen Kaffeehaus' [gemeint ist das Romanische Café, ein Künstlerlokal, wo u. a. auch Anton Kuh, Franz Werfel und Stefan Zweig verkehrten]. An unserem Tisch fand eine wilde Diskussion über das Stück statt, ein lebhaftes Für und Wider, denn alle, die da saßen, waren bei der Aufführung gewesen. Ein kleiner, rundlicher Mann mit Glatze kam an unseren Tisch, begrüßte die Runde. Kisch stellte ihn mir vor, es war Hanns Eisler, der sich gleich wieder verabschiedete." Noch in der Nacht schrieb Lou einen Brief an ihren Mann Franz Jolesch in Wiese bei Iglau. Sie habe ein großartiges Stück gesehen, oratoriumsartig. Den Namen des Komponisten habe sie vorher noch nie gehört. „Diese Chöre kann man nur mit Bach vergleichen." [109]

In dem Lehrstück treten vier kommunistische Agitatoren vor den „Kontrollchor" (das Parteigericht), um die Tötung und Auslöschung eines jungen Genossen zu begründen. Dabei spielen sie die Situationen nach, die zu dieser extremen „Maßnahme" geführt haben. Ihre Mission hatte darin bestanden, von Russland aus nach China zu gehen, um dort Propaganda zu betreiben. An der Grenze werden sie von einem ortskundigen Genossen empfangen, der sie im Auftrag der Partei begleiten soll. Die Agitatoren löschen mithilfe von Masken ihre Identität aus und gehen als Chinesen verkleidet über die Grenze. Die gesellschaftlichen Verhältnisse in China sind geprägt von brutalster Ausbeutung und Unterdrückung. Unter anderem werden Menschen als Zugtiere benutzt, da sie aus Sicht der kapitalistischen Ausbeuter rentabler sind als wirkliche Lastentiere. Die Agitatoren gewinnen schnell Anhänger unter der chinesischen Arbeiterschaft. Der junge Genosse verhält sich allerdings taktisch unklug. Statt die von den Agitatoren beschlossenen Aktionen durchzuführen, zeigt er immer wieder Mitleid und gefährdet dadurch die Arbeit der Gruppe. Zuletzt reißt er sich die Maske herunter. Nach ihrer Entlarvung als ausländische Revolutionäre fliehen die Agitatoren und töten den jungen Genossen mit dessen Einverständnis, um nicht selbst von den Chinesen getötet zu werden. Daraufhin setzen sie erfolgreich ihre Arbeit fort. Zurück in Russland müssen sie sich vor einem Parteigericht für die Tötung des jungen Genossen verantworten. Das Stück endet mit einer grundsätzlichen Diskussion, wie weit die Revolution moralische Grundsätze verletzen darf, um Ausbeutung und Unterdrückung wirksam zu bekämpfen.

Die Maßnahme gehört zu den sogenannten Lehrstücken Brechts. Ihr Grundkonzept besteht darin, dass das Spiel nicht an ein Publikum, sondern an die Schauspieler selbst gerichtet ist. Durch die Einnahme verschiedener Haltungen und Gesten sollen sie politisch geschult werden.

Was Axmann nicht schreibt, aber offen auf der Hand liegt: Das FBI konnte die von Torberg verfasste Werkinterpretation gut gebrauchen.

Wir befinden uns in der Vor-McCarthy-Ära. Während es von 1934 bis 1938 den Amerikanern vor allem darum ging, unter dem Titel „unamerikanische Umtriebe“ Spuren des Nazismus in den USA zu beseitigen, orientierten sich diese Initiativen jetzt auf ein neues Ziel: die angeblich äußerst bedrohliche kommunistische Infiltration der Filmindustrie. Der bereits im Jahre 1938 einberufene Untersuchungsausschuss des Repräsentantenhauses „House on Un-american Activities Committee“ (HUAC) wurde zu Ende des Jahres 1946 neu aktiviert. Eine Schlüsselrolle in der medial stark beachteten Affäre nahm Ruth Fischer ein, die Schwester von Hanns und Gerhart Eisler. Sie bezeichnete ihren Bruder Gerhart öffentlich als Terroristen und Atomspion. Hintergrund war vermutlich eine ideologische Auseinandersetzung: Ruth war trotzkistisch orientiert, ihr Bruder Gerhart stalinistisch. Charles Chaplin, ein guter Bekannter von Lou und Hanns Eisler, bemerkte damals, dass es in dieser Familie zugehe wie in den Königsdramen von Shakespeare.

Das erste nicht-öffentliche Vorverhör von Hanns Eisler fand am 11. Mai 1947 in einem Hotel in Los Angeles statt. Auch der spätere US-Präsident Richard Nixon war anwesend. Er schrieb in den Vorbereitungen, die Angelegenheit sei „vielleicht der wichtigste Fall, der je vor den Ausschuss gekommen ist".

Am 24. September 1947 begann in Washington das dreitägige Verhör von Hanns Eisler. Ziel war es, ihm genauso wie Gerhart nachzuweisen, dass er Mitglied der Kommunistischen Partei gewesen war und damit gegen die Einreisebestimmungen verstoßen hatte. Es ging um die oft publizierte, berühmte Frage: „Sind Sie oder waren Sie Mitglied der Kommunistischen Partei?" Da dies Eisler nicht nachzuweisen war – der seinerzeitige Aufnahmeantrag hatte zu keiner Mitgliedschaft geführt – wandte man sich seinen früheren Beziehungen zur Sowjetunion zu.

Im Oktober 1947 formierte sich unter der Leitung von Aaron Copland und Leonard Bernstein ein National Committee for Justice for Hanns Eisler. Dieses organisierte Protestaktionen gegen die drohende Ausweisung Eislers. Trotz aller Solidaritätsbekundungen – unter anderem von Albert Einstein und Thomas Mann sowie einer Gruppe französischer Intellektueller um Pablo Picasso – ordnete am 12. Februar 1948 das Justizministerium die formelle Ausweisung von Hanns und Lou Eisler an. Nach einem letzten Konzert in der New York Town Hall, das Bernstein leitete, flogen sie am 26. März 1948 mit einem tschechoslowakischen Visum über London und Prag nach Wien.

Und Brecht? Am 30. Oktober 1947 musste auch er dem HUAC Rede und Antwort stehen. Auf Anraten seines Anwalts erschien er – während sich die „Hollywood Ten", zehn Drehbuchautoren, Schauspieler und Regisseure, entschlossen hatten, die Aussage zu verweigern und dafür Gefängnisstrafen in Kauf nahmen. Brecht konnte im Gegensatz zu den anderen mit Fug und Recht behaupten, dass er nie Mitglied der Kommunistischen Partei gewesen war. Durch sein Erscheinen setzte sich Brecht gegenüber den anderen Künstlern dem Vorwurf aus, ein Verräter zu sein. Er rechtfertigte sich damit, dass er vorhatte, am nächsten Tag nach Europa zu reisen – was er auch tat.

Ich schaue mich im Internet ein wenig um und finde jenes FBI-Papier, das auf Torbergs Analyse beruht. Es ist Teil des überaus umfangreichen FBI-Dossiers, das inzwischen auf Grund des Freedom of Information Act veröffentlicht wurde.[110] Offensichtlich haben die Ausschussmitglieder Zusammenfassungen erhalten.

In der Betreffzeile steht: „Bericht eines Spezialagenten aus Los Angeles vom 6. März 1943." Der Name ist ausgeschwärzt, genauso rechts oben im Kasten: „Verfasst von ..." Rechts oben auch der Vermerk „Internal Security" und „Alien Enemy Control" – wie es David Axmann in seiner Torberg-Biografie vermerkt hat.

Weiter heißt es: „Das Stück ‚Die Maßnahme' ist vom Verfasser [des Berichts] übersetzt worden. Weiter unten eine Synopsis." Links unten der Vermerk: „Kopien vernichtet." Torberg hat im März 1943 in Los Angeles gelebt, er ist erst ein Jahr später nach New York übersiedelt.

Die Befragung Brechts ist auf YouTube abrufbar, unter „Bert Brecht the Enemy Alien". Wir rufen das Tondokument ab und hören einen eingeschüchterten Bert Brecht, der Schwierigkeiten mit der englischen Sprache hat, immer wieder ins Stocken gerät, nach den richtigen Worten sucht und trotzdem den bereitgestellten Übersetzer kaum in Anspruch nimmt.

Nach einleitenden Fragen zu den Personalien kommt rasch die Person Hanns Eisler ins Spiel: „Kennen Sie Hanns Eisler?" – „Ja." – „Seit wann kennen Sie ihn?" – „Seit rund 20 Jahren!" – „Haben Sie bei einer Reihe von Stücken mit ihm zusammengearbeitet?" – „Ja." Dann wird Brecht gefragt, ob er Mitglied der Kommunistischen Partei sei. Brecht weist darauf hin, dass andere Künstler diese Frage verweigert haben. Da er jedoch ein Gast in diesem Land sei und Rechtsstreitigkeiten vermeiden wolle, werde er antworten: „Ich war nicht und bin nicht Mitglied irgendeiner kommunistischen Partei." Brecht versucht mehrmals durchzusetzen, dass er eine vorbereitete Erklärung verlesen darf, dies wird abgelehnt.

Dann richtet sich der Schwerpunkt der Befragung auf das Theaterstück *Die Maßnahme*. Zu Beginn entsteht ein Streit über den Titel des Stücks. Torberg hat ihn mit „disciplinary measures" übersetzt – damit wird der Tod des Agitators als Disziplinarmaßnahme bezeich-

FEDERAL BUREAU OF INVESTIGATION

Form No. 1
THIS CASE ORIGINATED AT LOS ANGELES — FILE NO. 100-18112

REPORT MADE AT	DATE WHEN MADE	PERIOD FOR WHICH MADE	REPORT MADE BY
LOS ANGELES	3/30/43	3/13,19,22,27/43	[redacted]

TITLE	CHARACTER OF CASE
BERTOLT EUGEN FRIEDRICH BRECHT, with aliases, Eugen Berthold Friedrich Brecht, Bert Brecht, Berdat	INTERNAL SECURITY (G) ALIEN ENEMY CONTROL

SYNOPSIS OF FACTS:

Subject is author of "Die Massnahme" ("The Disciplinary Measure"), a self-styled "educational play" which advocates Communist world revolution by violent means. Subject also published letter defending this play and advocating its presentation by labor groups.

- P -

REFERENCE:

Report of Special Agent [redacted] Los Angeles, dated March 6, 1943.

DETAILS:

Subject is the author, with HANNS EISLER and S. DUDOW, of an "educational play" entitled "Die Massnahme" ("The Disciplinary Measure") which appears in German in the second volume of the collected works of BERTOLT BRECHT (BERTOLT BRECHT, Gesammelte Werke, Band II) pages 329 to 365. This volume was published by the Malik-Verlag Publishing Company, London, W.C. 1, and was printed by HEINRICH MERCY SOHN, Prag, Czechoslovakia, in March, 1938.

This play has been translated by the writer and a synopsis thereof is being set out below:

"The Disciplinary Measure" which the authors call an educational play, deals with the work of four Communist agitators who go from Moscow to Mukden, Manchuria to spread propaganda and support the Chinese Communists among the industries of Mukden. The action of the play takes place befor

APPROVED AND FORWARDED: [signature] SPECIAL AGENT IN CHARGE

DO NOT WRITE IN THESE SPACES

COPIES OF THIS REPORT
(5) Bureau
9 - Los Angeles

17 APR 2 1943

COPIES DESTROYED

Die erste Seite aus dem FBI-Akt zu Brechts Theaterstück *Die Maßnahme* net. Zum Leidwesen Brechts hatte auch Eisler bei seiner Aussage vor dem Ausschuss die Übersetzung „disciplinary measures“ gewählt. Dagegen setzt sich Brecht heftig zur Wehr. Aus seiner Sicht muss der Titel anders übersetzt werden: „Measures to be taken“. Der Revolutionär im Stück sei ja damit einverstanden, in den Tod zu gehen, weil er sonst der ganzen Bewegung schaden würde.

„Haben Sie 1930 mit Hanns Eisler ein Stück mit dem Titel ‚Die Maßnahme‘ verfasst?“

„Ja, ja.“ (...)

„Gut, Herr Brecht, erzählen Sie dem Ausschuss, worum es in dem Stück geht.“

„Es handelt sich um die Bearbeitung eines alten religiösen japanischen No-Stücks. Die Bearbeitung folgt der alten Handlung, sie zeigt die Hingabe für ein Ideal bis in den Tod.“ (...)

„Hat das Stück etwas mit der Kommunistischen Partei zu tun?“

„Ja.“

„Und mit der Disziplin innerhalb der Kommunistischen Partei?“

„Ja, ja. Es ist ein neues Stück, eine Bearbeitung. Hintergrund ist der russisch-chinesische Krieg der Jahre 1918 oder 1919 (...)“

„Würden Sie sagen, das Stück ist pro-kommunistisch, anti-kommunistisch oder nimmt es gegenüber dem Kommunismus eine neutrale Haltung ein?“

Jetzt verliert Brecht den Faden, offensichtlich gehen ihm die Fragen auf die Nerven. Schon in Berlin hatten seine linksorientierten Freunde gegen die Konzeption des Stücks protestiert, und jetzt musste er sich auch noch von den Amerikanern Kritik anhören.

Brecht argumentiert zunächst, dass Literatur „das Recht und die Pflicht“ habe, die Ideen einer Zeit öffentlich darzulegen. Dann sagt er in entwaffnender Ehrlichkeit, dass er in dem Stück die Gefühle und Gedanken der deutschen Arbeiter, die gegen Hitler kämpften, zum Ausdruck bringen wollte.

„Sagten Sie, Kampf gegen Hitler‘?“

„Ja.“

„Geschrieben 1930!“

„Ja, ja. Oh, ja. Der Kampf begann 1923.“

„Aber Sie sagten, es geht um China? Es hat nichts mit Deutschland zu tun?“

„Nein, damit hat es nichts zu tun.“ (...)

„Nun, Herr Brecht, könnten Sie dem Ausschuss sagen: Wurde einer der Charaktere des Stücks von einem Genossen ermordet, weil es im Interesse der Kommunistischen Partei war? Stimmt das?“ (...) „Weil er sich nicht der Disziplin seiner Genossen unterwarf, wurde er ermordet – stimmt das?“

„Nein, das steht nicht drinnen. Sie werden sehen, wenn Sie das Stück genau lesen ... Wie in dem alten japanischen Stück, nur ging es da um andere Ideen ... Dieser junge Mann, der gestorben ist, war davon überzeugt, dass er jener Mission, an die er glaubte, einen Schaden zugefügt hatte, und er stimmte zu und war bereit zu sterben, um nicht noch einen größeren Schaden anzurichten. (...) Er wollte sterben.“

„Die haben ihn also getötet.“

„Nein, sie haben ihn nicht getötet, nicht in diesem Stück. Er hat sich selbst getötet. Die haben ihn dabei unterstützt, aber natürlich haben sie ihm gesagt, dass es besser wäre, wenn er verschwinden würde, besser für ihn und für sie und für die Sache, an die sie glaubten.“

Gelöst reagiert Brecht auf andere Vorhaltungen. In den FBI-Akten findet sich ein Hinweis von „Nachrichtenquelle A“, datiert mit 13. März 1943, auf das *Solidaritätslied* mit der Anfangszeile „Vorwärts und nicht vergessen ...“ Auch diese Nachrichtenquelle war Friedrich Torberg, wie der Wissenschaftler Alexander Stephan herausgefunden hat.[111] Als ein Ausschussmitglied eine englische Übersetzung des Liedes vorliest und fragt: „Haben Sie das geschrieben, Herr Brecht?“, sagt dieser: „Nein. Ich habe ein deutsches Gedicht geschrieben, aber es unterscheidet sich sehr stark von diesem hier.“ (Gelächter.)

Nach 1945 hat Brecht Aufführungen des Lehrstücks *Die Maßnahme*, das auch als Rechtfertigung für die stalinistischen Säuberungen interpretiert werden konnte, untersagt. Erst in den 1970er Jahren ließen die

Erben Aufführungen im Westen zu. Außerdem hat Brecht das Stück immer wieder umgeschrieben, auch den Schluss.

Zu den Bewunderern dieses rigorosen Textes und seiner Moral, dass „nur mit Gewalt diese tötende Welt zu ändern ist", gehörte die RAF-Terroristin Ulrike Meinhof. Sie zitierte, etwas ungenau, in einem Brief aus dem Gefängnis Stammheim die Zeilen „Welche Niedrigkeit begingest du nicht, um die Niedrigkeit abzuschaffen", und sie dichtete das Lied *Lob der Partei* in ein *Lied der RAF* um. Vielleicht, so vermutet *Der Spiegel*,[112] inspirierte sie *Die Maßnahme* zuletzt auch zur Stilisierung des eigenen Opfertods.

Kehren wir zurück zu Friedrich Torbergs Brief an Lou Eisler vom 24. November 1946, jener Brief, der offensichtlich geschrieben wurde, um den Kontakt zu beenden. Torberg konnte und wollte ihr keinen reinen Wein einschenken. Er hätte ja wohl nicht schreiben können: „Liebe Lou, ich habe vor ein paar Jahren, als ich in Hollywood lebte, im Auftrag des FBI das Stück *Die Maßnahme* und das *Solidaritätslied* von Bert Brecht analysiert."

Außerdem wusste oder ahnte Torberg, dass bei Brecht und Eisler die Telefone überwacht und teilweise sogar die Post abgefangen wurde. In den FBI-Akten findet sich beispielsweise die englische Übersetzung eines Schreibens von Lou Eisler an Ruth Fischer, die Schwester von Hanns Eisler.

Freundliche Briefe an Lou hätten den Antikommunisten Torberg unter Umständen sogar verdächtig gemacht, ein Kommunistenfreund zu sein. Viel später realisierte Lou Eisler, dass damals in den USA eine gelegentlich vorbeikommende schwarze Haushälterin für das FBI gearbeitet und Briefe kopiert hatte.

Verarmt, aber noch immer ein Anekdotenlieferant

Es ist aus vielen Gründen schwer, ein authentisches Bild Hugo Sperbers zu zeichnen. Vermutlich müsste dieses Bild völlig unterschiedlich ausfallen, je nachdem, um welchen Lebensabschnitt es sich handelt. Der Tod des Vaters während der Schulzeit war eine Zäsur in seinem jungen Leben. Damals wurde ein angeheirateter Onkel als Vormund eingesetzt. Die Schussverletzung im Ersten Weltkrieg und vor allem der Tod des jüngeren Bruders müssen ebenfalls einschneidende Erlebnisse für ihn gewesen sein. Nach Ausrufung der Republik im Jahr 1918 war er wohl ein glühender Anhänger der Sozialdemokratie und engagierte sich mit voller Kraft in der Bildungsarbeit. In den Jahren 1927 und 1930 erschienen seine bereits erwähnten Publikationen, außerdem war er auch für Tageszeitungen publizistisch tätig.

Seine Verhaftung nach den Februarkämpfen und das Verbot der Sozialdemokratie müssen für ihn ein großer Schock gewesen sein. Plötzlich war er seiner politischen Heimat beraubt – und seine materielle Lage verschlechterte sich dramatisch. In der Zeit danach sind wohl die Klienten ausgeblieben – vor allem „die nicht parteimäßigen Klienten", wie sie Sperber im Vernehmungsprotokoll genannt hatte.

Viele der „parteimäßigen Klienten" – das waren nach dem Februar 1934 politisch verfolgte Sozialdemokraten – waren in Geldnot. Vermutlich wurden die Parteianwälte nach 1934 von der im Exil befindlichen Führung in einem geringen Ausmaß honoriert, es dürfte aber nicht viel mehr als eine Art Spesenersatz gewesen sein. Dass Sperber so oft ex offo (von Amts wegen) verteidigte, hing wahrscheinlich ebenfalls mit seiner tristen finanziellen Situation zusammen. Unter Advokaten war es wohl kein Geheimnis mehr: Wenn einem Anwalt eine Pflichtverteidigung zugeteilt wurde, die er wegen hoher Auslastung oder aus einem anderen Grund nicht annehmen wollte, dann konnte er damit rechnen, dass Sperber den Fall gern übernahm – wegen des Honorars, das er dafür von dem Advokatskollegen erhalten würde.

Vermutlich stammen jene Anekdoten, die von Sperbers chronischer Geldknappheit zeugen, aus den Jahren 1934 bis 1938. Torberg erzählt, dass Sperber öfter ins Kaffeehaus ging, um Karten zu spielen, aber kein Geld für eine Konsumation hatte. In einer Episode stand eine

Partie Tarteln mit einem seiner Kartenfreunde auf dem Programm. Dabei soll sich zwischen dem Gast und dem Kellner folgender Dialog entsponnen haben: „Was wird angenehm sein, Herr Doktor?“ – „Ein Paket doppeldeutsche Karten, ich sagte es ja schon.“ – „Jawohl, bittesehr. Und was noch?“ – „Ein Ersatzpaket.“ – „Wünschen Herr Doktor sonst noch etwas?“ – „Eine Tafel, eine Kreide *und* einen Schwamm, bevor Sie weiterfragen!“ So wurden damals die Spielergebnisse notiert. Als der Kellner das Gewünschte herbeibrachte und immer noch wartend dastand, sagte Sperber laut Torberg mit erhobener Stimme: „Herr Ober, merken Sie nicht, daß Ihrer Anwesenheit lediglich dekorative Bedeutung zukommt?“ [113]

Die Besetzung der Tarockrunden hatte sich inzwischen geändert. Perutz spielte nach dem Tod seiner Frau Ida 1928 nicht mehr regelmäßig Karten, außerdem hatte er sich von der Sozialdemokratie abgewandt und in den letzten Wahlen der Ersten Republik wahrscheinlich christlichsozial gewählt – eine Gesinnungsänderung, die nicht ungewöhnlich war, aber sein Verhältnis zu Hugo Sperber vermutlich beeinträchtigt hat.

Hinzu kam, dass sich Perutz von Sperber in einem Prozess vertreten ließ und bloßgestellt fühlte. Anlass war ein Zwischenfall in einem Theater, genauer: im Foyer der Künstlerspiele „Pan“. Perutz wurde von einem Polizeioberkommissär beanstandet, weil er sich trotz Rauchverbots eine Zigarette angezündet hatte. Da Perutz keine Legitimation vorweisen konnte, verlangte der Polizist das Nationale, worauf Perutz angab, 1885 geboren zu sein. Wie die Polizei später herausfand, war Perutz schon 1882 geboren, er hatte sich also um drei Jahre jünger gemacht.

Gegen Perutz wurde Anklage wegen Falschmeldung erhoben. Sperber verteidigte den nicht erschienenen Angeklagten im Strafbezirksgericht I mit folgenden Worten: „Hohes Gericht! Der Angeklagte hat sich um drei Jahre jünger gemacht, weil bei Abnahme seines Nationales in seiner Nähe eine Dame stand, vor der er jünger erscheinen wollte.“ Außerdem sei er bei Abnahme des Nationales bereits Beschuldigter gewesen, weshalb er nicht der Wahrheitspflicht unterlag. Der Richter sah das anders und verurteilte Perutz zu 50 Schilling Geldstrafe oder 24 Stunden Arrest. Als die *Neue Freie Presse* am 8. März 1931 über den Prozess berichtete, war Perutz so verzweifelt, dass er sich eine Zeitlang ganz von Menschen fernhielt.[114]

Auch Dietrichstein ließ sich von Sperber einmal verteidigen, die von Torberg aufgezeichente Anekdote passt gut ins Bild. In Torbergs *Die Erben der Tante Jolesch* erfahren wir, dass sich Dietrichstein mit Wuchergeschäften über Wasser halten wollte und dabei mit dem Gesetz in Konflikt geriet. Nur durch Rückzahlung einer hohen Geldsumme hätte er einer Verurteilung entgehen können. Um Dietrichsteins Mittellosigkeit zu untermauern, sagte Sperber: „Hohes Gericht, ich bin gewiß kein arbiter elegantiarum – Egon Dietrichstein aber trägt einen von mir abgelegten Anzug am Sonntag ...“ [115] Vermutlich waren sich Perutz und Dietrichstein einig in ihrer Beurteilung von Sperbers Verteidigungskünsten.

Im Nachlass Perutz' findet sich ein undatiertes Gedicht Dietrichsteins über Sperber aus der zweiten Hälfte der 1930er Jahre, aber vor 1937, denn in diesem Jahr starb Dietrichstein. In dem Spottgedicht kritisiert Dietrichstein unter anderem das nachlässige Äußere Sperbers.

Das mutet seltsam an, denn Dietrichstein war selbst alles andere als gut gekleidet – ein Umstand, der in Wien allgemein bekannt war. Im Nachruf der Zeitung *Der Tag* vom 19. August 1937 heißt es: „Dietrichstein trug seine Kleider, manchmal waren es nur mehr Kleiderfragmente, in einer Art, die man mit sehr viel Wohlwollen als salopp bezeichnen konnte. (...) Und so zog er, oft verlacht, durch die Straßen Wiens, durch die Wiener Cafés.“ Dietrichstein galt auch im Freundeskreis als verschlampt und stinkend – einmal war ihm deshalb sogar die Wohnung gekündigt worden. Im Jahr 1945 wird Leo Perutz von Palästina aus seinem Bruder Paul berichten: Es gäbe dort eine Frucht, die stark stinke, „sie ist der Dietrichstein unter den Obstsorten“.[116]

Torberg zeichnet in *Die Erben der Tante Jolesch* ein ähnliches Bild von Dietrichstein: „Ab und zu sah man ihn durch seine einstigen Stammkaffeehäuser streifen, völlig verlottert, in abgerissener Kleidung und auf so exzessive Weise ungepflegt, daß Gerüchte entstanden, er wäre auf eine anonyme Anzeige hin geöffnet worden und man hätte an seiner Brust ein nistendes Eichhörnchen gefunden.“ Einmal sei Dietrichstein in der Wohnung von Perutz zwangsgebadet worden. Dabei sei man auf einen nicht alltäglichen Behelf gestoßen: „Als Sockenhalter diente ihm eine in zwei oberen Löchern befestigte und hinterm Nacken zusammengebundene Spagatschnur.“ [117]

Genau das, was Dietrichstein selbst verkörperte, kritisierte er also an Sperber.

Er schnackt, verdaut, trinkt Limonade,
Ein Falstaff und kein Advokat –
Die Märchen der Scheherazade
Als Rechtsbelehrung und als Rat.

Der Kopf des Schmierenkomödianten
Der Rock ist fleckig und zerfetzt.
Man denkt an Bühnendilettanten
Etwa nach Pilsen hinversetzt.

Und doch ein Stück aus unserm Leben,
Bohème, Vorkriegskaffeezentral,
Es hat einst eine Zeit gegeben,
Als witzig war, was nun banal.
(...)
Er ist wohl spaßig – doch nicht heiter,
Vorzeitig alt und müdgehetzt,
Er ging nach rückwärts und nicht weiter,
Er hat aufs falsche Pferd gesetzt.
(...)
Ich finde nichts als Anekdoten,
Doch eine Leistung spür' ich nicht,
Ich lese viele heitre Zoten
Als Text zu dem Franz-Hals-Gesicht.
(...)
Nachts schleicht er durch die dunklen Straßen,
geht vom Espresso ins Kaffee,
Und seine Träume – Seifenblasen.
Was immer war, es tut mir weh.

Und doch ein Stück aus unserm Leben,
Man fühlt sich irgendwie verwandt,
Trotz allem hat er viel gegeben,
Trotz allem drück ich ihm die Hand.[118]

Der Name Dietrichstein konnte übrigens für Verwirrung sorgen. Da Juden früher den Namen ihres adeligen Schutzherren annahmen, war manchmal nicht klar, ob es sich um einen Adeligen oder einen Nachfahren dieser „Schutzjuden" handelte. Bruno Kreisky schrieb in einem Brief an den Schriftsteller Alexander Lernet-Holenia: „... in diesem Zusammenhang fällt mir die Geschichte ein, die sich zutrug, als Egon Dietrichstein zur Assentierung [Musterung] mußte und er vom Feldwebel gefragt wurde: ‚Fürst oder Jud?' Worauf er wahrheitsgemäß erwiderte: ‚Jud', was den Feldwebel zur Feststellung bewog: ‚Da kann man auch nichts machen.'"[119]

In *Die Erben der Tante Jolesch* liefert Torberg eine Anekdote mit ähnlichem Inhalt. Demnach habe Dietrichstein während des Ersten Weltkriegs vom *Neuen Wiener Journal* den Auftrag erhalten, eine Reportage über die kaiserliche Menagerie in Schönbrunn zu schreiben. Da der Affenkäfig gerade renoviert wurde, habe er darum gebeten, dass man ihn verständigen möge, sobald der Umbau abgeschlossen ist. Ein Kanzlist der kaiserlichen Menagerieverwaltung habe, um einen Verstoß gegen die Etikette zu vermeiden, ein Schreiben an Egon Dietrichstein wie folgt adressiert: „Seine Durchlaucht Fürst Egon Dietrichstein, Wien II., Große Mohrengasse 16, IV. Stock, Tür 27, bei Frau Katz."[120]

Noch älter ist jene Fassung, die in der zu Silvester 1918/19 verteilten Broschüre *Dietrichstein in allen Lebenslagen* enthalten ist, wir haben dieses Heft bereits erwähnt. Die Anekdote trägt den Titel *Dietrichstein im Gotha*: „Dietrichstein ist Hausjud beim Grafen Michielski. Er wendet sich eines Tages an den Grafen um eine Auskunft und erbittet telegrafische Rückantwort an seine Adresse. Am nächsten Tag kommt folgende Depesche:

An seine Durchlaucht, den Fürsten Egon Dietrichstein; Wien II., Kleine Schiffgasse 33, II. Stiege, 3. Stock, Tür 28, bei Frau Katz.

Graf Michielski leider abwesend.

Gräfl. Michielski'sche Gutsverwaltung."[121]

Allerdings konnte es zu dieser Zeit ohnedies nicht mehr passieren, dass ein adeliger Dietrichstein mit einem bürgerlichen Dietrichstein verwechselt wird. Das Geschlecht der Dietrichsteins ist im Mannesstamm 1864 ausgestorben, es besteht seither nur noch in der weiblichen Linie Mensdorff-Pouilly-Dietrichstein.[122]

Auch Justinian Frisch zeichnet in einem Brief an Friedrich Torberg, datiert mit 27. Februar 1948, ein eher negatives Bild von Hugo Sperber. Dieser habe in den letzten Jahren stark nachgelassen: „Er war nervös, ja manchmal geradezu moros, was vermutlich auf sein schmerzhaftes Nierenleiden (...) zurückzuführen war. Auch setzte ihm der Steuereintreiber sehr zu, worüber er sich täglich beklagte. Er war damals nur noch zum Daikezen zu gebrauchen, das er allerdings bis zuletzt mit Inbrunst betrieb. Ich besitze zwei Broschüren aus seiner Feder: ‚Todesgedanke und Lebensbejahung' und ‚Die Lüge im Strafrecht' – nicht sehr gut geschrieben (erstaunlich: man hätte gedacht, Sperber müsse ein überaus geistvoller und witziger Debatter sein!), aber mit einigen sehr brauchbaren Gedanken."[123]

Offensichtlich gab es viele Hugo Sperbers: einen kaisertreuen Hugo Sperber, der die Bemühungen von Heinrich Lammasch um eine Reform des Strafrechts mit Argusaugen verfolgte und bereitwillig in den Ersten Weltkrieg zog; einen hoffnungsfrohen Hugo Sperber, der sich nach Ausrufung der Republik mit großer Leidenschaft am Aufbau der Sozialdemokratie beteiligte (als in Wien ein Gegenmodell zur christlichsozialen Bundespolitik realisiert wurde – mit Sozial- und Schulreformen, Wohnbauprogrammen, Förderung vielfältiger Kulturformen usw.); einen perspektivenlosen und deprimierten Hugo Sperber (dem nach dem Verbot seiner sozialdemokratischen Partei der Boden für jede Art politischer Betätigung entzogen wurde) und einen verzweifelten Hugo Sperber im Konzentrationslager Dachau.

Torberg antizipiert Einwände gegen sein Buch

Wir springen jetzt ins Jahr 1988. Marietta Torberg ersucht Louise Eisler-Fischer um eine Bewilligung, deren Briefwechsel mit Friedrich Torberg in der Torberg-Werkausgabe veröffentlichen zu dürfen. Louise Eisler-Fischer lehnt das ab. In einem eingeschriebenen Brief vom 22. Februar 1988 „an Frau Marietta Torberg, Dannebergplatz 11, 1030 Wien", begründet sie ihre Entscheidung so:

„Sehr geehrte Frau Torberg!

Besten Dank für Ihren Brief. Für die Veröffentlichung meiner Briefe aus dem Jahre 1945 kann ich meine Bewilligung nicht geben. Ich war viele Jahre mit Fritz Torberg befreundet bis er nach Österreich kam; da wurde er zu meinem Feind." Sie dürfte also bei Abfassung des Briefes von Torbergs früheren FBI-Aktivitäten nichts gewusst haben.

„Ich kann die Kampagne gegen meinen verstorbenen Mann Ernst Fischer, ebenso wenig wie die gegen Bert Brecht verzeihen und möchte auf keinen Fall meinen Namen in einem Briefwechsel an ihn lesen.

Auch die Art der Namensgebung Tante ‚Jolesch' und seine Bemerkungen über seinen Freund Franz Jolesch haben mir Ärger bereitet. Ich schrieb damals für die Zeitschrift ‚Wiener Tagebuch' beiliegende Zeilen.

Ich bedaure, Sie enttäuschen zu müssen und Sie damals nicht kennen gelernt zu haben.

Mit besten Grüßen

Louise Eisler-Fischer" [124]

Louises Artikel im *Wiener Tagebuch* liegt also dem Schreiben bei. Er hat folgenden Wortlaut: „Sicherlich gab es Tanten, meist aus Ostländern kommend, die, der deutschen Sprache noch nicht ganz mächtig, da sie bisher jiddisch gesprochen hatten, ihre an das Mittelhochdeutsch anklingende Mundart von großer Ausdrucksfähigkeit mit ihrem Deutsch vermischten. Ein merkwürdig origineller Jargon entstand: das Jüdeln. Ein Schatzfund geflügelter Worte für Torbergs Anekdotenbuch.

Doch ich bezweifle, daß alle jüdischen Tanten oder Großmütter, wie Torberg meint, die von ihm so geschätzte Qualität besaßen, sich in diesem Jargon ‚tiefgründig' auszudrücken.

Jene Tante Jolesch, die Torbergs Buch als ‚Haupttitel voraussteht' und nach seiner Aussage ‚wie alle anderen ... wirklich gelebt und die wiedergegebenen Aussprüche auch wirklich getan' hat, gab es nicht.

In jene Familie Jolesch habe ich nämlich vor fast einem halben Jahrhundert eingeheiratet. Es war eine jüdische Familie, die sich nicht von einer nichtjüdischen unterschied, ähnlich anderen, die längere Zeit seßhaft waren und Bürgerrechte genossen.

Torbergs Freund Franz Jolesch, den er namentlich vorstellt und unverwechselbar deutlich und, wie viele andere in diesem Buch, äußerst bösartig charakterisiert, war einige Jahre lang mein Ehemann. Es war die Zeit, als Torberg öfter unser Gast in Mähren war und ebenso gern ein Jeuchen wagte und sich ebenso dem Müßiggang hingab wie sein Gastgeber." Zur Erklärung: Wer „ein Jeuchen wagt", der macht sich, wie der Wiener sagt, eine Hetz (= eine Gaude). Das aus dem Süden des deutschen Sprachraums stammende Zeitwort jeuchen ist verwandt mit jauken (= jagen).

Dann kommt sie auf die Tante Jolesch zu sprechen: „Eine Tante Jolesch, deren Aussprüche in diesem Buch überliefert werden, existierte nicht. Es gab überhaupt keine Tante, von der in solchem Zusammenhang jemals die Rede gewesen wäre. Es gab nur eine Mutter, meine damalige Schwiegermutter, die Torberg natürlich kannte. Sie hat weder gejüdelt noch hat man von ihr jemals ‚witzige' und ‚treffsichere' Aussprüche à la Torberg gehört. Obwohl sie sich von ihrer nichtjüdischen Umgebung in nichts unterschied, ist auch sie in Auschwitz zugrunde gegangen. Die Familie Jolesch war, wenngleich jüdisch, völlig assimiliert und sprach keineswegs den Jargon, den Torberg allen Personen seines Buches auferlegt.

Es ist der Jargon des jüdischen Witzes, dieser perfekten Anekdoten des Selbsthasses und der Selbstverspottung, der Jargon in den großartigen Stücken der jüdischen Komiker. Man pflegte ihn in den Kaffeehäusern, wo Intellektuelle, Künstler und Journalisten verkehrten, wie eine Kunstsprache, die gleichzeitig Nachahmung und Spracherinnerung war.

Ich weiß nicht, wie in Torbergs Familie gesprochen wurde, sie war wohl ebenso assimiliert wie die Familie Jolesch. Darum kann ich nicht einsehen, weshalb er nicht seine eigene Tante bemüht und zur Titelfigur seines Buches gemacht hat. Ist denn der Name Jolesch fotogener als der Name Kantor? [Torberg bildete seinen Namen aus der letzten Silbe seinen Nachnamens ‚Kantor' und aus dem Geburtsnamen seiner Mutter ‚Berg']. Er hätte auch eine Tante mit einem x-beliebigen Namen wählen können, der er diese ‚Aphorismen zur Lebensweisheit', wie er sie nennt, ‚wissentlich unterschieben' hätte können, statt seinen ‚Untergang des Abendlandes' mit einer nicht existierenden Tante seines toten Freundes zu strapazieren." [125]

Louise, in zweiter Ehe mit Franz Jolesch, „dem Neffen Franzl", verheiratet – laut Torberg ein wichtiger Anekdotenlieferant, was die Tante Jolesch anlangt – musste sich auch auf Grund ihres Vornamens betroffen fühlen. Die „Lieblingsnichte Louise" soll ja am Sterbebett die Tante Jolesch gefragt haben, warum die Krautfleckerln so gut geschmeckt haben.

Diese Anekdote hat inhaltlich eine surreale Dimension. Sie erinnert mich an Herzmanovsky-Orlando, dessen Werk Torberg auf verdienstvolle Weise in einer starken Bearbeitung populär gemacht hatte. Wie heftig er in das Werk eingegriffen hatte, ist erst nach Erscheinen einer zehnbändigen kritischen Werkausgabe im Residenz Verlag deutlich geworden.

Freilich muss man Torberg zugutehalten, dass er Einwände, wie sie von Lou Eisler-Fischer kamen, vorhergesehen hat. Torberg habe, schreibt Lou, *seinen* „‚Untergang des Abendlandes' mit einer nicht existierenden Tante seines toten Freundes" strapaziert. Das war auch ein Hinweis auf den Untertitel des Buches.

Der Untergang des Abendlandes – so lautet der Titel des Hauptwerks von Oswald Spengler (1880–1936). Der deutsche Geschichtsphilosoph und Kulturhistoriker wehrte sich dagegen, die Geschichte „der Menschheit" als Geschichte des Fortschritts zu sehen. Stattdessen vertrat er die Zyklentheorie. Kulturen würden immer wieder neu entstehen, eine Blütezeit erleben und nach dieser Vollendung untergehen. Spengler gilt einerseits als „Meisterdenker der Konservativen Revolution", andererseits als geistiger Wegbereiter des Nationalsozialismus, obwohl er wesentliche Elemente wie die Rassenideologie der Nazis nicht mittrug.

Lou Eisler-Fischer macht sich also gegenüber Friedrich Torberg darüber lustig, dass er im Untertitel seines Buches eine Phrase verwendet, die auf Spengler zurückgeht.

Torberg sah diesen Vorwurf auf sich zukommen und argumentierte daher gleich am Anfang des Buches, dass der Ausdruck „Untergang" anders gemeint ist: „Indem ich ihn [den Ausdruck] – weit jenseits jeglichen Oswald Spenglers – in den Titel dieses Buches einbeziehe, denke ich weniger an seine eklatanten, für jedermann ersichtlichen Vorzeichen politischer, sozialer oder ideologischer Art, weniger [wie Spengler] an einen historischen Prozess, dessen Analyse den professionellen Geschichtsmißdeutern überlassen bleibe." Er denke vielmehr an ein anderes Untergangssymptom, nämlich dass „in unserer technokratischen Welt, in unsrer materialistischen Kommerz- und Konsumgesellschaft die Käuze und Originale aussterben müssen." [126]

Auch eine Kritik am Milieu der Familie Jolesch, von wem auch immer, hat Torberg geahnt. Die Einwände antizipierend schrieb er schon in dem ersten Anekdotenband, nicht erst in *Die Erben der Tante Jolesch*, einen Absatz zu seiner Entlastung.

Ausgangspunkt ist die Anekdote, dass nach opulenten Mahlzeiten die Wohnung der Tante Jolesch einem Schlachtfeld geglichen habe. Sie säuberte die Tischtücher von Essensresten, sammelte Asche vom Teppich auf und murmelte: „Ein Gast ist ein Tier."

Dann Torberg wörtlich: „Sie sprach das allerdings nicht hochdeutsch aus. Sie sagte: ‚E Gast is e Tier.' Sie bediente sich jenes lässigen, anheimelnden, regional gefärbten Jargons, der (vom richtigen ‚Jiddisch' weit entfernt) noch Reste des einstmals im Ghetto gesprochenen ‚Judendeutsch' aufbewahrte und eben darum in den nunmehr besseren Kreisen streng verpönt war oder gerade noch innerhalb der häuslichen vier Wände toleriert wurde. Seine öffentliche Pflege beschränkte sich auf die in Budapest und Wien florierenden Jargonbühnen, die noch bis 1938 über ganz hervorragende Komiker verfügten. In widerwärtig verstümmelter Form grassierte dieser Jargon in antisemitischen Witzen und tut das wohl auch heute noch." [127]

Ein Musterbeispiel für diese Art von Kabarett ist *Die Klabriaspartie* von Adolf Bergmann. Klabrias ist eine Verkürzung von Klaberjass, ein interessantes Kartenspiel, das auch in jüdischen Kreisen gern gespielt wurde. Es scheint allerdings im Café Herrenhof kaum verbreitet gewesen zu sein, zumindest kommt es im Schriftverkehr Torbergs mit Justinian Frisch nicht vor.

Das Stück dokumentiert die Kunst der Juden – und in gewisser Weise auch der Slawen –, sich über sich selbst lustig zu machen. Schon die Namen der Figuren zeigen, wer wo hingehört. Der Ober des Kaffeehauses heißt Moritz. Als ein Gast namens Janitscheck das Lokal betritt und nicht sofort bedient wird, sagt der Gast zum Ober: „Sie hörn's, war da nit früher an Kaffeehaus?" Wenig später tritt ein gewisser Dalles auf – Dalles ist ein jiddischer Ausdruck für Armut, Geldknappheit – und singt: „Das Klabrias, das Klabrias / Das is mein ganzes Leben. / E Dadel geb' ich nix eher / Far e Barches mit Zibeben ..." [Eine Terz geb ich nicht her / Für ein Sabbatbrot mit Rosinen].

Mich erinnert die *Klabriaspartie* an zweierlei: An Hugo Sperbers Umgang mit dem Kaffeehauspersonal, seien es Kellner oder Abortfrauen, und an eine Episode aus den frühen 1980er Jahren, in der ich ungewollt eine Rolle gespielt hatte. Andreas Unterberger, Chefredakteur der Tageszeitung *Die Presse*, erzählte sie mir erst Jahre später.

Es war Ferienzeit, und diese pflegte Bruno Kreisky in seinem Haus auf Mallorca zu verbringen. Wenn Journalisten mit ihm ein Telefongespräch führen wollten, mussten sie zunächst im Bundeskanzleramt anrufen. Ein Sekretär Kreiskys fragte dann beim urlaubenden Kanzler nach, ob er mit diesem Journalisten reden wolle.

Ludwig Marton, ein hagerer, stets elegant gekleideter und aus Ungarn stammender Aristokrat, rief also im Büro des Bundeskanzlers an und fragte, ob er mit dem Pressesekretär Wolfgang Petritsch sprechen könne. Es wurde ihm mitgeteilt, dass auch dieser Urlaub mache. Marton, damals Chef des außenpolitischen Ressorts, wurde an mich verwiesen. Als er das Telefonat beendet hatte, berichtete er seinen Kollegen in der Redaktion wie folgt: „Der Kreisky ist nicht da, der Petritsch ist nicht da, jetzt sind wir auf den Sedlaczek gekommen."

Lou Fischer arbeitete in Wien als Übersetzerin und Publizistin. So erschien beispielsweise im Rowohlt Verlag ihre Übersetzung des Romans *The Benefector* (Der Wohltäter) von Susan Sontag.

Im Jahr 1972 starb Ernst Fischer im Alter von 73 Jahren während eines Sommerurlaubs in Deutschfeistritz (Steiermark).

Im Jahr 1998 starb Louise Eisler-Fischer, die in zweiter Ehe mit Franz Jolesch verheiratet war, im Alter von 92 Jahren in Wien.

Franz Jolesch übersiedelt nach Chile

Friedrich Torberg schreibt in seinem Anekdotenband über „den Neffen Franzl“: „Die einrückenden Deutschen hatten ihn 1939 als Juden eingesperrt, die befreiten Tschechen hatten ihn 1945 als Deutschen ausgewiesen. (...) Er verbrachte dann noch einige Zeit in Wien und übersiedelte schließlich nach Chile, wo er bald darauf an den Folgen seiner KZ-Haft gestorben ist.“ [128]

Julius Müller, ein in Prag tätiger Genealoge, recherchiert für uns die Details. Franz Jolesch hat bald nach seiner Scheidung von Louise wieder geheiratet, eine Katharina (Kató) Zahler, geboren am 8. Juli 1912 in Kaschau (slowakisch Košice, ungarisch Kassa). Am 19. Februar 1936 sucht sie schon als Katharina Jolesch um einen Pass an. Als die Nazis die „Rest-Tschechei“ besetzen, fliehen beide nach Kaschau. Nach dem Krieg geht das Ehepaar zunächst nach Wien, im April 1949 schiffen sie sich von Liverpool nach Chile ein.

Chile hatte seit 1845 gezielt Einwanderer aus Deutschland und Österreich für die Kolonialisierung des Südens gesucht. Im Jahr 1875 gründeten Siedler aus dem böhmischen Braunau in der Nähe von Puerto Varas einen Ort, den sie Nueva Braunau nannten. Der Ort darf nicht mit Braunau in Oberösterreich verwechselt werden. Hindenburg unterlief dieser Irrtum, er bezeichnete Hitler als „den böhmischen Gefreiten“.

Nach den Zäsuren von 1918, 1938 und 1945 machten sich erneut viele Flüchtlinge auf den Weg nach Chile. Im Jahr 1940 gründeten österreichische Immigranten in Santiago die Organisation „Austria Libre“ (Freies Österreich). Im 20. Jahrhundert haben sich schätzungsweise 4.000 bis 5.000 Österreicher und Altösterreicher in Chile niedergelassen, Franz Jolesch war einer von ihnen.

Offensichtlich hat sich Franz Jolesch in Santiago eine neue Existenz aufgebaut. Er verwendet 1957 ein Firmenbriefpapier von „Industria de Tejidos, Gentry Ltda.“ (Textilindustrie Gentry). Im gedruckten Briefkopf findet sich noch der Zusatz „Av. Condell 1735“. Dass Franz Jolesch eine Beschäftigung in der Textilindustrie oder im Textilhandel Chiles gefunden hatte, war zu erwarten. Es war jene Branche, in der er in Mähren groß geworden war und wo er wertvolle Erfahrungen sammeln konnte.

Passfoto von Katharina Jolesch als Beilage einer Einreichung für einen neuen Reisepass, Wiese, 19. Februar 1936

Die Firma „Gentry" gibt es noch an verschiedenen Adressen in Santiago de Chile. Ich habe Herbert Poppen kontaktiert, den Präsidenten der Organisation „Österreicher in Chile", seine Recherchen sind allerdings trotz intensiver Bemühungen ohne Erfolg geblieben. Die Firma „Gentry" hat inzwischen den Besitzer gewechselt, der jetzige Eigentümer hat keine Unterlagen aus der fraglichen Zeit aufbewahrt.

Friedrich Torberg dürfte 1957 Franz und Kató Jolesch getroffen haben, als sie Österreich besuchten. Dies geht aus einem Briefwechsel desselben Jahres hervor. Torberg muss in den ersten Monaten des Jahres 1957 „dem Neffen Franzl" geschrieben haben, denn dieser bedankt sich am 13. Mai für den Brief.

„Mein Alter!

Dein Brief ist da: die reine Freude! Ich war ein bißchen nervös, wie ich Europa vorfinden werde nach so langer Zeit und ob es lohnen wird, soviel Mühe und mein ganzes Geld in diese Reise zu investieren, jetzt weiß ich, es wird sich lohnen. Du erinnerst Dich doch noch an die

Theorie des armen Poldi Singer: Das einzige, was das Leben lebenswert macht, ist die Hetz. Und Hetz gibt es hier sehr wenig.

Ich werde Dir gleich von Gastein schreiben. Wir haben in Salzburg noch keine Unterkunft, die Lou ist von Wien aus darum bemüht, aber bisher auch ohne Erfolg. Wenn alle Stricke reißen, wollen wir in Wolfgang wohnen und oft hinüberfahren. Von hier konnte man auch gar keine Eintrittskarten reservieren und wir möchten uns doch gerne etwas ansehen, man ist hier recht ausgehungert. Jedermann, Emilia Galotti, Falstaff und ein Orchesterkonzert zumindest. Kannst Du etwas machen? Wir wären glücklich. Wir bleiben aber nur bis zum 12. August, dann fahren wir nach Wien. Zumindest 1 Karte für die Kato, wenn es schon gar nicht anders geht. (...)

Wie ich mich freue, Dich und die paar anderen zu sehen, kann ich Dir gar nicht schildern.

In aller Zärtlichkeit

Dein Franz“ [129]

Franz Jolesch ist am 20. Dezember 1898 geboren, er war also zu diesem Zeitpunkt knapp über sechzig Jahre alt. Wie die Reise verlaufen ist, wissen wir nicht. Der Brief zeigt, dass Franz Jolesch den Wiener Antiquitätenhändler Poldi Singer gekannt hat, auch ihm hat Friedrich Torberg in seinem Buch *Die Tante Jolesch* ein Denkmal gesetzt. Singer war ein so leidenschaftlicher Kartenspieler, dass sich niemand vorstellen konnte, er würde auf etwas anderes als aufs Kartenspiel Wert legen. „Habt ihr schon gehört, der Pollak macht eine Indienreise“, verlautbarte jemand am Kaffeehaustisch und prompt erkundigte sich Poldi Singer: „Um was zu spielen?“ [130]

Torberg schreibt, dass Singer gern Poker spielte und häufig verlor. Sicher hat auch Torberg mit ihm gespielt, vielleicht auch Franz Jolesch. Jedenfalls war Franz Jolesch viel öfter in Wien, als wir ursprünglich angenommen haben.

Vier Jahre nach seinem Österreich-Besuch, also im Jahr 1961, stirbt Franz Jolesch in Santiago de Chile im Alter von 62 Jahren. Torberg hat kondoliert. Am 28. Oktober bedankt sich Kató bei ihm. Ihre Handschrift ist schwer zu lesen.

„Lieber Fritz,

ich komme erst jetzt dazu, Ihre lieben, wohltuenden Zeilen zu bedanken [unleserlich]. Der arme Franzl hat Sie sehr geliebt [unleserlich], er war sehr stolz auf Sie.

Der liebe Gott hat ihn gern gehabt, eines Morgens ging ich zu ihm herein [unleserlich], da lag er wie immer, nur antwortete er nicht. Ich vermisse ihn schrecklich, angeblich wird die Zeit helfen.

Schöne Grüße auch an Marietta

Ihre Kató“ [131]

Friedrich Torberg hat also in seiner Anekdotensammlung auch die Lebensdaten von Franz Jolesch verändert. Er lässt ihn im Buch nicht 1961, sondern wesentlich früher sterben. Offensichtlich wollte er an Hand einer real existierenden Figur zeigen, dass Überlebende eines Konzentrationslagers oft wenig später an den erlittenen Qualen gestorben sind. Jedenfalls hat „der Neffe Franzl“ das Erscheinen des Buches *Die Tante Jolesch* nicht mehr erlebt.

Die Witwe Kató blieb noch eine Zeit lang in Chile. In einem späteren Brief teilt sie Torberg mit, dass sie Salzburg besuchen werde. In der Datumszeile steht „Santiago, den 5. 4. 1966“, es kann aber sein, dass sie den Brief in New York aufgegeben hat.

Sie bittet Torberg, er möge ihr Karten für die Salzburger Festspiele besorgen. „Bin Ende April bis Mitte Mai in New York, das ist meine einzige fixe Adresse.“[132] Es ist offensichtlich das Hotel Great Northern, im Zentrum von Manhattan, nahe des Central Parks, denn sie verwendet ein Briefpapier dieses Hotels.

Später wird Kató Jolesch definitiv nach Wien zurückkehren und bis zu ihrem Tod in einem nicht besonders attraktiven Neubau in einer Seitengasse der Kärntnerstraße wohnen (die Adresse war Mahlerstraße 3/5/20) – aber immerhin liegt ihre Bleibe in unmittelbarer Nähe der Wiener Staatsoper. Sie lebt also in jener Stadt, wo sich auch die erste Frau von Franz Jolesch niedergelassen hat: Louise Eisler-Fischer.

Kató Jolesch starb in Wien am 16. März 1989 im Alter von 76 Jahren.

Auch Kreisky erzählt eine Sperber-Anekdote

Die Kultur des Anekdotenerzählens war früher weiter verbreitet als heute. Sie blühte vor allem im jüdischen Milieu der Reichs-, Haupt- und Residenzstadt sowie in der späteren Bundeshauptstadt. Auch Bruno Kreisky erzählte gern Anekdoten, eine spielt in der Ära Schuschnigg, kurz vor dem Einmarsch der Hitler-Truppen. Kreisky war damals – so könnte man sagen – ein illegaler Sozialdemokrat auf Bewährung.

„Wenige Tage vor der Abschlussprüfung meines Jusstudiums werde ich zum Leiter der Wiener Staatspolizei, Hofrat Weiser, bestellt. Dieser fragt mich angesichts der Bedrohung durch das Dritte Reich beinahe freundschaftlich: ‚Na, was werdets denn jetzt eigentlich machen?' Da sage ich zu ihm: ‚Ja, so ist das mit der Diktatur. Wenn sie mit der Opposition in Kontakt kommen will, kann sie das nur über die Staatspolizei.'"[133]

Kreisky und Torberg kannten sich gut, außerdem war Torbergs Exfrau Marietta – die Scheidung wurde 1962 offiziell vollzogen – lange Zeit die Geliebte des Bundeskanzlers. David Axmann vermerkt in seiner Torberg-Biografie, dass Seitensprünge nicht der Grund für die Auflösung der Ehe zwischen Friedrich und Marietta Torberg waren („diesbezüglich herrschte zwischen den beiden von Beginn an Einverständnis oder wenigstens Verständnis und jedenfalls Duldung"), sondern „Abnützungs- und Entfremdungserscheinungen".[134]

Was hat also Kreisky gemeint, wenn er zu Rechtsanwalt Dr. Wrabetz sagte: „Wissen Sie, ich habe Dr. Sperber wirklich gekannt. Der Torberg hat die meisten Anekdoten über ihn von mir."

Ich glaube er hat, wie in anderen Fällen auch, ein wenig geflunkert. Die Sperberiana stammen nachweislich zu einem großen Teil von Torberg selbst, zu einem anderen Teil von Justinian Frisch. Torberg und Frisch haben im Zuge ihres Briefkontakts am Feinschliff gearbeitet. Oft war nur die Pointe da, die vorausgehende Geschichte musste erst entwickelt werden. Für die Anekdoten aus dem Kartenspielermilieu konnte Kreisky naturgemäß keine Vermittlerrolle in Anspruch nehmen. Kreisky hat nicht Karten gespielt.

Wenn wir an jene Anekdoten denken, die Sperbers Verhandlungstaktik zum Thema haben, dann könnte Kreisky in einem geringem Umfang Vermittler gewesen sein. Wie zum Beweis dafür bringt Kreisky in seinem Buch *Zwischen den Zeiten* eine Anekdote über Sperber, die weder in *Die Tante Jolesch* noch in *Die Erben der Tante Jolesch* zu finden ist: „Einem verdienten Parteifreund (...), Pepi Cmejrek, der einer der wichtigsten Großdistributeure der illegalen ‚Arbeiter-Zeitung' war, warf der Staatsanwalt düstere revolutionäre Gesinnung vor. Cmejrek wohnte in einer Souterrainwohnung, wo gewöhnlich die Hausmeister wohnten. ‚Der Staatsanwalt hat meinen Mandanten zu einem Weltrevolutionär gestempelt', rief Dr. Sperber pathetisch. ‚Ich sage Ihnen, Hoher Gerichtshof, er ist bestenfalls der Hausmeister der Weltrevolution gewesen.'"[135]

Es kann aber sein, dass Kreisky mit seiner Bemerkung gegenüber Wrabetz sagen wollte: Anekdoten haben keinen Urheber im eigentlichen Sinn. Sie werden mündlich überliefert und oftmals verändert.

Wie viele Fehler darf ein Anekdoteles machen?

In der Handschriftenabteilung der Nationalbibliothek liegen unter meinem Namen zwei dicke Mappen zur Einsicht bereit. Es sind Leserbriefe zu Friedrich Torbergs *Die Tante Jolesch*. Ich pilgere jede Woche mindestens ein Mal dorthin – aus gutem Grund: Wer binnen sieben Tagen nicht auftaucht, muss damit rechnen, dass die bestellten Handschriften ins Archiv retourniert werden. Er muss sie dann per E-Mail erneut ordern, und es dauert zwei Werktage, bis sie wieder bereitgelegt sind.

Dieses Mal suche ich gezielt nach jenen Briefen, in denen gewissenhafte Leser auf Fehler in der Erstausgabe hinweisen. Emmy Elbogen-Molles aus Rohrau weist Torberg auf einen Fehler hin: „Ich finde, dass Sie in Ihrer ‚Tante Jolesch' Paul Elbogen ein zweites ‚l' geschenkt haben. Darf ich Sie darauf aufmerksam machen, dass alle Wiener, Budapester und Prager Elbogens die Schreibweise ihres Namens an die Stadt [deutscher Ortsname der Stadt Loket, Region Karlsbad (Tschechien)] und nicht an das Gelenk angeglichen haben. Vielleicht, um sich von den in Deutschland lebenden Katzenellenbogen zu unterscheiden oder zu distanzieren. Sollte Ihnen Paul Elbogen schon darüber geschrieben haben, so verzeihen Sie bitte meine Zeilen."[136]

Frau Elbogen-Molles hat *Die Tante Jolesch* offensichtlich nicht genau gelesen. Sonst wäre ihr aufgefallen, dass in der Erstausgabe auch Franz Elbogen falsch geschrieben ist.[137]

Während Torberg auf fehlerhafte Korrekturen normalerweise mürrisch reagiert, ist er dieses Mal friedlich und geständig: „Liebe gnädige Frau", schreibt er am 14. November 1975 aus Breitenfurt zurück, „mit dem zweiten l haben Sie natürlich recht, und da Sie es haben, möchte ich erst gar keinen Versuch [unternehmen], das Versehen als Druckfehler zu deklarieren. Übrigens erfahre ich bei dieser Gelegenheit, daß Paul Elbogen noch lebt."[138] Er habe schon vor einiger Zeit aus San Francisco von dessen Tod gehört und freue sich, dass die Nachricht falsch war. Hier verwechselt Torberg offensichtlich Paul Elbogen mit Franz Elbogen. Franz Elbogen starb in San Francisco kurz nach seiner Entlassung aus dem Konzentrationslager Dachau an Krebs.

Am 19. November 1975 antwortet Emmy Molles aus Rohrau: „(...) Paul Elbogen lebt nicht nur, sondern schreibt weiter fleißig, wenn auch seine Verleger mit seinem Fleiß nicht Schritt halten. So schickt er mir seine Bücher kapitelweise. Außerdem machen er und Minnerl alljährlich riesige Reisen nach Neuseeland und Australien, der Türkei, Tunesien etc. und besuchen dabei wildeste und einsamste Gegenden. Zu bewundern und eine Freude.

Ich werde mich gerne bei Ihnen melden. Momentan bin ich dabei zu meiner Schwester nach Amerika zu fahren und weiß nicht recht, wann ich zurückkomme. Wahrscheinlich Anfang nächsten Jahres."[139]

Kommerzialrat, Direktor Dr. Max Rieger, Wien, kritisiert am 28. März 1975 eine Anekdote Torbergs, in der es indirekt um den Restaurantbesitzer Gustav Neugröschl geht. In *Die Tante Jolesch* liest sie sich so: Im „geographisch wie ideologisch nahe gelegenen Restaurtant Tonello" habe ein Gast Scholet bestellt, „jenes ungemein fetthaltige, schwer verdauliche Meisterwerk jüdischer Kochkunst, das von Heinrich Heine in frevler Schiller-Parodie als ‚schöner Götterfunken' besungen wurde." Als der Kellner nach langer Wartezeit aus der Küche kam und bedauerte, dass das Scholet noch nicht fertig sei, habe der enttäuschte Gast gerufen: „Was? Halb eins und noch kein Scholet? Bei Neugröschl wird schon gerülpst."

Rieger korrigiert Torberg. Der Gast bei Tonello habe nicht das Wort „rülpsen" verwendet. „Der historische Ausspruch (...) lautete: ‚Bei Neugröschl prallen sie schon'." [140]

Torberg antwortet dem Kommerzialrat Dr. Rieger am 5. April 1975: „Richtig ist (...), daß der Ausspruch bei Tonello in der von Ihnen zitierten Fassung getan wurde. Ich habe aus Gründen der sogenannten ‚guten Manieren' absichtlich falsch zitiert, weil in diesem Zusammenhang der von mir verwendete Ausdruck die gleichen Dienste tut wie der originale. Hier wird keine Korrektur erfolgen."

Rieger antwortet am 9. April 1975: „Darf ich noch vorbringen, daß ich die Unterlassung einer Korrektur bei dem Tonello-Zitat ‚der guten Manieren halber' nicht billigen kann. Abgesehen davon, ob man ein Zitat bewußt unrichtig anführen darf, spüren Sie nicht, daß durch dieses falsche Zitieren ad usum Delphini der Ausspruch schon rein phonetisch um seine halbe Wirkung kommt? Goethe läßt seinen Götz auch nicht zum Fenster hinaussagen: ‚Der Hauptmann möge mich gernhaben.' Oder glauben Sie, daß die Ohren unserer Gegenwart empfindsamer sind, als die der Werther-Zeit?"

Dass Rieger die lateinische Formel *ad usum Delphini,* also „zum Gebrauch des Dauphins [des französischen Kronprinzen]", verwendet, erregt Torbergs Zorn. So hatte man am französischen Königshof die Bearbeitungen literarischer Werke der klassischen Antike bezeichnet. Diese wurden im Sinn der jeweils herrschenden Moralvorstellungen entschärft, weil man manche Inhalte für den Unterricht des Kronprinzen als ungeeignet empfand. Wollte ihn dieser Briefschreiber mit einem zensurierenden Lehrer am Pariser Hof vergleichen? Kein Wunder, dass bei Torberg der Geduldsfaden reißt. Am 22. April schreibt er wütend zurück: „... die edle Hartnäckigkeit, mit der Sie an Ihrem Standpunkt festhalten, veranlaßt mich, trotz meiner chronischen Zeitnot, zu einer Antwort, die, wie ich hoffe, den Sachverhalt endgültig klären wird. (...) In der ‚Tante Jolesch' finden sich noch ganz andere erheblich derbere Ausdrücke. Eben darum habe ich dort, wo Derbheit nicht erforderlich war, von ihr Abstand genommen."

Auch der Hinweis auf Goethes Götz erscheint ihm nicht angemessen. „Ein anonymer Gast eines Wiener Restaurants läßt sich doch wohl nicht mit einer Gestalt der klassischen Literatur vergleichen.

Ganz abgesehen davon, daß die zitierte Anekdote apokryph und wahrscheinlich erfunden ist, so daß die Form ihrer Wiedergabe durchaus dem jeweiligen Erzähler überlassen bleiben darf."

Prof. Dr. Friedrich Hacker, der angesehene Psychiater, Psychoanalytiker und Agressionsforscher, war im Mai 1975 wieder einmal zu Besuch in seiner Heimatstadt Wien. Er logierte im Hotel Sacher und blätterte in Torbergs Buch *Die Tante Jolesch.* Im Anhang fand er den Beitrag über den „Stadtzuckerbäcker Demel" und rieb sich verwundert die Augen. Es las die Geschichte über die Serviererin Paula und war verärgert.[141]

Torberg schildert darin, dass er mit einem Freund, der sich gleichfalls und seit Langem zu den Stammgästen des Demels zählen konnte, in einen Streit geriet, „wen die Frau Paula schon länger in ihrer Obhut hätte". Dann gibt er detailliert das Gespräch im Demel wieder: „Mein Rivale scheute sich nicht, der Frau Paula diese Frage ganz unverhohlen vorzulegen. Die Frau Paula kniff ihre Augen hinter den Brillengläsern für ein paar nachdenkliche Sekunden zusammen; dann wandte sie sich bedauernd an mich:

‚Seien bitte nicht bös', sagte sie. ‚Aber ich glaub, den jungen Herrn da kenn ich doch ein bisserl länger.'"

Torberg zieht darauf folgendes Resümee: „Der junge Herr, ein korpulenter Fünfziger mit Glatze, war aber nur wenige Jahre älter als ich. Es hätte genausogut umgekehrt ausfallen können."

Mit Schreiben vom 28. Mai 1975 korrigiert Hacker auf humorvolle Weise den Anekdotenerzähler. Er würdigt einleitend die schriftstellerischen Fähigkeiten Torbergs und stellt ausdrücklich fest, dass ihm *Die Tante Jolesch* gut gefallen habe. Doch die falsche Charakterisierung seiner Person will er nicht unwidersprochen lassen.

„Die mit dichterischer Freiheit vorgenommene, allerdings hiedurch keineswegs zu entschuldigende Beschreibung der Episode (auf Seite 308), bei der ich eine Rolle spiele, bedarf (...) des Kommentars. Ein Glück, daß Sie sich durch Bewahrung der Anonymität des ‚Rivalen und Freundes' vor Ärgerem bewahrt haben. Denn damals war ich wahrscheinlich noch nicht einmal in den Fünfzigern, aber sicher nicht korpulent und schon gar nicht mit Glatze, weiters damals sowie jetzt und wie stets nicht älter, sondern beträchtlich jünger als Sie. Aus all den vorgenannten, einigen sachlichen und vor allem aus Gründen der historischen Gerechtigkeit hätte die Antwort keineswegs ‚genauso gut umgekehrt ausfallen können', ebensowenig, wie man ebenso gut hätte auch Rapid-Anhänger sein können. Daß mir derartige Entgleisungen bei der Fortsetzung, der ich mit großem Vergnügen entgegenblicke, gefälligst nicht mehr vorkommen mögen!"[142]

Der Hinweis, dass man nicht guten Gewissens Rapid-Anhänger sein könne, war spitzfindig argumentiert. Hacker kannte Torberg, wusste von seiner Fußballbegeisterung. Als Jude war man früher bei der Hakoah, und beim Stadtschlager Austria gegen Rapid drückte man für die Violetten die Daumen, nicht für die Grün-Weißen.

Bis jetzt hatten wir es mit Spitzfindigkeiten zu tun, mit marginalen Abweichungen von der Wirklichkeit. Friedrich Hackers Schreiben war nicht ganz ernst gemeint. Hacker hat einen guten, alten Bekannten ein wenig gehänselt.

In einem Brief des Publizisten und Historikers Johann Wolfgang Brügel (geb. 1905 in Auspitz /Hustopeče, Mähren, gest. 1986 in London) geht es hingegen ans Eingemachte.

Brügel trat nach einem Jusstudium als Beamter in die tschechoslowakische Staatsverwaltung ein. Von 1930 bis 1938 war er Privatsekretär von Ludwig Czech, dem Vorsitzenden der Deutschen Sozialdemokratischen Arbeiter-Partei der Tschechoslowakei (DSAP). Im Jahr 1939 emigrierte Brügel nach Frankreich und schrieb unter einem Pseudonym für *Der sozialistische Kampf* und *Sozialistische Warte*. 1940 ging er nach England und arbeitete als Redakteur des Organs der DSAP-Auslandsgruppe *Sozialistische Nachrichten* in London und als Beamter der tschechoslowakischen Exilregierung. 1945 wurde er in die Tschechoslowakei zurückberufen, musste jedoch 1946 aus politischen Gründen abermals nach England emigrieren, wo er als Publizist, Übersetzer und Dolmetscher tätig war.

Es handelt sich um das umfangreichste Fehlerverzeichnis in dieser Mappe, Brügel hat sich viel Mühe gemacht. Das Schreiben ist mit 14. März 1976 datiert.

Zunächst weist Brügel auf einige „Auslassungen" hin, Dinge, die ihm fehlen. So vermisst er beispielsweise einen Hinweis auf die von uns bereits erwähnte „Klabriaspartie", eine „großartige, aber aus naheliegenden Gründen heute nicht mehr spielbare Posse".

Im nächsten Absatz kommt Brügel auf Hugo Sperber zu sprechen: „Zwei Ihnen entgangene Sperber-Anekdoten bin ich bereit, Ihnen tantiemenfrei zu überlassen:

(a) Sperber verteidigte einen wiederholt wegen Einbruchs abgestraften Menschen, der damals nur auf Grund der Tatsache, dass er Einbruchswerkzeuge mit sich gehabt hatte, des versuchten Einbruchs angeklagt war. Sperber in seinem Plädoyer: ‚Ich trage das Werkzeug zur Begehung des Ehebruchs immer mit mir und könnte doch deswegen nicht des versuchten Ehebruchs angeklagt werden.‘

(b) Sperber wird beim Kartenspielen im Kaffeehaus zum Telefon gerufen und steckt die vor seinem Platz am Tisch liegenden Münzen mit der Bemerkung ein: ‚Aus Misstrauen, nicht aus Prinzip.‘“

Torberg bedankt sich mit dem Hinweis, dass er diese Anekdoten bereits gekannt habe, „wie Sie mir hoffentlich glauben werden“. Sie würden zu jenen gehören, „die mir – da ich die Tante Jolesch ohne jede Unterlage also rein assoziativ ‚aus dem Gedächtnis‘ niedergeschrieben habe – ganz einfach zu spät eingefallen sind, was zur Folge haben wird, dass im nächsten Jahr ein Ergänzungsband erscheint.“

In *Die Erben der Tante Jolesch* wird Brügel die an Torberg übersendete Anekdote „Einbruchswerkzeug“ tatsächlich vorfinden – ohne Nennung seines Namens. Torberg hat an der Pointe gefeilt, das hat der Anekdote gutgetan: „Herr Vorsitzender, ich habe ständig das zum Ehebruch erforderliche Werkzeug bei mir. Ist das ein Verdachtsmoment?“

Dann kommt Brügel zu den seiner Meinung nach „reparaturbedürftigen Punkten“, jeweils mit Seitenangabe zur hart gebundenen Erstauflage.

Seite 28: Dr. Paul Kisch war nicht Wirtschaftsredakteur der ‚Neuen Freien Presse‘, sondern arbeitete im Ressort Innenpolitik.

Seite 56: Die Geschichte vom 1. Mai 1933 in Wien stimmt insofern nicht, als alle Umzüge verboten waren (die Nationalsozialisten hatten also keine ‚entsprechende Erlaubnis‘) und der sozialdemokratische Aufmarsch erfolgte trotz des Verbotes.

Seite 77: Die Zwetschkenröster-Story ist mir vom damaligen Redakteur des ‚Abend‘, Alexander Stern, der in diesen Belangen Fachmann war, ein wenig anders berichtet worden. Danach gab es bei Neugröschl ein Menü mit drei Gängen: Suppe, Fleisch mit Beilage, Kompott. Als einem Gast als dritter Gang Zwetschkenröster vorgesetzt wurden, empörte er sich darüber mit dem Ausruf ‚Zwetschkenröster sind kein Kompó'. [Brügel schreibt Kompó statt Kompott, vermutlich will er damit signalisieren, wie Neugröschl das Wort ausgesprochen hat.] Dann spielten sich die von Ihnen beschriebenen Dinge ab und nach erfolgtem Hinauswurf pflanzte sich Neugröschl vor den restlichen Gästen mit der drohenden Bemerkung auf: ‚Ich seh da noch a poa, die was glauben, Zwetschkenröster sind kein Kompó.'

Seite 127: Einen Ort namens Mährisch-Gmünd hat es nie gegeben, das wurde nur von Armin Berg ‚des Reimes wegen erfunden'.

Seite 128: Urzidil ist 1970 gestorben, nicht 1972.

Seite 198: Karl Kraus hat natürlich nicht geschrieben, dass ‚einen Brief befördern' in Österreich heiße, einen Brief aufzugeben; die Beförderung war Sache der Post, das Aufgeben Sache des Absenders, und der Aphorismus heißt richtig ohne Beistrich in der Mitte: ‚Einen Brief absenden heißt in Österreich einen Brief aufgeben'. Zu finden in dem Aphorismenband ‚Nachts' und in der Fackel Nr. 381–383, Seite 70.

Seite 254: Dass die Kommunisten Egon Erwin Kisch nach seiner Rückkehr aus der Emigration schäbig behandelt haben, stimmt nicht. Er wurde am Flugplatz mit der Überreichung der Staatsbürgerschaftsurkunde begrüßt (...) und nach seinem Tod im März 1948 unter Verschweigung des Umstands, dass es sich um einen deutschen Schriftsteller gehandelt hat, mit großem Tam-Tam begraben. Richtig ist aber, dass sich Kisch in Prag zwischen 1946 und 1948 sehr unglücklich fühlte, weil man ihn seines miserablen Tschechisch wegen öffentlich nicht vorführte.

Seite 311: Das Attentat auf Stürgkh spielte sich nicht ‚genauer: im September 1916' ab, sondern, wie Sie der von mir herausgegebenen Schrift ‚Friedrich Adler vor dem Ausnahmegericht' entnehmen können, am 21. Oktober 1916. Die Version, dass Stürgkh während des Genusses eines Rindfleisches erschossen wurde, steht mit den Tatsachen in Widerspruch, wie Sie dem in der Fackel, Nr. 445–453, Seite 50 ff. enthaltenen Zitaten entnehmen können. Stürgkh hatte seine Mahlzeit bereits beendet und sich eine Zigarre angezündet. Nicht ihm, sondern dem Attentäter war die Konsumierung eines Rindfleisches nachgesagt worden."[143]

Soweit die Anmerkungen Brügels. Allerdings hätte der Lektor von Torbergs Anekdotensammlung über ein geradezu übermenschliches Wissen verfügen müssen: Er sollte in allen Fragen der jüngeren österreichischen Geschichte firm sein, über die Wiener und Prager Kaffeehauskultur Bescheid wissen, Tarock und Tarteln spielen und mit den Werken von Alfred Adler, Leo Perutz, Anton Kuh, Egon Erwin Kisch, Alfred Polgar und vielen anderen vertraut sein. Mitte der Siebzigerjahre gab es auch noch nicht das Internet zum Nachschlagen und Recherchieren.

Torberg reagiert in seinem Antwortschreiben an Brügel, datiert mit 10. September 1976, indigniert. „Die Tante Jolesch hat (...) weder den Ehrgeiz, ein zuverlässiges Nachschlagewerk zu sein, noch will sie eine umfassende Kultur- und Sittengeschichte der von mir ins Auge gefassten Zeitspanne liefern. Sie ist wie schon der Untertitel sagt, eine Sammlung von Anekdoten, die für jene Zeit als typisch gelten dürfen und an bestimmte zeittypische Persönlichkeiten gebunden sind. Wenn also etwas ‚fehlt' oder ‚nicht stimmt', dann fragt es sich, ob dieser Vorwurf in das von mir angestrebte Gewicht fällt."

Torberg verdeutlicht dieses Argument an Hand eines Beispiels. Er habe Dr. Raabe-Jenkins als „Hünen" bezeichnet [144], wohl wissend, dass er keiner war, „... aber für die Kontrastwirkung seines Zusammenstoßes mit Paul Kornfeld schien es mir förderlich – dieser Dr. Raabe-Jenkins hatte eine stereotype Entgegnung parat, wenn man ihm eine Geschichte durch den Hinweis, dass sie ‚wahr' sei, schmackhaft machen wollte: ‚Wahr is egal, gut muss sie sein!'"

Torberg räumt ein, dass er nicht so weit gehen wolle wie Paul Kornfeld, aber „zu kleineren Abstrichen an einer – wohlgemerkt: irrelevanten – ‚Wahrheit' oder ‚Richtigkeit' darf sich der Anekdotenerzähler, wenn die Anekdote dadurch besser oder sinnfälliger wird, durchaus berechtigt fühlen. Deshalb präsentiere ich den Dr. R. in der einen Geschichte als ‚Hünen'." Und deshalb sei es auch vollkommen gleichgültig, ob eine Geschichte 1918 oder 1920 spielt.

Ähnlich verhalte es sich mit der Frage, ob Dr. Paul Kisch innenpolitischer Redakteur oder Wirtschaftsredakteur war. Es ist auch hier wieder einmal eine Stärke von Torberg, dass er etwaige Einwände seines Briefpartners gleich vorwegnimmt: „Ich will gerne zugeben, dass ich in allen diesen Punkten, oder in fast allen, sozusagen ‚für's selbe

Geld' auch richtige Angaben hätte machen können, aber die falschen verstoßen weder gegen den Geist meines Vorhabens noch gar gegen die Atmosphäre, um die sich's ja hauptsächlich handelt."

Einige der Vorwürfe seien berechtigt – „ich gebe das nur sehr ungern und, wie Sie merken, erst nach langem Zögern zu". Torberg nennt hier unter anderem Urzidils Todesjahr und Kischs Lebensabend. „Ich nehme sie beschämt zur Kenntnis, und beknirsche mich ganz besonders wegen des falschen Kraus-Zitats; das hätte mir nicht passieren dürfen." [145]

Niemand ist vor Fehlern gefeit, auch wir nicht. Wir haben aus diesen Leserbriefen nicht deshalb zitiert, um als Besserwisser dazustehen. Uns ging es darum zu zeigen, wie Torberg auf Post dieser Art reagiert hat.

Kreisky am offenen Grab Torbergs – in einer „geistigen Grundhaltung" tief verbunden

Am 19. November 1979 erfolgte die Beisetzung Torbergs auf dem Wiener Zentralfriedhof, Alter jüdischer Teil, Tor 1. Kreisky war einer der Persönlichkeiten, die am Grab Torbergs eine Rede hielten. Es muss für ihn eine delikate Situation gewesen sein: Einen gerade Verstorbenen hat man zu loben, das wird allgemein erwartet. Aber Ehrlichkeit ist auch eine Tugend. Noch dazu stand Kreiskys jetzige Freundin und Geliebte, Marietta Torberg, zwischen ihm und dem Verstorbenen. Wie würde Kreisky sich aus der Affäre ziehen?

Das Kreisky-Archiv im „Vorwärtshaus" ist bestens organisiert. Ich maile Frau Mag. Maria Steiner mein Anliegen, Minuten später wird mir Kreiskys Rede zugesandt. Sofort werden Erinnerungen an meine frühere Arbeit wach. Kreisky hat praktisch alle Reden immer selbst konzipiert und seiner Sekretärin Margit Schmidt diktiert. Unsere Aufgabe bestand darin, gegebenenfalls Fakten oder Zitate zu recherchieren und einzufügen. Nicht selten kam es vor, dass Kreisky mit dem ersten Entwurf nicht zufrieden war und am Text zu feilen begann. Da die elektronische Textverarbeitung noch nicht erfunden war, kamen Schere und Klebstoff zum Einsatz – am Ende wurde die zusammengestückelte Seite kopiert.

Kreisky hat die Grabrede sorgfältig konzipiert, es war ihm wichtig, jedes Wort richtig zu setzen. Sein charakteristischer Sprachduktus ist schon im Redeentwurf enthalten. Was beim Lesen manchmal holprig klang, erzielte in der gesprochenen Form eine gute Wirkung.

Einleitend erinnert Kreisky daran, dass Torberg am 16. Oktober 1979 von Unterrichtsminister Fred Sinowatz der „Große Österreichische Staatspreis für Literatur" verliehen wurde – Kreisky gehörte zu den Gratulanten. Einen Monat später, am 10. November, starb Torberg bei einer Venen-Operation im Wilhelminenspital. Daher sagt Kreisky am Grab: „Zum Glück kam die Auszeichnung nicht zu spät."

Für Kreisky ist Torberg als Staatspreisträger ein poeta laureatus, also ein lorbeergekrönter Dichter, einer, der die Dichterkrone erhalten hat. „Er hat diese Auszeichnung mit Freude, wie er selber sagte, aber auch mit leichter Ironie empfangen." Torberg hatte damals in seiner Dankesrede gemeint, seine Freude über die ihm zugegangenen, ehrlich gemeinten Glückwünsche würden durch den süßen Umstand begleitet, dass einige sich über die Preiszuerkennung an ihn von Herzen ärgern: „Damit hier kein Mißverständnis entsteht: sie ärgern sich nicht etwa aus Konkurrenzneid, sondern weil sie mich ganz einfach – sei's aus persönlichen, aus literarischen, aus politischen oder aus welchen Gründen auch immer – nicht schmecken können (was durchaus auf Gegenseitigkeit beruht)." Immerhin habe er es niemals auf diese Ehrung angelegt und sei von seinem literarischen Standort nie abgewichen, mit seiner politischen Überzeugung habe er niemandem Konzessionen gemacht.[146]

Dann rechtfertigt Kreisky die Kürze seiner Ansprache („nach einer langen Reihe von Rednern will ich nur eines sagen ...") und kommt zum Kern: „So sehr wir in kaum einer Sache zur Übereinstimmung kamen, so waren wir doch beide zutiefst verbunden einer geistigen Grundhaltung, die aus einer Zeit stammt, die manchen von uns längst vergangen zu sein scheint. Er war verwurzelt in der Welt von gestern, aber er hat ein großes Stück hinübergerettet in die Welt von heute und er hat für uns ein Erbe verwaltet, das nicht vertan werden sollte. Und damit verbinden wir jene Dankbarkeit, die gewährleistet, dass sein Werk weiterlebt. Denn wahrlich, auch für ihn gilt: Es sind nicht alle tot, die gestorben sind."[147]

Mit der Schlussformel hat Kreisky etwas ungenau ein Gedicht von Friedrich Stolze zitiert, ein Frankfurter Freigeist, der im Vormärz von Ludwig Börne beeinflusst war und in der Zeit der Restauration mehrere Male nur knapp einer Verhaftung entgangen ist:

„Nicht alle sind tot, deren Hügel sich hebt,
wir lieben – und was wir lieben, das lebt,
das lebt, bis uns selber das Leben zerrinnt,
nicht alle sind tot, die begraben sind."

Am Tag nach dem Begräbnis schrieb die sozialdemokratische *Arbeiter-Zeitung*: „Friedrich Torberg wurde Montag zur ewigen Ruhe gebettet. Und er ruht in guter Nachbarschaft: in einem Ehrengrab der Gemeinde Wien gleich neben einem anderen Großen der österreichischen Literatur, Arthur Schnitzler, unmittelbar gegenüber dem 1. Tor des Zentralfriedhofs, mit dessen altem jüdischen Teil im Hintergrund." Die im Schneeregen fröstelnden Trauergäste seien beinahe mit ihren Schuhen im Morast versunken, denn der Weg war nicht asphaltiert und auch nicht mit Kies befestigt. „Als echte Wohltat dürften die männlichen Trauergäste empfunden haben, daß sie nicht ihr Haupt entblößen brauchten – im Gegenteil, Minister [Fred] Sinowatz, der hutlos wie stets gekommen war, erhielt israelischer Sitte gemäß eine Kippa, das schwarze Käppchen, das einen den Glaubensvorschriften gemäß Gekleideten macht (...)" Der Bericht trug den Titel: „Gestorben – aber nicht tot".

Zwei bisher unveröffentlichte Franzl-Anekdoten

Franz Jolesch spielt in Torbergs Buch nur die Rolle des Anekdotenlieferanten. Es gibt allerdings auch Anekdoten, in deren Mittelpunkt er steht. Torberg hat sie nach Erscheinen des ersten Bandes geschickt bekommen, aber nicht in den Ergänzungsband aufgenommen.

Eine Frau Ilse Zeisel schreibt am 9. Juli 1975 an Marietta und Friedrich Torberg. Sie findet zunächst viele lobende Worte für *Die Tante Jolesch*, dann erzählt sie zwei Anekdoten über „Franzl Jolesch".

Die erste versieht sie mit dem Titel *Kartenspieler*. „Franzl rief eines Tages aus Wiese an, ich soll eine Loge in der Oper besorgen es wird ‚Don Juan' mit dem Tauber gegeben und er wird zu diesem Zweck nach Wien kommen. Gesagt, getan, er kam, wohnte bei uns und nachdem wir uns großartig angezogen hatten, Smoking respektive Abendkleid, gingen wir noch ‚auf einen Sprung' ins Central. Franzl wurde sofort aufgefordert zu spielen, lehnte aber mit den Worten ab ‚ich kann heute nicht, denn ich gehe in die Oper'. Setzte sich hin und sah den Kartenspielern zu. Es wurde immer später und wir machten aus, dass ich vorausgehe. Das Ende ist leicht erraten – Franzl erschien nicht und so ging ich nach der Aufführung zurück ins Central. Dort saß Franzl noch immer als Kiebitz!"

Die zweite Geschichte wird von ihr unter dem Titel *Das billige Mittagessen* verbucht: „Franz und ich waren in Prag und Franzl fragte, wo ich Mittagessen gehen will. Ich wollte ins Fischrestaurant. Da meinte er, dass das wirklich sehr teuer ist, und wir sollten lieber in den ‚Blauen Stern' Beinfleisch essen gehen. Angekommen war Anton Kuh da und hat mit uns gegessen, wie immer amüsant. Wie es zum Zahlen kam, hat Franzl nicht nur das Essen zu dritt bezahlt, sondern die Hotelrechnung für eine Woche von Kuh inklusive zwei tägliche Ferngespräche an seine Freundin in Salzburg."[148]

Torberg findet die beiden Geschichten „wunderschön und ‚echt Franzl'". Wenn er die Anekdoten rechtzeitig gekannt hätte, wären sie in das Buch aufgenommen worden. „Überhaupt ist seit seinem Erscheinen aus meinem eigenen Gedächtnis und aus Leserbriefen so viel neues Material zutage getreten, dass es fast schon für einen zweiten Band ausreichen würde." Wenn ihr oder dem Hans etwas einfalle, möge sie es ihm mitteilen.[149]

Der Nachtrag kam zustande, unter dem Titel *Die Erben der Tante Jolesch*, aber Torberg hat die zwei Anekdoten in den Nachtragsband nicht aufgenommen – aus verständlichen Gründen, wie ich meine. Der „Neffe Franzl" musste das bleiben, was er im ersten Band war: ein blasser Anekdotenlieferant, keine Hauptfigur.

In der Realität war Franz Jolesch nicht nur „des Kaisers schönster Leutnant", er hatte Kontakt zu wichtigen Kulturschaffenden seiner Zeit, nicht nur zu Friedrich Torberg, auch zu Anton Kuh, und vermutlich haben auch andere Schriftsteller und Journalisten zu seinem

Freundeskreis gezählt. Außerdem hat Franz Jolesch wahrscheinlich auch im Familienunternehmen eine Rolle gespielt – darüber wissen wir noch gar nichts.

Anekdoten als Waffe

Sitzt einer im Kaffeehaus, kommt der Kellner und fragt ihn, was er bestellen will.

Gast: „Wissen Sie – Herr Ober – i hob an Hunger, aber schon seit drei Tagen Magenweh."

Kellner: „Nehmen Sie was Leichtes – zwei Eier im Glas."

Gast: „Zu schwer!"

Kellner: „An Tee mit Zitron und a Buttersemmerl."

Gast: „Zu schwer."

Kellner: „An Tee mit Zitron ohne Buttersemmerl."

Gast: „Zu schwer."

Kellner: „An Tee mit Zitron."

Gast: „Zu schwer."

Kellner: „An Tee ohne Zitron."

Gast: „Zu schwer."

Da dreht sich der Kellner zum Piccolo um und ruft: „Maxi – fang für den Herrn Emminger a Fliagn!"

Das ist keine Anekdote, sondern ein Witz. Er wird – damals wie heute – in vielen Varianten erzählt. Auch Fritz Muliar, der eine Zeit lang in der *Arbeiter-Zeitung* Kolumnen verfasste, brachte ihn zu Papier. Der Beitrag erschien am 30. Mai 1976.

Viele klassische Witze weisen eine Dialogform auf, so auch dieser. Damit aus dem Witz eine Anekdote wird, muss die Handlung in eine Erzählung eingebettet werden und dazu dienen, eine bestimmte Person zu charakterisieren. Wenn die Anekdote auch noch mit einem bestimmten Ort verknüpft werden kann, umso besser.

Torberg hat in seinem Buch *Die Tante Jolesch* aus dem vermutlich recht gängigen Witz eine Anekdote gemacht, sie dient ihm dazu, Hugo Sperber schärfer zu zeichnen. Dieser sei oft schläfrig gewesen. Aber selbst wenn man ihn aus dem Schlaf riss, habe seine Schlagfertigkeit aufgeblitzt. Außerdem erfahren wir, wie es im Café Herrenhof zugegangen ist:

„Bei einem Nachmittagsnickerchen in einer der hintersten Logen des Café Herrenhof wurde Sperber durch einen zufällig hereingeschneiten Gast aufgestört, der in der Nebenloge Platz nahm, nur ‚rasch eine Kleinigkeit' essen wollte und den Schlafbedürftigen obendrein dadurch erbitterte, daß er sämtliche Vorschläge des Kellners Franz als zu opulent zurückwies. Selbst das angebotene Schinkenbrot überstieg seinen Appetit. Der ratlos gewordene Franz machte einen letzten Versuch und empfahl ein weichgekochtes Ei, also wahrlich ein Minimum einer Bestellung.

Auch das sei ihm noch zu viel, beharrte der schwierige Gast.

Da aber jaulte Sperber auf: ‚Franz! Fangen Sie dem Herrn eine Fliege, damit endlich Ruh ist!!'"[150]

Interessant ist in diesem Fall die zeitliche Abfolge. *Die Tante Jolesch* ist 1975 erschienen, Muliar bringt denselben Inhalt als Witz ein Jahr später. Ob sich Torberg darüber geärgert hat, wissen wir nicht. Er hat sich jedenfalls den Abschnitt mit dem Witz aus der *Arbeiter-Zeitung* herausgerissen und den Ausriss aufgehoben. Er liegt in der Handschriftenabteilung der Nationalbibliothek.

Die Anekdote (griechisch ἀνέκδοτον, anékdoton, „nicht herausgegeben") ist ein uraltes literarisches Genre. Sie hat eine bemerkenswerte oder charakteristische Begebenheit im Leben einer Person zur Grundlage. Ich schlage im Internet-Lexikon Wikipedia nach und finde dort die wichtigsten Merkmale der Anekdote: die Pointe an ihrem Schluss, der Umstand, dass sie nur auf das Wesentliche reduziert ist, und die scharfe Charakterisierung der Personen.

Wikipedia ist bei solchen Themen im Allgemeinen zuverlässig. Meist schreiben Wissenschaftler die Beiträge, sie tragen zwar ihre Konflikte aus, aber nach einiger Zeit setzt sich die Mehrheitsmeinung durch. Der Begriff Anekdote stammt von dem spätantiken Historiker Prokopios von Caesarea (Προκόπιος), der im 6. Jahrhundert ein kritisches Werk mit Indiskretionen über den oströmischen Kaiser Justinian I. verfasste, das unter dem Titel Ἀνέκδοτα (Anekdota, oft übersetzt als „unveröffentlichte Memoiren" oder „Geheimgeschichte des Kaiserhofs von Byzanz") erschien. Mit diesem Werk, das literarisch als

Schmähschrift einzuordnen ist, verbreitete Prokopios gezielt Klatschgeschichten oder teils schlicht Unterstellungen bzw. Unwahrheiten. Im Gegensatz zu seinem Geschichtswerk, den berühmten *Historien*, bemühte sich Prokopios in den *Anekdota* nicht um Objektivität.

Die „Geheimgeschichte" des Prokopios ist eine chronique scandaleuse mit pikant-erotischem Inhalt. Kaiser Justinian wird als habgierig, korrupt und grausam dargestellt. Prokopios prangert auch das sittenlose Leben von Kaiserin Theodora an und kritisiert Belisar, den berühmten Feldherrn des Kaisers.

Heute sind Anekdoten vor allem mündlich verbreitete Erzählungen aus dem Leben einer bekannten Persönlichkeit. Franz Molnár kann also im Mittelpunkt einer Anekdote stehen, ihn kennt jeder. Über Hugo Sperber Anekdoten zu erzählen, ist nicht ganz so einfach. Da bedarf es einer längeren Einleitung. Torberg bezeichnet ihn „als das letzte Original des Wiener Barreau [franz. für: Vertreter der Anwaltschaft]", als einen Mann von „hinreißender Pointierungskunst", er sei befähigt gewesen „genau im richtigen Augenblick das Richtige zu sagen". Damit wir mit der Figur vertraut werden, erzählt Torberg noch, dass die Familie Sperber aus Mähren stammt, „wo die deutschen, slawischen, magyarischen und jüdischen Elemente der alten Monarchie eine besonders fruchtbare Mischung eingegangen waren". Sperber sei ein hilfs- und opferbereiter Mensch gewesen, was in krassem Gegensatz zu seinen finanziellen Möglichkeiten stand, er habe „manch lukrative Causa ausgeschlagen, um irgendeinen armen Schlucker ex offo zu verteidigen". In seinen letzten Lebensjahren sei es ihm erbärmlich schlecht gegangen, „aber seine gute Laune und seine Selbstlosigkeit wurden dadurch nicht beeinträchtigt (...)." Damit ist Hugo Sperber ausreichend charakterisiert – jetzt ist es Zeit für die erste Anekdote.

Sperbers Eigenschaften werden ein wenig überhöht. Natürlich wird er niemals „eine lukrative Causa ausgeschlagen [haben], um irgendeinen armen Schlucker ex offo zu verteidigen", warum auch? Er wird vielmehr von anderen Kanzleien derartige Fälle übernommen haben, um von diesem Kollegen eine Abgeltung zu bekommen und sich selbst finanziell über Wasser zu halten.

Erst viel später in Torbergs *Die Tante Jolesch* erfahren wir, dass Sperber als Sozialdemokrat 1934 in Polizeihaft war und nach dem Verbot der Sozialdemokratie in politischen Prozessen „Illegale“ vertreten hat – nein, sicher nicht als Pflichtverteidiger, wie Torberg schreibt, sondern als Parteianwalt.

Was die Tante Jolesch anlangt, so charakterisiert Torberg zunächst nicht sie, sondern den Anekdotenlieferanten Franz Jolesch. Er sei ein lieber, allseits verhätschelter Sprössling einer ursprünglich aus Ungarn stammenden Industriellenfamilie gewesen, „die seit langem in einer der deutschen Sprachinseln Mährens ansässig und zu beträchtlichem Wohlstand gelangt war.“ Um zu unterstreichen, dass es „den Neffen Franzl“ wirklich gegeben hat, weist Torberg darauf hin, dass er (Torberg) „auf dem mährischen Besitz der Familie wiederholt zu Gast war.“ Es ist wichtig, dass der Anekdotenerzähler Teil des Milieus ist, das er beschreibt.

Ähnlich wie bei Sperber informiert Torberg seine Leserschaft auch gleich über die wichtigen Lebensdaten von Franz Jolesch: „Die einrückenden Deutschen hatten ihn 1939 als Juden eingesperrt, die befreiten Tschechen hatten ihn 1945 als Deutschen ausgewiesen. (...) Er verbrachte dann noch einige Zeit in Wien und übersiedelte schließlich nach Chile, wo er bald darauf an den Folgen seiner KZ-Haft gestorben ist. Die Tante Jolesch hat das alles nicht mehr erlebt.“ [151] Jetzt kann die erste Anekdote erzählt werden: „Noch ein Glück, dass ...“ Es ist ein wesentliches Merkmal der Anekdote, dass sie durch eine scheinbar zufällige Äußerung oder Handlung die Eigenart einer Person verdeutlicht.

Ursprünglich wurden Anekdoten mündlich überliefert, neue Impulse erhielt die Anekdote im 18. Jahrhundert durch die Aufklärung, die das Individuum in den Mittelpunkt stellte und darauf abzielte, Persönlichkeitsmerkmale in knapper Pointierung herauszustellen. In diesem Sinne ist auch Friedrich Nietzsches bekannter Aphorismus zu verstehen: „Aus drei Anekdoten ist es möglich, das Bild eines Menschen zu geben.“ Nachträglich lässt sich allerdings oft nicht mehr feststellen, ob die kolportierten Zitate wirklich so gefallen sind oder ob sie erfunden wurden, um einer Person eine bestimmte Charaktereigenschaft zuzuschreiben.

Friedrich Torberg wollte ursprünglich kein Anekdotenschreiber sein. Er lehnt die von Justinian Frisch auf ihn gemünzte Anrede „Lieber

Anekdoteles" entschieden ab. Er sieht sich als Schriftsteller, nicht als Anekdotenschreiber. Am 15. März 1948 verfasst Frisch einen Rechtfertigungsbrief:

„Allmächtiger!

‚Anekdoteles' ist ein zwar von mir erfundener, in der Folge aber auf mich selbst angewandter Scherzname, über den ich mich niemals geärgert habe, wenn er aus befreundetem Munde kam. Es ist in der Tat ein gelindes Spottwort, das meine Erzählkunst (die ich keineswegs leugne) zu treffen bestimmt war. Denn die Lust zu fabulieren (mit fremden Fabeln meistens) steckt mir im Blut, und wer sie mir neidet, der spottet ihrer gerne. Daß das Scherzwort sowohl rhythmisch als auch phonetisch mehr vom Aristoteles als vom Abeles hat, weist darauf hin, daß in der Anekdote, wenn sie richtig angewandt wird, immer ein Stück Philosophie steckt. (...) Das Anekdotenerzählen ist weder unwürdig, noch gering zu achten. Rangiert es nicht unter die Erzählkunst überhaupt, so bescheiden und dem Umfange nach gering auch sein Gegenstand sein mag? Haben sich nicht Denkmäler dieser Erzählkunst durch Jahrhunderte erhalten, gepriesen und gelobt und mit Ehren in die Literaturgeschichte aufgenommen?"

Frisch erwähnt Giovanni Boccaccio, den Mönch Matteo Bandello, das *Buch vom Hofmann* des Grafen Baldassare Castiglione, die *Facetien* des Gianfrancesco Poggio Bracciolini, die Schwänke des Georg Queri [er gibt ihm versehentlich den Vornamen Thomas], die vielen Sammlungen alter Anekdoten, darunter als die bedeutendste *Italiänischer Volks- und Herrenwitz* von Albert Wesselski und die *Gesta Romanorum.*

„(...) Wichtig ist, daß die korrekt einsetzende Anekdote sinngemäß assoziiert, in der Stimmung nicht danebenhaut und – das Wesentlichste! – wirklich gut erzählt wird. Und warum sollte man einen guten, als Illustration einer zu erweisenden These, als Parabel u. s. w. wiedergegebenen Witz nicht als Kleinkunstform, seinen Erzähler nicht als Kleinkünstler anerkennen?" [152]

Als sich Torberg knapp zwei Jahrzehnte später entschließen wird, das Buch mit dem Titel *Die Tante Jolesch* zu schreiben, wird er sich von der Form her nicht einschränken lassen. Er bringt Anekdoten der verschiedensten Art. Manche dienen dazu, eine Person zu charakterisieren, manche ein Milieu zu schildern. Auch der ursprünglichen

Funktion dieses Genres bedient sich Torberg: Er verwendet die Anekdote hin und wieder auch als Waffe.

Die Hochblüte der Anekdote gehört ja längst der Vergangenheit an. An ihre Stelle tritt die Spaßgesellschaft. Sie steht dem Witz näher als der Anekdote. Torbergs Buch könnte daher auch den Titel tragen: *Die Tante Jolesch. Oder: Der Untergang der Anekdote*.

Im Fernsehen treten heute keine Anekdotenerzähler mehr auf. Gut, es gibt die Comedy, wie sie von der Kabarettgruppe „maschek" repräsentiert wird, auch von dem Tiroler Christoph Grissemann und dem Deutschen Dirk Stermann.

In der Comedy wird oft einer bekannten Persönlichkeit ein Text in den Mund gelegt, den diese nie gesprochen hat. Der Text ist jedoch so weit von der Realität entfernt, dass ihn der Zuhörer oder Zuseher sofort als Erfindung wahrnimmt.

Auch Torberg hat sich dieser Technik bedient, allerdings in schriftlicher Form. Als Beispiel möge eine Anekdote über Egon Erwin Kisch dienen. Wichtig ist hier der Vorspann: „Es gibt da eine schon oft erzählte Geschichte, die allmählich die Patina historischer Wahrheit angesetzt hat." [153] Torberg schickt also voraus, dass sich die in der Folge geschilderten Ereignisse so nicht zugetragen haben. Die Anekdote spielt 1918 „in den wirren Umsturztagen nach dem Ersten Weltkrieg, als ein Trupp der damals in Wien gebildeten ‚Roten Garde' unter Führung von Egon Erwin Kisch ins Redaktionsgebäude der ‚Neuen Freien Presse' eindrang und als im Stiegenhaus Paul Kisch, Wirtschaftsredakteur der ‚Presse', seinem rotgardistischen Bruder entgegentrat:

‚Was willst du hier, Egon?'

‚Das siehst du ja. Wir besetzen eure Redaktion.'

‚Wer – wir?'

‚Die rote Garde.'

‚Und warum wollt ihr gerade die Presse besetzen?'

‚Weil sie eine Hochburg des Kapitalismus ist.'

‚Mach dich nicht lächerlich, schau, dass du weiterkommst!'

‚Paul, du verkennst den Ernst der Lage. Im Namen der Revolution fordere ich dich auf, den Eingang freizugeben. Sonst ...!'

‚Gut, Egon. Ich weiche der Gewalt. Aber eins sag ich dir: Ich schreib's noch heute der Mama nach Prag.'

Verläßlichen Berichten zufolge soll Egon Erwin Kisch daraufhin das Zeichen zum Rückzug gegeben haben." [154]

Natürlich hat diese gelungene Anekdote den Nebeneffekt, Egon Erwin Kisch in einem schlechten Licht erscheinen zu lassen. Ein Revolutionär, der seine Absichten aufgibt, weil er Angst vor seiner Mama hat? Es sind Geschichten, die gar nicht den Anspruch erheben, wahr zu sein, und doch handeln sie von real existierenden Personen und erfüllen einen bestimmten Zweck. Hier wird die Anekdote als Waffe eingesetzt.

In Wirklichkeit sind die Brüder Kisch bei der Besetzung der *Neuen Freien Presse* nicht aneinandergeraten. Egon Kisch war nicht unter jenen Rotgardisten, die das Redaktionsgebäude in der Fichtegasse besetzten – wie Hans Kronberger nach umfangreichen Recherchen in einem wissenschaftlichen Beitrag darlegte.[155] Außerdem sind die Rotgardisten nicht sofort abgezogen, sie druckten zwei Sonderausgaben. Das konnte man tags darauf in einem Einspalter der *Neuen Freien Presse* lesen. Paul Kisch war seit 1913 regelmäßiger Mitarbeiter und Leitartikelschreiber der *Neuen Freien Presse,* vermutlich aber erst ab 1919 Redakteur. Das teilte uns Günther Haller, Archivar der Tageszeitung *Die Presse,* mit – diese ist Nachfolgerin der *Neuen Freien Presse.*

So gut wie alles an dieser Anekdote ist also frei erfunden. Immerhin deutet sie an, wie operettenhaft die damaligen Versuche der Roten Garden waren, eine „sozialistische Republik" zu errichten. Außerdem illustriert die Anekdote die nachweislich enge Beziehung Egon Kischs zu seiner Mutter.

Torberg schreibt an anderer Stelle, dass ihm „die Chronistenpflicht" – was immer das sein mag – gebiete, noch die eine oder andere Anekdote aufzuzeichnen, „die für Egon Erwin Kisch nicht eben schmeichelhaft ist." [156] Eine davon ist im Romanischen Café in Berlin angesiedelt. Als Polgar und Friedell dort plaudernd saßen, soll Kisch sehnsüchtige Blicke zu ihnen hinübergeworfen haben. Erst nach dem Abgang von Polgar habe sich Kisch an den Tisch getraut und gefragt: „Ich wollte nicht stören, wahrscheinlich hat Polgar wieder sehr schlecht über mich gesprochen." Anstatt eines Dementis erwiderte Friedell: „Im Gegenteil. Er hat gesagt: Es ist doch reizend vom Kisch, dass er sich nicht zu uns setzt."

In diesem Fall lässt es Torberg offen, „ob es tatsächlich Polgar war, der diese Bosheit von sich gegeben hatte, oder ob sie ihm von Friedell in zweifach boshafter Absicht zugeschoben wurde." [157]

Die Firmengeschichte von „Samuel Jolesch & Söhne"

Wer war „der Neffe Franzl"? War er mehr als nur ein Lebemann und ein Förderer bekannter Schriftsteller? Spielte er auch in dem Familienunternehmen in Wiese bei Iglau eine Rolle?

Eines Tages bekomme ich eine Nachricht von Marie-Theres Arnbom. Sie hat im Internet die Website von Wiese gefunden – ich hätte nie gedacht, dass ein derart kleiner Ort eine eigene Website hat.

Weit unten in der Struktur dieser Website gibt es einen Beitrag mit der Überschrift „Textilní továrna v Lukách v letech 1897–1945". Aus den darin vorkommenden Namen lässt sich ableiten, dass es sich um eine Firmengeschichte des Textilunternehmens Jolesch handelt.

Ich bin neugierig, kann es kaum erwarten. Da meine 90-jährige Mutter ihre Tschechisch-Kenntnisse längst vergessen hat, kopiere ich den Text in den Google-Übersetzer, lasse ihn maschinell vom Tschechischen ins Deutsche, ins Englische und ins Kroatische übersetzen – kroatisch spricht meine Frau. Dann legen wir die drei Übersetzungen nebeneinander, um sie abzugleichen. Eine ist katastrophaler als die andere. Den Sinn einiger Absätze können wir uns dennoch zusammenreimen.

Ich rufe Katarina Heger an und schicke ihr den Link. Sie ist professionelle Übersetzerin für das Slowakische und für das Tschechische. Als sie zurückruft, sind wir beide gut vorbereitet. Sie hat den Text der Website bereits gelesen, ich habe den Stammbaum der Familie Jolesch vor mir.

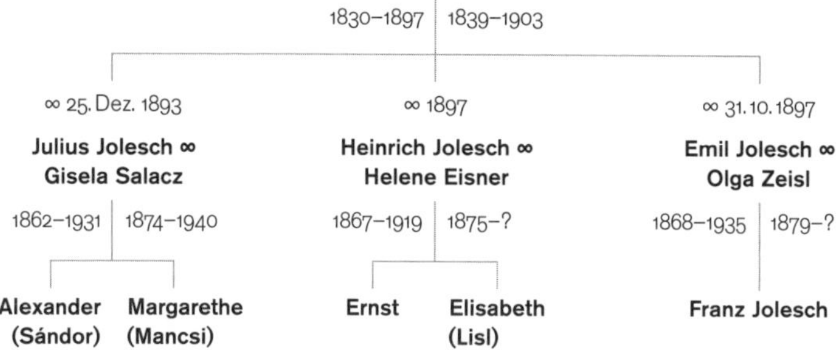

„Hier steht, dass Firmengründer Samuel Jolesch im Jahr 1897 verstorben ist, womit der älteste Sohn Julius zum Zug kam. Er erweiterte den Betrieb um ein Bürogebäude mit einer Wohnung im ersten Stock. Schon nach kurzer Zeit errichtete er ein Gebäude für Handstrickerei und Schneiderei. Zur Firma gehörten auch eine Handstrickerei in Pirnitz und eine Strickerei in Vác, also Waitzen, nördlich von Budapest. Doch Julius Jolesch hat das Unternehmen bald verlassen, womit seine jüngeren Brüder Heinrich und Emil die Leitung übernahmen."

„Seltsam. Warum hat Julius Jolesch das getan?"

„Das wird hier nicht gesagt. Ja, und außerdem erfahren wir, dass Julius Jolesch 1921 das Heimatrecht in Ruzomberok erhalten hat."

„Der Ort heißt auf Deutsch Rosenberg. Ich glaube, dort hat der Textilunternehmer Isidor Mautner eine große Fabrik errichtet. Was steht noch auf der Website?"

„Heinrich Jolesch heiratete im Jahr 1897 Helene Eisner, geboren 1875 in Prag, wohnhaft ebenfalls in Prag. Im Jahr 1898 kam der Sohn Ernst zur Welt und zwei Jahre später die Tochter Elisabeth (Lisl). Der nicht ganz zwei Jahre jüngere Bruder Emil schloss noch im selben Jahr wie Heinrich seine Ehe mit Olga Zeisl, sie ist im Jahr 1879 in Jablonec, also Gablonz, geboren und hatte einen Sohn, Franz, geboren ein Jahr nach der Hochzeit, also 1898."

„Da ist er ja, der berühmte ‚Neffe Franzl'!"

„Beide Brüder, Heinrich und Emil, bekamen 1904 das Heimatrecht in Wiese. Bisher gehörten sie heimatrechtlich zum Geburtsort des Vaters in Tučap (Tučapy) bei Neuhaus in Böhmen. Im Jahr

1910 erklärte der Statthalter in Brünn die Firma zu einem k. k. privilegierten Unternehmen. Damit war das Recht verbunden, den kaiserlichen Adler im Schilde und Siegel in der Firma zu führen. Dann steht hier, dass das Unternehmen während des Ersten Weltkriegs die Armee mit Strickwaren beliefert hat. Es wurde eine größere Anzahl zusätzlicher Strickmaschinen angeschafft. Die Produktion war breit gestreut: Strickjacken, Pullover, Socken für Kinder und Erwachsene, Strümpfe, Winterhauben, Handschuhe und andere Kleidungsstücke. Emil Jolesch hat Geld für die Armen gespendet, für Behinderte und für verwundete Frontsoldaten. Im Jahr 1916 erhielt er eine Auszeichnung des Roten Kreuzes. Im selben Jahr hat Heinrich Jolesch ein Brauhaus in Sobeslau (Soběslav) geerbt. Im ersten Stock gab es eine Strickerei mit 70 Maschinen.

Nach dem Krieg gingen durch den Zerfall der Monarchie wichtige Absatzmärkte verloren. Die Produktion stagnierte, Arbeiter wurden entlassen, andere arbeiteten nur noch drei Tage in der Woche. Hinzu kam, dass 1919 Heinrich Jolesch im Alter von 52 Jahren starb. Da seine Kinder Ernst und Lisl zu jung waren, um in die Geschäftsführung einzutreten, traf die Witwe Helene mit ihrem Schwager Emil eine Vereinbarung, mit der die gesamten Anteile des verstorbenen Heinrich Jolesch gegen eine Abfindung an seinen Bruder Emil übergingen."

„Verstehe. Emil Jolesch war der Vater ‚des Neffen Franzl'".

„Hier steht auch, dass das Unternehmen selbst Strom produziert hat. Eine Francis-Wasserturbine mit einer Leistung von 44 HP, also 44 PS, und eine Dampfmaschine mit einer Leistung von 60 HP versorgten nicht nur den Betrieb, sondern auch den Ort Wiese mit Strom."

„In der zweiten Hälfte der Zwanzigerjahre stieg die Produktion wieder an und die Fabrik hatte 240 Strickmaschinen. Neben den bestehenden Geschäftsfeldern wurden auch Modeartikel wie Blusen und Bademoden produziert. Die Weltwirtschaftskrise ab Herbst 1929 beendete den Aufschwung und traf das Unternehmen schwer. In den folgenden Jahren mussten über drei Viertel der 200 Mitarbeiter die Firma verlassen, für andere gab es Kurzarbeit. Emil Jolesch starb nach langer, schwerer Krankheit am 20. Jänner 1935 in Wien im Alter von 66 Jahren. Er war kurz vor seinem Tod in einem Wiener Spital operiert worden. Emil Jolesch wurde am 23. Jänner auf dem jüdischen Friedhof in Brtnice begraben, das ist Pirnitz – einen Tag nach seiner Schwester Ida, die in Wiese den Arzt Samuel Dubsky geheiratet hatte."

„Das muss ein schwerer Schlag für die Familie gewesen sein."

„Zu diesem Zeitpunkt waren von den acht Kindern Samuels nur noch drei Töchter am Leben: eine in Brünn und zwei in Wien. Es wurde beschlossen, dass Olga Jolesch das angeschlagene Unternehmen gemeinsam mit ihrem Sohn Franz weiterführen sollte. Die genauen Regelungen im Testament, die hier beschrieben werden, sind für mich nicht nachvollziehbar. Jedenfalls steht hier, dass das Unternehmen überschuldet war; Aktiva von 2,7 Millionen Kronen standen Passiva von 3,1 Millionen Kronen gegenüber."

„Das klingt alarmierend. Warum ist Franz nicht alleiniger Geschäftsführer geworden?"

„Kann ich nicht sagen. Jedenfalls wurde das Unternehmen von Olga Jolesch und ihrem Sohn Franz entschuldet. In der zweiten Hälfte der Dreißigerjahre ging die wirtschaftliche Entwicklung wieder nach oben, weil das Heer angesichts erhöhter Kriegsgefahr einen großen Teil der Produktion abnahm. Doch dann, im Jahr 1939, besetzte Hitler auch die ‚Rest-Tschechei'. Franz Jolesch ahnte, dass er in Lebensgefahr war, und ging kurz vor der Besetzung nach Košice, das zu diesem Zeitpunkt wieder zu Ungarn gehörte. Das Werk in Wiese führte nun ein zum ‚Treuhänder' ernannter Mann namens Hugo Popelák aus Iglau. Ende 1940 musste die Familie Jolesch das Unternehmen auf Grundlage der Gesetze für jüdisches Eigentum an den Deutschen Wilhelm Bernhard Bergmann verkaufen, und zwar rückwirkend mit 31. Dezember 1939."

„Steht dort etwas über den Preis?"

„Ja. Es wurde ein Kaufpreis von 1,6 Millionen Kronen vereinbart, doch der Reichsprotektor hat eine Reduktion um 523.000 Kronen verordnet, es war also nicht viel mehr als 1 Million Kronen zu zahlen. Hier steht auch, dass das Unternehmen vor der Übernahme einen Gewinn von fast 550.000 Kronen gemacht hatte, ein Jahr später war es weniger als die Hälfte."

„Das nenne ich einen günstigen Kauf. Wir müssen ja davon ausgehen, dass die Halbierung des Gewinns auf bilanzielle Maßnahmen des neuen Eigentümers zurückzuführen war. Wenn unter normalen Voraussetzungen ein Gewinn von einer halben Million Kronen erzielt wurde, dann hat der neue Eigentümer innerhalb von zwei Jahren aus den Erträgen der Firma den Kaufpreis verdient. Üblicherweise sind die ‚Arisierungen' so vor sich gegangen, dass der Kaufpreis auf ein Sperrkonto kam und der Verkäufer keine Möglichkeit hatte, an das Geld heranzukommen."

Katarina will weiter übersetzen, sie kündigt uns an, dass der Text nun eine tragische Wendung nimmt: „Olga Jolesch, also die Mutter eures ‚Neffen Franzl', zog im November 1940 nach Prag und hoffte, über die ‚Zentralstelle für jüdische Auswanderung' emigrieren zu können. Die Auswanderung kam jedoch nicht zustande, sie wurde am 23. Juli 1942 nach Theresienstadt deportiert und ist ein Opfer der Shoah.

Ihr Sohn Franzl dürfte später in seine Heimat zurückgekehrt sein, hier steht nämlich, dass er im März 1944 nach Buchenwald deportiert wurde. Franz Jolesch hat das Konzentrationslager überlebt. Am Ende des Textes ist der Autor des Beitrags vermerkt: Dr. Vlastimil Svěrák. Ich habe ihn gegoogelt, er ist Archivar im Staatlichen Bezirksarchiv von Iglau."

Diesen Dr. Vlastimil Svěrák müssen wir unbedingt aufsuchen.

Damals war Kaffeehaus noch überall

Ursprünglich sollte es ein Buch über Dr. Hugo Sperber werden, inzwischen ist der sozialdemokratische Rechtsanwalt in den Hintergrund getreten. Die Tante Jolesch, der Neffe Franzl und die anderen Mitglieder der Familie Jolesch stehen im Scheinwerferlicht.

Wenn Sperber aus dem Blickfeld rückt, ist aber auch die Gestaltung des Umschlags zu überdenken. Es wäre nicht sinnvoll, das Buch mit einem Foto Sperbers zu versehen, wie es ursprünglich geplant war.

„Ich glaube, wir sollten das Bild vor allem im Hinblick auf die Atmosphäre auswählen", meint Georg Hasibeder, Programmleiter des Haymon Verlages in einem E-Mail, „ich hielte eine Kaffeehausszene für keine schlechte Wahl – immerhin ist das ein wichtiges Motiv in Torbergs *Die Tante Jolesch* – was denken Sie darüber?"

„Im Arbeitszimmer meiner Frau hängt ein Bild Georg Eislers, vermutlich hat der Maler eine Stimmung im Café Sperl in der Gumpendorfer Straße eingefangen. Ich habe überlegt, dieses Bild in den Text einzubauen, denn der Maler Georg Eisler war ja der Sohn des Komponisten Hanns Eisler, und wir können dadurch den Ehemann von Louise Eisler-Fischer stärker in dem Buch verankern. Aber es wäre auch ein gutes Bild für den Umschlag. "

Man geht an einem Bild in der Wohnung tausende Male vorbei und schaut oberflächlich hin, ohne sich mit den Details zu befassen. Links im Hintergrund sitzen zwei Frauen an einem Kaffeehaustisch und plaudern. Im Vordergrund liest ein Mann eine Zeitung. Man könnte sich vorstellen, dass Gisela Jolesch mit einer Freundin hierher ins Kaffeehaus gegangen ist. Die Frauen in der Industriellenfamilie Jolesch waren keine Hausmütterchen, die Krautfleckerln kochten und nach einer Abendgesellschaft die Wohnung mit den Worten ‚E Gast is e Tier' sauber machten. Dafür hatten sie Personal. Sie gingen gern in die Oper und waren vorher oder nachher im Kaffeehaus.

Die Farbgebung ist ein wichtiges Element der Komposition. Das Innere ist in Brauntönen gehalten – damit wird die anheimelnde Atmosphäre des Kaffeehauses veranschaulicht. Durch die Fenster blickt man in die kalte Außenwelt – hier dominieren Blautöne.

„Georg Eislers Bild gibt natürlich die ‚emanzipierte Kaffeehauskultur' wieder, wie Torberg es nennt, nicht die ‚talmudische Ghettotradition'", schreibe ich dem Programmchef. Torberg hat in seinem Buch eine komplizierte gedankliche Brücke zwischen diesen zwei Welten gebaut, zwischen der westjüdischen und der ostjüdischen: „Selbst die erhabene Gestalt der Tante Jolesch, die niemals in einem Kaffeehaus gesichtet wurde, hat etwas von ihm abbekommen. Man könnte freilich auch sagen, dass das Kaffeehaus etwas von der Tante Jolesch abbekommen hat, daß sie das missing link zwischen talmudischer Ghettotradition und emanzipierter Kaffeehauskultur war, sozusagen die Stammmutter all derer, die im Kaffeehaus den Katalysator und Brennpunkt ihres Daseins gefunden hatten, ob sie's wussten oder nicht, ob sie's wollten oder nicht." [158] Dass Torberg die Begriffe „westjüdisch" und „ostjüdisch" vermeidet, ist verständlich. Dieses komplementäre Begriffspaar wurde um 1900 durch den jüdischen Publizisten Nathan Birnbaum geprägt. Die Nazis verwendeten den Ausdruck „Ostjuden" später diffamierend in ihrer Propaganda.

Louise Eisler-Fischer, die frühere Frau „des Neffen Franzl", hat in ihrem Beitrag im *Tagebuch* darauf hingewiesen, dass es in der mährischen Fabrikantenfamilie, die seit langem in der deutschen Sprachinsel Iglau ansässig war, eine nicht-assimilierte Frau ostjüdischer Herkunft nicht geben konnte.

Dass die eingeheiratete Gisela Jolesch diesem Typus entsprochen hat, ist gleichfalls unwahrscheinlich. Ihr Vater war praktischer Arzt in Budapest, ihre Mutter Fanny Schwarz ist aus dem Judentum ausgetreten und hat sich evangelisch, Augsburger Bekenntnis, taufen lassen. Gisela Jolesch wohnte, wenn ihr Mann in Budapest beruflich zu tun hatte, immer in der teuersten Suite eines exquisiten Donaukai-Hotels.

Bei der Unterscheidung zwischen Westjuden und Ostjuden geht es weniger um die unterschiedliche geografische Herkunft als vielmehr um die soziokulturellen, religiösen und sprachlichen Unterschiede. Als Merkmale des Westjudentums nennt die Wissenschaft eine fortgeschrittene Assimilierung und Urbanisierung. Die jiddische Sprache wurde in diesen Kreisen entweder aufgegeben oder stark an die deutsche Standardsprache angeglichen. Das Ostjudentum wird mit der Ghettoisierung und mit der Lebensform des Schtetl gleichgesetzt, dem Festhalten an der Halacha und der Beibehaltung des Jiddischen – es ist stark durch den Kontakt mit slawischen Sprachen geprägt.

Ist das Wiener Kaffeehaus wirklich untergegangen? Es gibt sie noch immer, die Kaffeehäuser, in denen Robert Menasse, Doron Rabinovici oder Robert Schindel Zeitung lesen und Freunde, Bekannte und Journalisten treffen. Was fehlt, ist der Brennglaseffekt. Heute fluktuiert die Stammkundschaft. Die Schriftsteller und Journalisten vermischen sich nicht mehr mit den Kartenspielern und Schachspielern, es ist alles segmentiert. So betrachtet war das Herrenhof vielleicht doch einmalig – wobei Torberg zwischen dem Café Herrenhof und dem Café de l'Europe einen klaren Trennstrich zieht. Im Herrenhof verkehrten aus seiner Sicht vor allem die Größen des Kulturlebens, während in seinem zweiten Stammlokal, dem Café de l'Europe, die Prostituierten „vom nahegelegenen Nobelstrich auf der Kärntnerstraße und dem weniger noblen auf der Rotenturmstraße" ein und aus gingen. Deswegen dürfe man aber auf das Café de l'Europe nicht herabschauen. „... wer da geringschätzig oder gar verächtlich von Huren spricht, lasse sich gesagt sein, daß ich in diesem Hurencafé zwischen Mitternacht und 4 Uhr früh auf mehr Beweise von Herzenstakt und menschliche

Alexander Lernet-Holenia, Milan Dubrovic und Friedrich Torberg (von links nach rechts), Café Herrenhof, 1961

Sauberkeit gestoßen bin als in sämtlichen von mir frequentierten Kaffeehäusern, und das will was heißen." [159]

In der Tat war auch das Herrenhof „eine Stätte lässiger Promiskuität", wie es Torberg in einem Brief an seinen Freund Peter Heller formulierte.[160] Dem Lebenswandel Torbergs ist das entgegengekommen. Laut Milan Dubrovic – ihm hat Torberg *Die Tante Jolesch* gewidmet – herrschte im Herrenhof-Dunstkreis eine heftige Neigung zu sexueller Freizügigkeit, für die der Psychoanalytiker Otto Gross (1877–1920) eine anarchistisch-antipatriarchalisch gesinnte Basis lieferte. Gross stellte die Frage nach den gesellschaftskritischen Auswirkungen der Psychoanalyse und wurde deshalb aus ihr verdrängt und aus den Annalen gestrichen.

Wer die Berichte von Torbergs Freund Dubrovic liest, der versteht, warum das Café Herrenhof in einem scherzhaften Wortspiel „Café Hurenhof" genannt wurde. Anton Kuh formulierte es in seinem Beitrag „‚Central' und ‚Herrenhof'" vornehmer. „Es ging an jedem Tisch Wichtigstes und Beziehungsvollstes vor, oft unter Begleitung von Kokain –

ja, und an die Stelle des Wortes ‚Verhältnis' war jetzt überhaupt die Vokabel ‚Beziehung' getreten. (...) Ich wollte noch sagen, daß die Frauen im ‚Herrenhof' viel schöner waren als im ‚Central'. Kein Wunder, sie wurden nicht vernachlässigt; sie kiebitzten nicht dem Spiel, sondern bildeten es. Es ging um sie vom Augenblick an, wo sie sich hoffnungs- und übergangsfroh, auf Bestimmungen wartend oder von ihnen ausruhend, hier festgesetzt hatten, bis zu ihrer letzten Zermürbung toll und heiß zu." Das Central sei ein „Asyl männlicher Resignationen" gewesen, das Herrenhof eine „Remise für wartende Frauen".[161]

Vielleicht ist es sinnvoll an dieser Stelle einzuflechten, dass vom Herrenhof eine Bezugslinie zu Franz Kafkas Romanfragment *Das Schloss* führt. Dort spielt ein Teil der Handlung in einem Gasthaus mit dem Namen Herrenhof. Kafkas frühere Freundin Milena Jesenská dürfte Vorbild für die Romanfigur Frieda gewesen sein. Im realen Herrenhof in der Herrengasse pflegte sich Milenas Mann Ernst Polak mit Franz Werfel, Otto Pick, Egon Erwin Kisch und Otto Gross zu treffen.

Julius Jolesch macht Karriere bei Isidor Mautner

Ich gehe zu meinem Bücherberg und schlage nach, was uns Friedrich Torberg über den Ehemann der Tante erzählt. Er ist zum „Neffen Franzl" ein Onkel, also handelt es sich in der Diktion Torbergs um den „Onkel Jolesch".

Torberg schreibt, dass der Onkel Jolesch eine blasse Figur war. „Vom gleichnamigen Onkel weiß die Fama nur wenig zu melden, und selbst dies Wenige verdankt er seiner Frau, der Tante."[162]

An anderer Stelle unterstreicht Torberg noch ausdrücklich die Bedeutungslosigkeit dieses Mannes: „Der Onkel Jolesch war eine Art Prinzgemahl und wäre ohne die gleichnamige Tante [in diesem Buch] gar nicht vorgekommen."[163] Nehmen wir also einmal an, dass Gisela Jolesch, geborene Salacz, die Tante war, dann ist Julius Jolesch der Onkel.

In einem früheren Kapitel haben wir den Bericht eines Iglauer Archivars über das Unternehmen der Familie Jolesch in Wiese analysiert. Dort liest man, dass nach dem Tod von Samuel Jolesch im Jahr 1897 zunächst der älteste Sohn Julius das Unternehmen übernommen hat. Aber schon kurze Zeit später legte er die Geschäfte in die Hände seiner jüngeren Brüder Heinrich und Emil.

Wir rätseln, was da passiert ist. Gab es Streit in der Familie? Fühlte Julius sich in Wiese eingeengt? War er den anderen Familienmitgliedern zu dynamisch?

Erste Hinweise auf seine Karriere liefert der Lehmann, das im Internet abrufbare Adressverzeichnis. Dort ist ein Julius Jolesch als Generaldirektor der „Ungarischen Textilindustrie AG" angeführt – unter der Adresse Wien I., Franz Josefs-Kai 53. Als Präsident dieser Aktiengesellschaft ist Isidor Mautner eingetragen.

Das deutet darauf hin, dass Frau Pór-Kalbeck recht gehabt hat: Julius Jolesch hat für Isidor Mautner gearbeitet – allerdings nicht als Vertreter einer Wiener Niederlassung, sondern als Generaldirektor in einem der wichtigsten Betriebe dieses riesigen Textilkonzerns.

Dem *Compass* entnehmen wir, dass Julius Jolesch außerdem einige Direktions- und Verwaltungsratsposten in anderen Firmen innehatte. Auch die Orden, die im *Compass* vermerkt sind, deuten darauf hin, dass er eine wichtige Persönlichkeit war: Ritter der Eisernen Krone III. Klasse, Ritter des Franz-Joseph-Ordens usw.

Wir schauen uns die Namen der anderen Direktionsmitglieder in der „Ungarischen Textilindustrie AG" an. Zu unserer Überraschung taucht hier „S. Jolesch" auf. Dass der Vorname abgekürzt wurde, war ungewöhnlich. Und im ganzen Stammbaum der Familie Jolesch finden wir keinen Mann, dessen Vorname mit „S" beginnt!

Es gibt aber doch jemanden: Sofie Jolesch, die Mutter von Julius Jolesch.

Zufällig treffe ich Universitätsprofessor Roman Sandgruber bei „Jungmann & Neffe". Er arbeitet gerade an einem Buch mit dem Titel *Traumzeit für Millionäre. Die 929 reichsten Wienerinnen und Wiener im Jahr 1910* und tauscht mit Georg Gaugusch Informationen aus. Ich frage ihn, ob es vorstellbar ist, dass Sofie Jolesch, die Witwe von Samuel Jolesch, Direktionsmitglied in der Firma Isidodor Mautners war.

„Frauen sind extrem selten in solchen Positionen. Das wäre eine echte Sensation. Nicht einmal Amalie Seutter, die nach dem Tod ihres Gatten die Leitung von Seutter & Co. für ihre unmündigen Kinder übernahm und ein Rieseneinkommen versteuerte, finde ich im *Compass*."

Reparatur-Werkstätte: III., Unt. Weissgärberstr. 8—10.

Gebrauchte Wagen werden in Zahlung genommen.

Schmerzerfüllt geben wir die betrübende Nachricht, daß es dem Allmächtigen gefallen hat, unsere teure, innigstgeliebte Mutter, respektive Großmutter, Schwester, Schwägerin und Tante, Frau

Sofie Jolesch geb. Wurmfeld,

Fabrikantenswitwe,

heute um 9 Uhr früh nach längerem, schwerem Leiden in ihrem 63. Lebensjahre in ein besseres Jenseits abzurufen.

Die irdischen Ueberreste der uns Unvergeßlichen werden Sonntag den 15. November 1903 um 1 Uhr nachmittags vom Trauerhause in Wiese auf dem Friedhof in Pirnitz zur ewigen Ruhe bestattet werden.

Wiese, am 12. November 1903.

Julius Jolesch, Berta Podzahradsky, Heinrich Jolesch, Emil Jolesch, Lotte Lauer, Ida Dubsky, Loise Stöckler,

als Kinder.

Adolf Podzahradsky, J. U. Dr. Friedrich Lauer, M. U. Dr. E. Dubsky, Wilhelm Stöckler,

als Schwiegersöhne.

Gisela Jolesch geb. Szalacs, Helene Jolesch geb. Eisner, Olga Jolesch geb. Zeisl,

als Schwiegertöchter.

Sämtliche Enkel.

Turbinen für alle Gefälle und Wassermengen.

Todesanzeige Sofie Jolesch in der *Neuen Freien Presse* vom 13. November 1903

Vielleicht hat diese Firma dem *Compass* bewusst nicht den ganzen Vornamen gemeldet. Frauen durften damals nicht maturieren und waren auch nicht berechtigt, an der Universität zu studieren. Schon deshalb kamen sie selten in Führungspositionen.

Ich versuche meine Theorie zu erhärten und sehe nach, in welchen Jahrgangsbänden „S. Jolesch“ aufscheint. Bis zum Jahr 1902 sind die Angaben über die „Ungarische Textilindustrie AG“ bruchstückhaft und wenig aussagekräftig. In den ausführlichen Eintragungen der Jahre 1903 und 1904 scheint „S. Jolesch“ auf, im Jahr 1905 nicht mehr. Ich werfe einen Blick auf den von Georg Gaugusch aufgestellten Stammbaum der Familie Jolesch: Sofie Jolesch ist am 12. November 1903 im Alter von 63 Jahren verstorben.

Kann es sein, dass ihr Name aus der *Compass*-Ausgabe 1904 nicht mehr gestrichen werden konnte, sondern erst aus der Ausgabe 1905? Derartige Verzögerungen sind im *Compass* keine Seltenheit. Meine vage Vermutung stützt sich jetzt immerhin auf ein solides Indiz. Vielleicht wird irgendwann einmal jemand endgültig klären, ob mit „S. Jolesch“ die Mutter von Julius Jolesch gemeint war.

Wenig später finden wir im Internet den Hinweis auf ein Werk mit dem Titel *Ungarische Textilindustrie Actiengesellschaft. Geschichte ihrer Gründung und Entwicklung dargestellt anläßlich des 50-jähr. Geschäftsjubiläums ihres Begründers und Präsidenten des Herrn Isidor Mautner*. Wolfgang vermutet, dass es in der Bibliothek der Wirtschaftskammer aufliegt.

Zwei Tage später ruft er mich an: „Ich habe gerade das Buch durchgeblättert, es ist eine beeindruckende Firmengeschichte. Jetzt haben wir auch ein Foto von Julius Jolesch, wir wissen, wie er ausgesehen hat! Ich werde die Festschrift mit der Digitalkamera fotografieren."

Meine Neugierde wird erst am nächsten Tag gestillt. Wolfgang bringt das fotografierte Material und wir drucken es aus.

Wir erfahren, dass Isidor Mautner im Jahr 1894 beschlossen hat, in Ungarn eine große Baumwollspinnerei und Weberei mit den erforderlichen Nebenbetrieben zu errichten. Als Standort wählte er ein Areal in der Nähe von Rosenberg (ungarisch Rozsahegy, slowakisch Ružomberok), ein zwischen dem Fluss Waag (ungarisch Vág, slowakisch Váh) und der Bahn gelegenes ebenes Terrain. Er hoffte, dass „die unter den primitivsten Bedingungen lebende Bevölkerung gern die Gelegenheit ergreifen würde, durch regelmäßige gut entlohnte Beschäftigung in der Industrie ihre Existenzbedingungen zu verbessern."

Mit einem Stammkapital von 1.500.000 Gulden gründete Isidor Mautner die „Ungarische Textilindustrie-Actiengesellschaft" (Magyar Textilipar r. t.). Noch ehe die Fabrik in Betrieb ging, wurde in einem kleinen hölzernen Gebäude eine Webschule mit 40 Webstühlen in Betrieb genommen. „Im darauffolgenden Jahre kam die Spinnerei 1 mit 26.000 Spindeln, die Weberei 1 mit 250 Webstühlen in Betrieb." Doch die Anfangsschwierigkeiten waren ungeheuer. „Viel länger als man annehmen durfte, brauchte es, um die Bevölkerung an ein geregeltes Arbeiten zu gewöhnen. Mit großen Kosten wurden Ortsansässige ausgebildet und fremde Arbeiter herangezogen. Immer wieder verließen sie die Fabriksarbeit, um der gewohnten, wenn auch viel schwereren und schlechter entlohnten Tätigkeit als Flößer, Holzhauer und Bauernknechte nachzugehen."

Schönfärberisch geht es in der Festschrift weiter. „Isidor Mautner verlor keinen Augenblick das Vertrauen in die Zukunft seiner Schöp-

Arbeiterspeisesaal in Rosenberg, aus der Festschrift „Ungarische Textilindustrie AG“

fung und war nur darauf bedacht, das Unternehmen auszugestalten und zu festigen. Im Jahre 1898 gewann er in der Person des Herrn Julius Jolesch, der als Generaldirektor in die Gesellschaft eintrat, einen fachkundigen und hingebungsvollen Mitarbeiter.“ Mautner dürfte Julius Jolesch von dessen Tätigkeit als Leiter des Familienbetriebs in Vác (Waitzen), nördlich von Budapest, gekannt haben. Mit ziemlicher Sicherheit sprach Julius Jolesch recht gut ungarisch, seine Frau Gisela war Ungarin, sie ist in Großwardein geboren. Nach seinem Eintritt bei Mautner wurde die kommerzielle Leitung, die sich bisher in Budapest befand, mit der technischen Leitung in Rosenberg vereinigt.

„Die größte Aufmerksamkeit wurde nach wie vor der Arbeiterfrage zugewandt und nichts gescheut, um die Lebensbedingungen der Arbeiter zu verbessern“, heißt es weiter in der Jubiläumsschrift. „Mit großen finanziellen Opfern wurden Arbeiterhäuser und Schlafsäle errichtet und eine eigene Bäckerei, Fleischerei, Selcherei, ein Konsumverein und eine Arbeiterküche gegründet.“

Dennoch ist es nicht gelungen, zuverlässige Arbeitskräfte an das Unternehmen zu binden. „Um diese Zeit wurde es bekannt, daß in

Julius Jolesch, Portrait in der Festschrift der „Ungarischen Textilindustrie AG“

Amerika ein neues System automatischer Webstühle erfunden worden war, welches es ermöglichte, daß ein Arbeiter statt wie bisher 1 bis 2 Stühle 15 bis 20 Stühle bedienen könnte.“ Wir erfahren, dass Isidor Mautner seinen Generaldirektor Julius Jolesch nach Amerika sandte, um die Erfindung zu studieren und, falls die Resultate entsprächen, das Patent für die Northropwebstühle zu erwerben.

Jolesch erwarb tatsächlich von der Draper Comp. in Hopedale, Massachusetts, die Patentrechte für Ungarn, Österreich und Norddeutschland. Auf Empfehlung von Generaldirektor Jolesch wurde beschlossen, die Webstühle selbst zu bauen. Mautner gründete die ‚Ungarisch-Amerikanische Northrop Webstuhl- und Textilfabrik AG‘. Auf Rechnung dieser Gesellschaft wurden die Webstühle zunächst in einer Maschinenfabrik in Budapest gebaut, eine eigene Weberei wurde in Pestszentlörincz bei Budapest errichtet.

Im Jahr 1904 erwarb die „Ungarische Textilindustrie AG“ sämtliche Aktien der Northropgesellschaft. Gleichzeitig wurde die Erzeugung der Webstühle in einer zu diesem Zweck in Rosenberg errichteten Eisengießerei und Maschinenfabrik aufgenommen. Bei Erscheinen

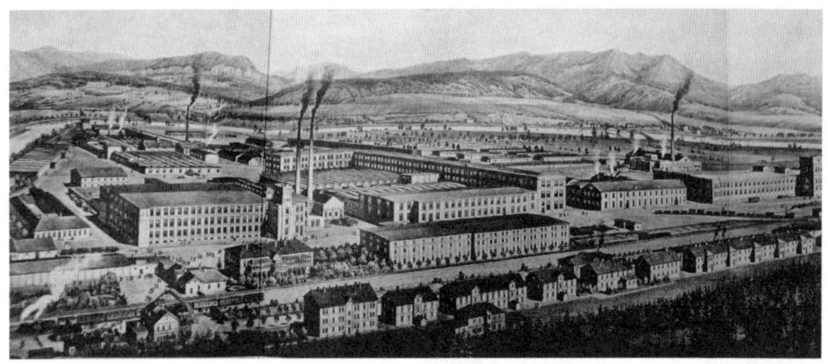

Die Fabriksanlagen in Rosenberg, ausklappbares Bild aus der Festschrift

der Festschrift hatte diese Fabrik bereits 4.000 Webstühle erzeugt. Durch Zubauten und Neubauten wurden die Spinnereien auf 100.000 Spindeln und die Webereianlage auf 2.400 Webstühle gebracht. Um die Abfälle besser zu verwerten, wurde eine Vigogne- und Abfallspinnerei mit 3.600 Spindeln errichtet. Wenn es um Maschinen geht, ist die Festschrift ungemein präzise. Hingegen gibt es keinerlei Angaben über die Zahl der Arbeitskräfte.

„In die Jahre 1904 bis 1906 fällt die Einrichtung des elektrischen Antriebes in der gesamten Anlage. (...) Die elektrische Kraftzentrale besteht aus 8 Kesseln mit 3.000 Quadratmeter Heizfläche und zwei Dampfturbinen, die zusammen 13.000 HP zu entwickeln imstande sind.“ Auch die Stadt Rosenberg wird von der elektrischen Zentrale der Fabrik mit Beleuchtung und Energie versorgt.

Der Erste Weltkrieg schien das Erreichte in Frage zu stellen, wir können davon ausgehen, dass Julius Jolesch in schlaflosen Nächten einen Ausweg aus der misslichen Lage gesucht hat. „Das Vordringen der russischen Armee und die von England eingeleitete Sperre aller Rohmaterialbezüge ließen die Möglichkeit eines Weiterbetriebes zweifelhaft erscheinen. (...) Den englischen Maßregeln zum Trotz gelang es bis zum Ausbruch des Krieges mit Italien genügend Baumwolle aus Amerika zu beschaffen, um die Fabrik, die sich nunmehr ausschließlich auf die Erzeugung von Waren für die Ausrüstung der Armee konzentrierte, in vollem Betriebe zu erhalten.“

In der Festschrift wird keine Möglichkeit ausgelassen, Isidor Mautners Rolle zu würdigen. In der Realität wird er sich wohl auf die Vorschläge seinen Generaldirektors verlassen haben: „Als durch den Eintritt Italiens in das Lager unserer Feinde und durch die auf englischen Druck von allen neutralen Ländern erlassenen Ausfuhrverbote für Baumwolle der Bezug des Rohmaterials unmöglich wurde, war es wieder Isidor Mautner, der unter den ersten die Notwendigkeit der Schaffung eines Ersatzstoffes erkannte. Ende 1915 begann er mit der versuchsweisen Erzeugung von Papiergarn und Papierspagat." Stoffe aus dem Rohmaterial Papier dienten in Kriegszeiten und Nachkriegszeiten als Ersatz für herkömmliche Materialien, waren aber unelastisch, hart und schlecht zu reinigen.

Nach dem Zerfall der Monarchie hatte das Firmenimperium des Isidor Mautner – es war 1912 unter der Holding „Vereinigte Österreichische Textil-Industrie Mautner Aktiengesellschaft" zusammengefasst worden – schwer zu kämpfen. In der Weltwirtschaftskrise zerbrach das Wirtschaftsimperium. Isidor Mautner starb 1930. Zuvor musste er noch das Geymüllerschlössel in Pötzleinsdorf, die „Villa Mautner", an die Nationalbank verpfänden. Dort hatte seine Frau häufig Künstler zu Abendgesellschaften eingeladen. Ein Jahr später verstarb auch Julius Jolesch.

Zur Unternehmensgruppe Mautner gehörte zuletzt auch die Textilfabrik Marienthal in der Marktgemeinde Gramatneusiedl. Nach ihrer Schließung im Jahr 1933 erreichte Marienthal durch die bahnbrechende sozialpsychologische Studie *Die Arbeitslosen von Marienthal* internationale Bekanntheit. Ich suche den Suhrkamp-Band in meiner Bücherwand, die Studie ist die ideale Gegeninformation zur Jubiläumsschrift des Isidor Mautner. Hier erfahren wir alles über die Arbeitssituation in einer Textilfabrik der damaligen Zeit. In den Fabrikshallen herrschte ein ohrenbetäubender Lärm, durch die starke Staubentwicklung litten viele Arbeiter an Erkrankungen der Bronchien und der Lunge. Auch sonst ging man mit den Arbeitern nicht gerade zimperlich um: „Als es im Jahre 1890 in Marienthal zum ersten Lohnstreik kam, wurde er mit Militärhilfe niedergeschlagen. Sechs Wochen hindurch blieben damals die kaiserlichen Dragoner in Marienthal einquartiert. (...) Im Jahr 1925 wurde der Fabrik ein Neubau angegliedert, der einen Maschinenraum enthielt. Im selben Jahr beteiligte sich die ganze Belegschaft an dem großen österreichischen Textilarbeiterstreik.“ [164]

Wie in Rosenberg gab es auch in Marienthal eine eigene Infrastruktur: ein Fabriksgasthaus, ein Kino, zwei Pferdefleischhauer, einen Zuckerbäcker, einen Gemischtwarenhändler und einen Friseur. Als die Weltwirtschaftskrise zur Stilllegung des Betriebes führte, mussten die Arbeiter die Maschinen demontieren.

Die früheren Beschäftigen wohnten weiter in ihren Werkswohnungen, einige sahen vom Fenster aus auf die Industrieruinen.

Auf Anregung Otto Bauers hatten Marie Jahoda, Paul Felix Lazarsfeld und Hans Zeisl in einer Studie die Auswirkungen von Massenarbeitslosigkeit erforscht. Um Zugang zu den Menschen in Marienthal zu gewinnen, hatten die Autoren in Marienthal auch Kleidersammlungen, ärztliche Sprechstunden, Erziehungsberatungen sowie Turn- und Zeichenkurse durchgeführt. Sie wollten durch teilnehmende Beobachtung Informationen über die Lebenssituation der Arbeitslosen gewinnen, wobei sie qualitative und quantitative Methoden kombinierten. Die Studie zeigt, dass Langzeitarbeitslosigkeit nicht zur Revolte, sondern zu Resignation führt.

Paul Felix Lazarsfeld, der später weltberühmte Sozialforscher, war der Sohn des Rechtsanwaltes Robert Lazarsfeld und der Individualpsychologin Sophie Lazarsfeld. Marie Jahoda war Paul Felix Lazarsfelds Frau. Sie engagierte sich seit ihrer Jugend für die Arbeiterbewegung.

Hugo Sperber muss wohl ein guter Bekannter dieser Familie gewesen sein. Wir erinnern uns: Sperber koordinierte sich im Februar 1934 mit seinem Rechtsanwaltskollegen Robert Lazarsfeld, um angeklagte Schutzbündler vor dem Galgen zu bewahren. Als Lazarsfelds Schwiegersohn festgenommen wurde, bemühten sich die zwei Rechtsanwälte um dessen Freilassung. Außerdem brachte Sperber sein Buch *Todesgedanke und Lebensgestaltung* in jenem Verlag heraus, in dem auch Sophie Lazarsfeld publizierte. Alle drei waren Sozialdemokraten und Anhänger der Individualpsychologie Alfred Adlers.

Sperber wird wohl auch den Sohn und die Schwiegertochter des mit ihm befreundeten Ehepaars gekannt haben, nämlich Paul Felix Lazarsfeld und Marie Jahoda.

Arbeitslose in Marienthal, Foto von Hans Zeisl, 1931

Paul Lazarsfeld und Marie Jahoda werden wiederum gewusst haben, dass Julius Jolesch der wichtigste Generaldirektor im Imperium des Isidor Mautner war. Der Industriekomplex in Rosenberg war schließlich das Kernstück der Holding „Vereinigte Österreichische Textil-Industrie Mautner Aktiengesellschaft".

Ich frage mich, ob nicht zwischen Olga Zeisl, der Mutter „des Neffen Franzl", und Hans Zeisl, dem Mitautor der *Arbeitslosen von Marienthal*, eine Verbindung bestand. Beide Familien stammten aus Böhmen, Olga Zeisl aus Gablonz, Hans Zeisl aus Kaaden (Kadaň) im Bezirk Komotau (Chomutov). Dass beide Familien in der Emigration ein „e" in ihren Namen eingefügt haben, ist einsichtig: Amerikaner tun sich mit Zeisl schwer, Zeisel kommt ihnen leichter von den Lippen.

Die Suhrkamp-Ausgabe *Die Arbeitslosen von Marienthal* enthält keine detaillierten biografischen Angaben über Hans Zeisl. Das im Internet abrufbare „Archiv für die Geschichte der Soziologie in Österreich",[165] zusammengestellt von Prof. Reinhard Müller, befasst sich hingegen ausführlich mit diesem Wissenschaftler.

Hans Zeisl war der Sohn des Rechtsanwalts Otto Zeisl und dessen Ehefrau Elsa, geborene Frank. Hans Zeisl hatte eine Schwester mit dem Namen Ilse. Auch sie hat den Familiennamen um einen Buchstaben vermehrt. Jetzt wissen wir also, wer jene Ilse Zeisel war, die Friedrich Torberg im Jahr 1975 Anekdoten vom Franzl geschickt hat. Und wir wissen auch, wen Torberg gemeint hat, als er Ilse bat, „dem Hans" Grüße auszurichten.

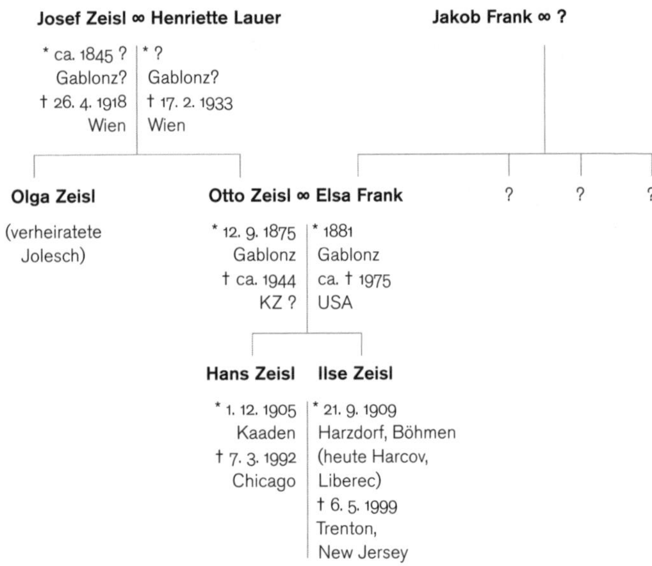

Hans Zeisl promovierte 1927 an der Universität Wien zum Doktor der Rechte und 1928 zum Doktor der Staatswissenschaften. Während des Studiums trat er der Sozialdemokratischen Partei bei und war Sportreporter der *Arbeiter-Zeitung*.

Zunächst arbeitete er in der Rechtsanwaltskanzlei seines Vaters, seit Oktober 1931 war er Leitender Sekretär und vom September 1933 bis Jänner 1935 interimistischer Leiter der „Österreichischen Wirtschaftspsychologischen Forschungsstelle" in Wien. In diese Zeit fällt auch seine Mitarbeit an der Marienthal-Studie, für die der damals Sechsundzwanzigjährige vor allem als Fotograf arbeitete, außerdem verfasste er den soziographischen Anhang. Er war es auch, der seine Schwester Ilse Zeisl ins Marienthal-Projektteam brachte. 1935 wurde Hans Zeisl Konsulent und Marktforscher der tschechoslowakischen Schuhfirma „Bata" in Zlín (Jihormoravský Kraj). Vermutlich hat Zeisl in Österreich nach dem Februar 1934 keine Aufträge mehr bekommen, den Kontakt zur Firma „Bata" könnte ein Mitglied der Familie Jolesch hergestellt haben. Von 1936 bis 1938 arbeitete Hans Zeisl als Rechtsanwalt mit eigener Kanzlei in Wien.

Anfang 1938 heiratete er die aus Budapest stammende Keramikerin und Industriedesignerin Eva Amalia Striker.

Im März 1938 emigrierten Eva und Hans Zeisl nach London, einige Monate später weiter in die Vereinigten Staaten, wo Hans Zeisl 1944 US-amerikanischer Staatsbürger wurde. Er arbeitete zunächst für Paul Felix Lazarsfeld und war später Angestellter der Werbeagentur „McCann-Erickson" in New York. Im Jahr 1953 übersiedelte er nach Chicago (Illinois), wo er Professor of Statistics, Law and Sociology an der University of Chicago School of Law wurde.

Nachdem ich diese biografischen Angaben gelesen habe, gehe ich zu meinem Bücherberg und suche in dem Buch *Advokaten 1938* den Buchstaben Z. Ich finde einen Vermerk zu Dr. Hans Zeisl, geboren am 1. Dezember 1905 in Kaaden (Kadaň) in Böhmen, gestorben am 7. März 1992.

Gleich darunter stehen die Angaben zu seinem Vater Dr. Otto Zeisl. Er ist am 12. September 1875 in Gablonz (Jablonec) in Böhmen geboren. Er promovierte 1902 in Prag und eröffnete später in Wien eine eigene Rechtsanwaltskanzlei.

Nach dem „Anschluss" wurde Dr. Otto Zeisl am 3. Jänner 1939 aus der Kartei der Rechtsanwaltskammer gelöscht. Er meldete sich einige Tage später nach Iglau ab. „Weiteres Schicksal unbekannt", steht in dem Buch. Inzwischen kennen wir sein Todesjahr, 1944, und befürchten Schlimmes.

Weitere genealogische Recherchen bestätigen diese Befürchtungen. Otto Zeisl war der Bruder von Olga Jolesch, geborene Zeisl und Mutter von Franz Jolesch.

Es muss so gewesen sein: Otto Zeisl übersiedelte im Jänner 1939 zu seiner Schwester nach Wiese bei Iglau und folgte ihr im November

1940 nach Prag, mit der Absicht, über die „Zentralstelle für jüdische Auswanderung" zu emigrieren. Offensichtlich ist beiden die Emigration nicht geglückt. Sie wurden deportiert und ermordet.

In der weit verzweigten Familie Jolesch gab es also nicht nur Textilindustrielle, sondern mit Ilse und Hans Zeisl auch Sozialwissenschaftler, die sich nach dem Zusammenbruch der Textilindustrie mit dem Schicksal der Arbeitslosen befassten. Es wäre reizvoll, sich die Handlung eines Romans mit den Mitgliedern der Familie Jolesch und der Familie Mautner auszudenken, interessante Nebenfiguren wären die Rechtsanwälte Hugo Sperber, Robert Lazarsfeld und Otto Zeisl, außerdem die Sozialwissenschaftler Paul Felix Lazarsfeld und Hans Zeis(e)l. Es wären die österreichischen Buddenbrooks.

Mit Hugo Sperber am Kartentisch

Das Buch *Die Tante Jolesch* ist auch deswegen so populär geworden, weil es herrliche Anekdoten aus dem Kartenspielermilieu enthält. Jedes Kartenspiel ist mit bestimmten Orten verknüpft. Schnapsen wurde meist in Gasthäusern gespielt, Bridge vor allem in Clubs, Tarock und Tarteln in Kaffeehäusern.

Es stellt sich die Frage, ob heute Tarock und Tarteln – das sind jene Spiele, die im Café Herrenhof praktiziert wurden – überhaupt noch in einem nennenswerten Umfang gespielt werden. Tarock hat „den Untergang des Abendlandes" überlebt, Tarteln ist so gut wie ausgestorben. Ich stoße immer wieder auf ältere Spieler, die sagen: „Na klar, Tarteln kenn ich. Es ist ein Spiel für zwei Personen. Aber ich spiel's nicht mehr." Das Tarteln ist verwandt mit Klaberjass und mit Zensern, letzteres wird noch in geringem Umfang gespielt.

Die meisten Wiener Kaffeehäuser haben die Spieltische weggeräumt – zu wenig Umsatz. Sie wollen keine Sperbers, Gäste, die gedrängt werden müssen, etwas zu bestellen, und dann stundenlang bei einem kleinen Mocca sitzen. Fluktuation ist gefragt, sie bringt Umsatz.

Damals hielten die Kaffeehäuser für die Gäste Spielkarten bereit, auch das gibt es nicht mehr. Hugo Sperber besaß noch die Chuzpe, ein zweites Kartenpaket als Reserve zu verlangen. Außerdem sperren heute Kaffeehäuser um 24 oder 23 Uhr, manche sogar um 22 Uhr – viel zu früh für leidenschaftliche Kartenspieler.

Jedes Kartenspiel hat eine eigene Sprache. Kreative Spieler schmücken die routinemäßigen Ansagen blumig aus oder verballhornen sie bis zur Unkenntlichkeit.

In der Ausgabe des linksliberalen Blattes *Der Tag* vom 10. April 1923 erschien auf Seite 2 ein Artikel mit einem Dialog aus einem Wiener Kaffeehaus, vermutlich aus dem Herrenhof oder aus dem Café de l'Europe. In der Einleitung wird Sperber nicht als Rechtsanwalt, sondern als Rechtsgelehrter bezeichnet – zu diesem Zeitpunkt hatte er seine zwei Bücher mit individualpsychologischem Inhalt noch nicht verfasst, er stand aber trotzdem bereits damals in dem Ruf, ein Rechtstheoretiker zu sein.

Im Tartelspiel – Torberg schreibt Dardel, wie der Name des Spiels in Wien ausgesprochen wird – geht es in erster Linie darum, Kartenkombinationen im Blatt möglichst effizient anzusagen, in zweiter Linie um die Punkte in den Stichen. Unter, Ober und König in einer Farbe sind beispielsweise eine „Terz bis zum König" – die höchste Karte der Kombination wird gemeldet. Hugo Sperber bezeichnet allerdings eine Terz als „Dardl", eine Quart als „Quardl" eine Quint als „Fuß", „Fießchen" oder „Poda" (altgr.) und eine Sext als „sechstes Gebein".

Hier der Text aus *Der Tag*, eine Zeitung, die sich an das liberale Bürgertum wandte und zu diesem Zeitpunkt erst ein paar Monate alt war:

„Der Rechtsgelehrte Dr. Sperber und der Dichter Perutz bilden eine im Kreise des Wiener literarischen Nachwuchses seit Jahren berühmte Tartlpartie. Die nachfolgenden Aufzeichnungen dienen dem Zweck, den etwas engen Kreis dieses Ruhmes zu erweitern.

Dr. Sperber (mischt die Karten): ‚Aber bitte ohne Wunder!'

Perutz: ‚Mir ist noch kein Klient freigesprochen worden.'

Dr. Sperber (hat ausgeteilt): ‚Er jammert nicht; das ist schon sehr bedenklich, um nicht zu sagen: finster und bitter.'

Perutz: ‚I have a dardl.'

Dr. Sperber: ‚Name, Stand, Charakter?'

Perutz: ‚Bis zum Schober in Ell.'

Dr. Sperber: ‚Möge es Ihnen zum Hals heraushängen ... Grinzener! Besser als zehn Grüner.' (Greift plötzlich nach dem Magen, rasch ab, kehrt aber aus der Mitte des Spielzimmers zum Kartentisch zurück und steckt sein liegengelassenes Geld ein. Erklärend:) ‚Es ist nicht etwa Prinzip, bloß Mißtrauen.‘ (Enteilt)

Perutz (entwirft den Plan zu einem historischen Roman aus dem spanischen Erbfolgekrieg. Nach Dr. Sperbers Rückkehr): ‚Ich habe der Dardl zweie und glaube an Liebe und Treue.‘

Dr. Sperber: ‚Jetzt werden Sie zerspringen, womit Sie übrigens Ihren Leserkreis schön längst hätten erfreuen sollen: Schlecht! Ich habe das sogenannte absolute, kantische Dardl bis zum Aß in Arthur mit der Bella.‘

Perutz: ‚Zeigen!‘

Dr. Sperber: ‚Gezeigt wird in ‚Tristan und Isolde‘ ... Ich habe einen Eichensibbler‘ (spielt aus), ‚Beweis Lokalaugenschein.‘

Perutz: ‚Ich habe der Dardl zweie ...‘

Dr. Sperber: ‚Schlecht! Ich habe ein Quardl bis zum Aß in Arthur ...‘

Perutz: ‚Ich habe der Dardl zweie‘ (notiert) ‚und glaube ...‘

Dr. Sperber: ‚Bedauernswerter! Lecken Sie die zwei Dardln aus ... Hoher Gerichtshof! Meine Herren Geschworenen! Fuß! Ich habe ein süßes Fießchen bis zum Aß in Arthur. Legen Sie ab die menschliche Gestalt. Es kann Ihnen nicht schwerfallen. ‘

Perutz: ‚Ablegen tut man einen Zylinder ... Wieviel Pujens haben Sie?‘

Dr. Sperber: ‚Genug, damit Sie zerspringen! In der Partie werden Sie auf keinen grünen Resultat kommen.‘

Perutz: ‚Ich habe der Dardl zweie ...‘

Dr. Sperber: ‚Fuß! Bis zum König in Arthur. Besser als ein Roman aus dem siebzehnten Jahrhundert.‘

Perutz: ‚Ich habe der Dardl zweie ...‘

Dr. Sperber (mit hohler Stimme): ‚Ein sechstes Gebein! ... Hundert, zweihundert, dreihundert, vierhundertzehn ... Kein wirtschaftlich voll ausgenutztes sechstes Gebein, aber es dürfte genügen. Lieber Perutz, wie sagt ein wirklicher Dichter so schön? Mitten wir im Leben sind von Tode umfangen. Sind sie schon zersprungen?‘

Perutz (wirft die Karten hin): ‚Sie haben vier Pujens zu viel aufgeschrieben. Ablesen!‘ (Es wird frisch geteilt.)“ [166]

Auch ohne Kenntnis der Regeln kann man sich über den Sprachcode amüsieren, der mit Perlen der humanistischen Bildung verbrämt ist. „Ich habe der Dardl zweie und glaube an Liebe und Treue“ ist entlehnt aus Schillers *Die Bürgschaft*. Im Original lautet das Zitat: „Er schlachte der Opfer zweie / Und glaube an Liebe und Treue!" „Gezeigt wird in Tristan und Isolde" spielt vermutlich darauf an, dass der König das Liebesverhältnis der beiden aufdeckt. Manche Kartenspielbegriffe werden bis zur Unkenntlichkeit verballhornt: Der König in Atout, also der König in der Trumpffarbe, wird aufgrund der lautlichen Ähnlichkeit als „König in Arthur" angesagt, was an die Artus-Sage erinnert. „Schober in Ell" ist eine Silbenvertauschung, gemeint ist die Karte Schell-Ober. Das „kantische Dardl bis zum Aß in Arthur mit der Bella" ist die höchste aller Terzen, sie umfasst Ober, König und Ass in Atout. In dieser Terz ist auch die Bella oder Béla enthalten, das sind Ober und König in Atout, was zusätzliche Punkte bringt. „Mitten im Leben sind wir vom Tode umfangen" ist die Übersetzung von „Media vita in morte sumus". Der Satz steht für die Vanitas, also für den Vergänglichkeitsgedanken, der speziell die Zeit des Barock geprägt hat.

Als Torberg *Die Tante Jolesch* schrieb, scheint ihm der Zeitungsartikel aus „Der Tag" nicht vorgelegen zu sein. In einem der Briefe, ich weiß nicht mehr, in welchem, schreibt Torberg, dass er einmal den Dialog einer Partie Tarteln zwischen Sperber und Elbogen mitgeschrieben, aber den Zettel verloren habe.

Den auf Gustav Grüner gemünzten Spruch „Grinzener! Besser als zehn Grüner!" (Grün-Zehner! Besser als zehn Grüner) hat Torberg vermutlich als Kiebitz im Café Herrenhof gehört. Außerdem hat ihm Frisch eine ähnliche Variante zugetragen: „Besser Grien-Siebener als sieben Griener!"

Der Spruch findet sich nicht in dem für Sperber reservierten Kapitel „Räuber, Mörder, Kindsverderber", sondern in dem Abschnitt „Kaffeehaus ist überall", wo von Gustav Grüner die Rede ist. Dieser stand laut Torberg „bei Karl Kraus aus mehreren Gründen in Gunst, nicht zuletzt als Bruder des im Ersten Weltkrieg gefallenen Lyrikers Franz Grüner, den Kraus sehr geschätzt hatte." Torberg zitiert Grüner mit einer Reihe origineller Sprüche: „Ein anständiger Gast stellt beim Verlassen des Kaffeehauses seinen Sessel selbst auf den Tisch", „Frühling ist, wenn die Tür in die Herrengasse aufgemacht wird" und einige mehr.[167]

Das Kartenspiel Tarock wurde Mitte der 1420er Jahre in Italien erfunden. Es erlebte eine Hochblüte in der Habsburgermonarchie und wurde auch von vielen Juden gespielt. Sperber spielte lange Zeit mit Elbogen, Dietrichstein und bis 1928 mit Perutz – nach dem Tod seiner Frau spielte dieser nur noch selten Karten.

Auf die Frage „Wie lange spielen wir?", pflegte Sperber zu sagen: „Bis zum Eintreten der Schüler." [168] Torberg kann sich diese Redewendung zunächst nicht erklären. Wochen später teilt er Frisch mit, dass er in der Haggada fündig geworden sei.

Die Haggada ist ein meist reich bebildertes Büchlein, aus dem in frommen jüdischen Familien am Vorabend des Pessachfestes vorgelesen wird. Dem Text zufolge fanden sich am Pessachabend mehrere Rabbinen zusammen und besprachen sich über den Auszug aus Ägypten die ganze Nacht hindurch – bis ihre Schüler kamen und ihnen sagten: „Es ist ja schon Zeit für das Morgengebet." Sperbers Phrase „bis zum Eintreten der Schüler" bedeutet also „bis in den Morgen hinein".

Beim Ausspielen einer Karte der Farbe Treff sagte Sperber die spieltechnisch belanglosen Worte „Trefe, der Gerichtsdiener". Hier wird eine falsche Fährte zu hebräisch *trefe* (= unrein) gelegt. In der Tat zitierte Sperber aus einem gerichtlichen Verordnungsblatt: „Träfe der Gerichtsdiener den Beklagten nicht zu Hause an, so ist ein diesbezügliches Benachrichtigungsformular zu hinterlassen."

Nonsens-Sprüche dieser Art scheinen beim Tarock im Herrenhof und in den anderen Kaffeehäusern üblich gewesen zu sein. In *Die Tante Jolesch* erfahren wir, dass Sperber beim Spielen eines Karo-Buben „Caróbua, eine brasilianische Heilpflanze" murmelte, beim Spielen eines Zehners „Dahastazena, das indische Volksmärchen" und beim Spielen eines Achters „Chabanachta, der phönikische Unterfeldherr". [169]

Im Briefwechsel mit Torberg beansprucht Frisch den „Caróbua" für sich. „Von mir ist auch Hastanasi, ein Mönch vom Berge Athos, Zena Beg, der albanische Gesandte in Prag (er hieß wirklich so), Carosima Wagner (Caro Siebener natürlich)." [170] Diese Bezeichnung ist wohl eine Anspielung auf Cosima Wagner, die zweite Ehefrau von Richard Wagner.

Sperber scheint von Frisch einige Sprüche übernommen zu haben, Torberg schreibt auch diese in seiner Anekdotensammlung Sperber zu – aus erzählerischen Gründen. Hätte er die Sprüche jeweils korrekt zugeordnet, wäre der Lesefluss gestört worden.

Torberg und Frisch sind sich nicht einig, wie die Qualität der Sprüche zu beurteilen ist. „Die Lanze (...), die Sie für Sperbers Originalität einlegen, macht Ihnen alle Ehre: sie ist ebenso pietätvoll wie unrichtig", schreibt Frisch. „Sperber hat vielfach fremde Aussprüche (u. a. auch die meinen) zitiert, sie sozusagen anerkannt und adoptiert. Und geistvoll waren *alle* Aussprüche auch nicht, da es ja vielfach nur rhythmische Assoziationen waren (Pick Kaval, ein Tier zum Scherz). Wenn Sperber aber seinen guten Tag hatte, dann gab es ein Feuerwerk!"

Torberg antwortet: „Mit Ihrer Bemerkung über die Stereotypie der Sperberschen Aussprüche haben Sie natürlich vollkommen recht. Es muß indessen einer späteren Untersuchung vorbehalten bleiben, ob es sich da um einen Defekt oder um eine Qualität gehandelt hat. Keinesfalls würde ich sie jener festgefahrenen Biertisch-Phraseologie gleichsetzen, von der sich die Ideenarmut des Spießers ihr humoriges Mäntelchen erborgte. Denn erstens waren es ursprünglich doch immer Sperbers eigene Einfälle, zweitens hat er seine Fähigkeit zum witzigen Apropos hundertfach bewiesen, und drittens waren seine Wendungen, ob improvisiert oder zitiert, doch immer viel zu gehalt- und anspruchsvoll, um jemals zur leeren Phrase erstarren zu können. Und von allem anderen ganz abgesehen: mit den Worten ‚Ziehen wir blökend heimwärts' zum Aufbruch zu mahnen, ist komischer als das zumeist von israelitischen Wagnerianern zu gleichem Behuf gebrauchte Zitat: ‚Erhebe dich, Genossin meiner Schmach'".[171]

Man blödelte noch auf Lateinisch und Griechisch

Wie kam Hugo Sperber zu dieser umfassenden humanistischen Bildung, die er nicht nur am Kartentisch, sondern auch im Gerichtssaal aufblitzen ließ?

Sperber stammte aus einer wohlhabenden Familie. Der Vater Jacob war Fabrikant, Onkel Wilhelm Arzt und sein Vormund Georg Lewy Direktor der „Albert-Hahn-Röhrenwalzwerke" in Wien. Sein Onkel

Berthold Sommer leitete die „Schuckert“-Werke in Pressburg. Es war Geld vorhanden, und Reichtum ging damals Hand in Hand mit Bildung.

Leider wissen wir nichts über Sperbers Volksschulzeit, wir sind auf Vermutungen angewiesen. Es ist anzunehmen, dass Sperber eine Volksschule in der Nähe der elterlichen Wohnung besucht hat. Aus seinem Geburtsdatum 26. November 1885 ergibt sich, dass er im Herbst 1892 in die erste Klasse einer Volksschule kam.

Über die Gymnasialzeit wissen wir etwas mehr, aber längst nicht alles. Dr. Peter Wrabetz hat uns zu Beginn unserer Recherchen mitgeteilt, dass Hugo Sperber in Baden maturiert hat. Dies geht aus den Unterlagen der Universität Wien hervor. Wann ist er von Wien nach Baden übersiedelt? Und welches Gymnasium hat er in Wien besucht?

Viele Schulen drucken Jahresberichte, manchmal auch mit Fotos der einzelnen Klassen. Wir hoffen, ein Klassenfoto von Sperber auftreiben zu können. Außerdem interessiert uns, ob Sperber ein guter oder ein schlechter Schüler war. Es wäre spannend, Zeugnisse in die Hand zu bekommen.

Wolfgang hat die in Frage kommenden Gymnasien Wiens kontaktiert. Nach einiger Zeit kommt per Mail ein wichtiger Hinweis – aus dem heutigen Sperl-Gymnasium: „Im Jahresbericht 1901 taucht Sperber bei uns als Schüler der 5. Klasse auf.“ Die Kataloge seien aber in eine andere Schule ausgelagert worden, vermutlich ins Sigmund-Freud-Gymnasium in der Wohlmutstraße. So war es auch.

Frau Susanna Stern aus dem Sekretariat des Sigmund-Freud-Gymnasiums teilt uns mit, dass in den Katalogen der Schuljahre 1900/01, 1901/02 und 1902/03 die Zeugnisnoten des Schülers Hugo Sperber verzeichnet sind. Aus dem Zeugnis für das Schuljahr 1900/01, also Sperbers 5. Klasse, geht hervor, dass er die 4. Klasse in Baden absolviert hat.

Er hat also mehrere Male die Schule gewechselt. Wo er die ersten drei Gymnasialklassen absolvierte, wissen wir nicht. In der 4. Schulstufe war er definitiv im „Kaiser-Franz-Josef-Landes-Real- und Obergymnasium“ in Baden bei Wien und bekam ein positives Zeugnis ausgestellt. Dann ging er drei Jahre lang in das „k. k. zweite Staatsgymnasium“ in der Kleinen-Sperl-Gasse in Wien. Anschließend wechselte er wieder nach Baden und maturierte dort.

Wolfgang erzählt von seiner Fahrt in das Sigmund-Freud-Gymnasium im 2. Wiener Gemeindebezirk. Am Gang zum Direktionssekretariat hängt das Maturazeugnis des Begründers der Psychoanalyse. Sigmund Freud war Vorzugsschüler und hat 1873 mit Auszeichnung maturiert.

Frau Stern hat drei dicke Bände mit der Aufschrift „Hauptkatalog" vorbereitet. Darin sind die wichtigsten Daten jedes Schülers vermerkt: Name, Tag und Jahr der Geburt, Vaterland (gemeint ist das zuständige Kronland), Religionsbekenntnis, Muttersprache, Schulgeld zahlend/befreit mit Erlass, Stipendium – und auch alle Semesternoten sowie das Datum der Zeugnisübergabe. Interessant ist, dass Sperbers zweiter Vorname – davon kannten wir bisher nur den ersten Buchstaben – Jeremias war. Das ist die lateinische Schreibweise des hebräischen Jeremia. Neben Jesaja und Ezechiel ist Jeremia einer der drei großen Schriftpropheten des Tanach, der jüdischen Bibel.

Sperber ist aus Baden mit einem relativ brauchbaren Zeugnis der 4. Klasse nach Wien gekommen. Hier ging es mit seiner schulischen Leistung rasant bergab. Die Notenskala sah damals sieben Stufen vor: ausgezeichnet, vorzüglich, lobenswert, befriedigend, genügend, nicht genügend, ganz ungenügend. Sperber schnitt in der 5. Klasse in vielen Fächern mit „genügend" ab. In der 6. Klasse hatte Sperber eine Nachprüfung in Latein, die er bestand. Die 7. Klasse endete katastrophal: Im Abgangszeugnis, vorzeitig ausgestellt und datiert mit 11. Mai 1903, sind vier „nicht genügend" vermerkt, nämlich in Latein, Griechisch, Physik und (Philosophische) Propädeutik, außerdem fünf „genügend" in den Fächern Religion, Deutsch, Geographie & Geschichte, Mathematik und Turnen. Auch bei Sitten, also Betragen, steht eine wenig schmeichelhafte Note: „entsprechend"; Fleiß wird mit „ungleichmäßig" bewertet, die Äußere Form der schriftlichen Arbeiten ist „nicht empfehlend".

„Heute würde man so einen Schüler als verhaltensoriginell bezeichnen", so der Kommentar von Walter Jahn, Direktor des Sigmund-Freud-Gymnasiums. Sperber war in der 7. Klasse des Sperl-Gymnasiums einer von 37 Schülern, wobei 28 israelitisch als Glaubensbekenntnis angaben. Das ist kein Wunder, lag die Schule doch Mitten in der überwiegend von Juden bewohnten Leopoldstadt.

Pag. 31.

Des Schülers	Schulgeld zahlend oder befreit mit Erlass	Kategorie des Eintrittes
Familienname: Sperber Vorname: Hugo, Jeremias Tag und Jahr der Geburt: 26 November 1885 Geburtsort: Wien Vaterland: Niederöst. Religionsbekenntnis: israelit. Muttersprache: Deutsch	I. Sem. zahlend II. Sem. zahlend **Stipendium:** Name, Betrag, Verleihung	II Auszug aus dem von außen mitgebrachten Zeugnis

	Des Vaters (der Mutter)	Des Vormundes	Des verantwortlichen Aufsehers	Des Quartiergebers
Name	Etelka Sperber			
Stand	[illegible]			
Wohnort (Wohnung)	I [illegible] 4			

	I. Semester	II. Semester	Anmerkungen
Allgemeine Fortgangsclasse:	~~minder entsprechend~~ zweite		Abgemeldet am 11. Mai 1903; erhält folgendes Abgangszeugnis: Fortgangscl. [illegible] Sitten [illegible] Fleiß ungleichmäßig Religion genügend. Latein nicht genügend. Griech. nicht genügend. Deutsch genügend. Geogr. u. Gesch. genügend. Mathem. genügend. Physik: nicht genügend. Propädeutik nicht genügend. Turnen genügend. Wien 11. Mai 1903. Theodor Schuh [illegible] Äußere Form: nicht empfehl. Zahl der vers. Lehrstunden: [illegible] 16 nicht entsch. [illegible]
Sittliches Betragen:			
Fleiß:	ungleichmäßig		
Leistungen in den einzelnen Unterrichtsgegenständen:			
Religionslehre:	genügend		
Lateinische Sprache:	genügend		
Griechische Sprache:	nicht genügend		
Deutsche Sprache (als Unterrichtssprache):	genügend		
Geographie und Geschichte:	genügend		
Mathematik:	nicht genügend		
Naturgeschichte ( ):	—		
Physik:	genügend		
Philosophische Propädeutik:	genügend		
Freihandzeichnen:	—		
Turnen:	genügend		
Freie Lehrgegenstände:			

Äußere Form der schriftlichen Arbeiten:	nicht empfehlend		Erhielt ein Zeugnis über das
Zahl der versäumten Lehrstunden:	30; davon ohne Rechtfertigung 4	davon ohne Rechtfertigung —	I. Sem. de dato 14/2 1903. II. Sem. de dato — 1 —

Zeugnis Hugo Sperbers aus der 7. Klasse Gymnasium

Sperber rettete sich von dort ins Gymnasium nach Baden, möglicherweise war diese Schule weniger streng und die beschauliche Kleinstadt bot weniger Ablenkung für junge Menschen. Sicherlich war er bei seiner Großmutter Babette Sommer und bei Onkel Berthold besser aufgehoben. Sie wohnten in der Neugasse 16, heute Franz-Josefs-Ring 16.

Leider konnten wir kein Klassenfoto von Hugo Sperber auftreiben; die Fahrt nach Baden hat sich aber dennoch gelohnt. Wir finden einen Jahresbericht über das Schuljahr 1903/04. Für Sperber war das die Maturaklasse. Er war einer von 15 Burschen und einer von zweien mit mosaischem Religionsbekenntnis. Sperber bestand die „Maturitätsprüfung", als „gewählten Beruf" gab er Jus an.

In Latein wurden in der 8. Klasse Texte von Tacitus und Horaz gelesen, in Griechisch Plato, Sophokles und Homer. Zur Lektüre im Deutschunterricht zählten Goethes *Hermann und Dorothea*, Grillparzers *Sappho*, Lessings *Laokoon*, als häusliche Lektüre Goethes *Faust I und II* sowie weitere Dramen Grillparzers. Hier wurde also der Grundstein zu Sperbers humanistischer Bildung gelegt – wenngleich Sperbers Noten in den humanistischen Fächern nicht gerade überzeugend waren.

Vermutlich hat Sperber das Gymnasium als Zwangsanstalt empfunden, und den Wechsel auf die Universität als große Befreiung. Plötzlich erwachte sein Bildungshunger. Er belegte nicht nur jene Vorlesungen, die er für sein Jusstudium brauchte, sondern hörte auch solche in Geschichte, Kunstgeschichte, Klassische Philologie und Philosophie.

Der Schriftsteller Herbert Eisenreich wird am 10. April 1975 für die Hamburger Tageszeitung *Die Welt* Torbergs Buch *Die Tante Jolesch* so rezensieren: „Man blödelte noch auf lateinisch und griechisch – die Enkel können das nicht einmal in der Muttersprache! Können das nicht, weil einzig das Brett, das sie vor dem Kopfe tragen, ihnen die Welt bedeutet."

Wer ist das Missing Link zwischen Sperber und Jolesch?

Wieder einmal sitze ich im Augustinerlesesaal der Nationalbibliothek. Es ist Winter. Das Deckenfresko ist mit Strahlern gut ausgeleuchtet. Über den ringsum eingebauten Regalwänden mit den geschnitzten Verzierungen hängen moderne LED-Lampen; diese werfen ihr gebündeltes Licht auf die Folianten.

Dennoch ist es schummrig, auch jetzt, zur Mittagszeit. Wer hier bei gutem Licht lesen will, muss die Jugendstillampe an seinem Leseplatz einschalten. An jedem Tisch können vier Personen Platz nehmen, meist hat man dennoch einen Tisch für sich allein. Nur wo gearbeitet wird, ist Licht. Und man siehet die im Lichte, die im Dunkeln ...

Es beschäftigt mich die Frage, ob es eine Verbindung zwischen der Familie Jolesch und dem Rechtsanwalt Dr. Hugo Sperber gegeben hat. „Na freilich", sagte unlängst meine Frau, „die sind ja in den Kaffeehäusern aufeinandergetroffen, haben sich zumindest vom Sehen gekannt." – „Aber wenn man Torbergs Buch liest, hat man den Eindruck, dass die Tante Jolesch einer ganz anderen Welt angehört hat als Hugo Sperber!" – „Vielleicht deshalb, weil es die Tante gar nicht gegeben hat? Den Hugo Sperber aber schon?'"

In der dicken blauen Flügelmappe mit der Aufschrift „Leserbriefe" finden sich knapp 300 Schriftstücke: Reaktionen von Lesern des Buches samt den Durchschlägen von Torbergs Antworten, außerdem einige Postkarten. Torberg hat die Leserbriefe ernst genommen und viele mit großem Zeitaufwand beantwortet.

Dr. Paul Kaltenegger schreibt am 17. Juni 1975: „Die Zwischenkriegszeit habe ich als junger Anwalt in Wien erlebt und dabei wohl alle Gestalten kennengelernt, die uns Ihre Tante Jolesch vorführt. Ja, ich brauche nur zu sagen, ich war Mitglied des als europäische Hochburg des Bridgespiels geltenden Wiener Bridge Klubs im Grand Hotel in Wien und habe mit einem knappen Dutzend anderer Mitglieder zu jenen wenigen gezählt, die (...) mein alter Freund Dr. Robert Brunner in einem schönen Gedicht als Vertreter eines ‚anderen Völkerstammes' begrüßt hat." Bei den Städtekämpfen Wien–Brünn, die damals veranstaltet wurden, habe er öfter Franz Jolesch am Spieltisch bekämpft. Der sei ja anscheinend „der Lieblingsneffe Ihrer Titelheldin" gewesen.

Zufrieden stelle ich fest, dass ich wieder jemanden entdeckt habe, der Franz Jolesch persönlich gekannt hat. Aber es kommt noch besser: „Nun zu einer der interessantesten Persönlichkeiten Ihres Buches, meinem damaligen Kollegen Dr. Hugo Sperber: Ich habe ihn persönlich zwar nicht gekannt, doch hat mir mein besagter Freund Robert Brunner, der oft Partner bei den Tarockpartien im Café Central war, vieles berichtet, u. a. hat er mir auch geschildert die Episode mit der beim Spiel versehentlich aufgeschlagenen Karte, und zwar ein wenig anders, und ich glaube sagen zu können, noch prägnanter für Sperber als von Ihnen dargestellt: Sperber kritisierte das verkehrt Aufschlagen der ausgespielten Karte mit einem weitaus kräftigeren Wort als das in Ihrem Buch gebrauchte."

Na, klar, Sperber wird nicht gesagt haben: „Am Gesäß erkenne ich kein Gesicht". Wir können davon ausgehen, dass er in diesem Fall das Wort Arsch verwendet hat. Kaltenegger weiß noch mehr zu berichten. „Worauf – es waren nicht nur die Spieler, sondern auch mehrfach ihre Frauen bei dieser Tarockpartie anwesend – einer der Teilnehmer Sperber stark rügte mit den Worten ‚Aber Sperber, benimm Dich, es sind doch Damen da!'. Worauf Sperber den vieldeutigen Satz gesagt haben soll: ‚Oh, ich bitte vielmals um Entschuldigung, erkenn ich Gesichter, erkenn ich Gesichter.'"

In einem Post Skriptum heißt es unter anderem: „In meiner damaligen Umgebung lernte ich auch kennen Gina Kaus, die mit dem vor einigen Jahren verstorbenen Bridge-Genie Edi Frischauer in enger Verbindung war, und Alfred Polgar, der so feine Geist unter den grobblättrigen Intellektuellen. Er suchte mich nach dem Krieg auf und wollte meinen Rat, ob er etwas tun könne, um seine von den Nazis gestohlene Bibliothek zurückzubekommen oder wenigstens Ersatz dafür zu erhalten, was ich leider verneinen musste. Sein [auf] S. 265 zitiertes, vernichtendes Urteil ‚Wien bleibt Wien' erinnert stark an Karl Kraus, der behauptet hat, die Versicherung, nicht untergehen zu können, sei die fürchterlichste Drohung, die ein Wiener habe ausstoßen können." [172]

Da ist es also, das Bindeglied zwischen der Familie Jolesch, in diesem Fall Franz Jolesch, und Hugo Sperber: Der Rechtsanwalt Dr. Paul Kaltenegger hat beide gekannt, den Bridgespieler Franz

Jolesch direkt und persönlich, den Rechtsanwalt und Tarockspieler Hugo Sperber indirekt über Robert Brunner. Dieser hat ihm von Sperbers Sprüchen am Kartentisch erzählt. Wir können davon ausgehen, dass Franz Jolesch und Hugo Sperber irgendwann einmal direkten Kontakt hatten.

Friedrich Torberg antwortet am 4. Juli 1975, dass er Kalteneggers Schreiben mit Wehmut gelesen habe, denn man könne ja „die noch überlebenden Zeitgenossen derer, die in der ‚Tante Jolesch' auftreten, allmählich an den Fingern einer Hand abzählen". Auch den im Buch nicht vorkommenden Doktor Robert Brunner habe er gut gekannt. „... er war mit einer sehr attraktiven, lebenslustigen Frau namens Gerti verheiratet, die in New York lebt und dort ein zweites Mal mit einem Herrn Mühsam verehelicht ist. Ich habe sie in der Emigration noch oft getroffen."

Dann bedankt sich Torberg für die Berichtigung der Sperber-Anekdote. „Sie weist in der von Ihnen zitierten Form alle Merkmale seiner Persönlichkeit auf."

Gina Kaus lebe hochbetagt in Los Angeles. „Ich stehe mit ihr in Korrespondenz und werde ihr berichten, daß Sie sich an sie erinnert haben. (...) Ich habe mich aufrichtig gefreut, in Ihnen einen der letzten historisch geschulten Leser der ‚Tante Jolesch' kennenzulernen ..." [173]

Wenn ich es mir genau überlege, muss auch Anton Kuh sowohl Hugo Sperber als auch Franz Jolesch gekannt haben. Der stadtbekannte Schnorrer hat sich von Franz Jolesch hin und wieder einladen lassen. Den Rechtsanwalt Dr. Sperber hat Anton Kuh wohl bei Leo Perutz getroffen. Hans-Harald Müller zählt in seiner Biografie *Leo Perutz* jene Personen auf, die in den ersten Jahren der Republik bei Perutz laut dessen Tagebucheintragungen Gäste waren: Franz Elbogen, Hugo Sperber, Richard A. Bermann, Egon Erwin und Paul Kisch, Anton Kuh, Ernst Weiß und Franz Werfel.

Vor dem Schlafengehen gebe ich noch schnell „Franz Elbogen" in die Google-Suchmaske ein. Ich lande bei einigen genealogischen Websites, klicke freepages.genealogy.rootsweb.ancestry.com an und finde Franz Elbogen sowie seine erste Frau Lili. Bei ihrem Namen gibt es einen Link zur Nationalbibliothek, und zwar zur digitalen Version der *Neuen Freien Presse*. Es handelt sich um die Ausgabe vom

Von Kondolenzbesuchen und Kranzspenden wolle gütigst abgesehen werden.

Helene Jolesch geb. **Eisner** gibt in ihrem sowie im Namen ihrer Kinder **Ernst** und **Lisl** schmerzerfüllt die Nachricht von dem am 25. Juni 1919 plötzlich erfolgten Ableben ihres geliebten Gatten, respektive Vaters, des Herrn

Heinrich Jolesch

Fabriksbesitzers.

Die irdischen Reste des unvergesslichen Verstorbenen werden am 27. d. M. um 3 Uhr nachmittags vom Trauerhause in Wiese bei Iglau nach Pirnitz zur ewigen Ruhe überführt werden.

Wiese bei Iglau, am 25. Juni 1919.

Julius Jolesch, Berta Podzahradsky, Emil Jolesch, Lotte Singer, Ida Dubsky, Louise Stöckler,
als Geschwister.
Sämtliche Schwäger, Schwägerinnen, Neffen und Nichten.

Die unterzeichnete Firma gibt bekannt, dass ihr verdienstvoller Werkstättenchef, Herr

Johann Tritschel

am 20. Juni 1919 in Oberrochlitz nach langem schweren Leiden verschieden ist.
Wir betrauern in ihm einen treuen, bewährten Mitarbeiter, der durch seine Erfahrungen und seine unermüdliche Tätigkeit zum Gedeihen unseres Werkes hervorragend beigetragen hat.
Sein offenes und gerades Wesen und seine unversiegliche Arbeitskraft sichern ihm unser aller ehrendes Andenken.

Wiener-Neustadt, 24. Juni 1919.

Oesterreichische Daimler-Motoren-Aktiengesellschaft.

Briefmarken
en gros zu kaufen gesucht.
Eilofferten erbeten an Postfach 16610, Zürich.

Landtäfliches Gut
Niederösterreich, Umgebung Wien, 437 Joch, nur Oekonomieland, welches verpachtet, Schloß, Park, Meierhof, wird um **2,400.000 K verkauft.** Richard Patz, Wien, Margaretenstraße 5.

Alle Freunde und Bekannten benachrichtige ich im eigenen Namen wie in dem sämtlicher Angehörigen, daß meine Frau

Lili Elbogen

die Mutter meines Töchterchens, am 24. Juni 1919 gestorben ist.
Ich zweifle nicht daran, daß jedermann, der meine Frau gekannt hat, meinen Schmerz mitempfindet und bitte daher, von jeder ausdrücklichen Beileidsbezeugung abzusehen.

Dr. Franz F. Elbogen.

Todesanzeigen in der *Neuen Freien Presse*, 26. Juni 1919

26. Juni 1919, auf Seite 13 finde ich eine Todesnachricht, aufgegeben von Dr. Franz F. Elbogen: „Alle Freunde und Bekannten benachrichtige ich im eigenen Namen und dem sämtlicher Angehörigen, daß meine Frau Lili Elbogen, die Mutter meines Töchterchens, am 24. Juni 1919 gestorben ist. Ich zweifle nicht daran, daß jedermann, der meine Frau gekannt hat, meinen Schmerz mitempfindet und bitte daher, von jeder ausdrücklichen Beileidsbezeugung abzusehen." Das F. steht für Friedrich, den Vornamen des Vaters. Natürlich haben wir es mit Franz Elbogen zu tun, der auf einem Foto gemeinsam mit Hugo Sperber und Egon Dietrichstein zu sehen ist. Franz Elbogens zweite Tochter ist Hanni Forester. Von ihr hatte ich das Foto bekommen.

Zu meiner Überraschung finde ich direkt oberhalb dieser Todesnachricht eine andere, die viel größer ist und die ganze Spaltenbreite ausfüllt: „Helene Jolesch, geb. Eisner, gibt in ihrem sowie im Namen ihrer Kinder Ernst und Lisl schmerzerfüllt Nachricht von dem am 25. Juni 1919 plötzlich erfolgten Ableben ihres geliebten Gatten, respektive Vaters, des Herrn Heinrich Jolesch, Fabriksbesitzers. Die irdischen Reste des unvergesslichen Verstorbenen werden am 27. d. M. um 3 Uhr nachmittags vom Trauerhause in Wiese bei Iglau nach Pirnitz zur ewigen Ruhe überführt werden. Wiese bei Iglau, am 25. Juni 1919. Julius Jolesch, Berta Podzahradsky, Emil Jolesch, Lotte Singer, Ida Dubsky, Louise Stöckler, als Geschwister. Sämtliche Schwäger, Schwägerinnen, Neffen und Nichten."

Die Familie Jolesch und die Familie Elbogen haben also am selben Tag in der *Neuen Freien Presse* eine Todesnachricht geschaltet. Da könnte man beginnen, über Synchronizität im Sinn von Carl Gustav Jung nachzudenken. Das sind doch zwei zeitlich zusammenfallende Ereignisse, die nicht über eine Kausalbeziehung verknüpft sind. Und dennoch stehen sie durch Friedrich Torbegs Buch in einer sinnhaften Verbindung.

Ein „Shakespeare'scher Narr" steht jetzt oben, um sie anzuklagen

Hugo Sperber war als jüdischer Intellektueller und als Parteianwalt der Sozialdemokraten so prominent, dass er nach dem „Anschluss" im März 1938 sofort verhaftet und mit einem der ersten Transporte nach Dachau deportiert wurde.

Der so genannte „Prominententransport" fand am 1. April statt, weitere Transporte erfolgten am 31. Mai und im Juni. Auf der Liste des „Prominententransports" vom 1. April ist Hugo Sperber nicht zu finden. Laut Barbara Sauer und Ilse Reiter-Zatloukal, Autoren des Buches *Advokaten 1938*, wurde Sperber am 24. Juni nach Dachau deportiert.

Es gibt Berichte von Mithäftlingen über sein Eintreffen in Dachau. Demnach soll er gemeinsam mit Dr. Robert Danneberg deportiert worden sein, dem langjährigen Wiener Landtagspräsidenten und Mitautor der Wiener Stadtverfassung. Der Sozialdemokrat Danneberg wurde später in das KZ Buchenwald verlegt und am 12. Dezember 1942 im KZ Auschwitz ermordet.

Über den Tod Sperbers gibt es divergierende Berichte. Verständigen wir uns darauf, dass er von den Nazis ermordet wurde. Mich bedrückt es, wenn in solchen und anderen Fällen als Todesursache

„Blutvergiftung“, „Herzschlag“, „Niereninsuffizienz“ oder Ähnliches angegeben und damit der Eindruck erweckt wird, es handle sich um einen normalen Tod in Freiheit. Auch Justinian Frisch argumentiert in einem Brief an Torberg so: Dr. Sperber sei in Dachau „seinem Nierenleiden erlegen“. Wir sollten nicht vergessen, dass die Lagerbedingungen darauf ausgerichtet waren, dass kranke Menschen nicht lange überlebt haben. Wer keine nennenswerte Arbeitsleistung vollbringen konnte, wurde zu Tode geschunden oder liquidiert.

Ein Mithäftling, dessen Name nicht bekannt ist, schreibt, dass Sperber in einem Außenkommando beim Bau von Wohnungen für SS-Mannschaften arbeiten musste, „das schwerste Kommando des Lagers, viele sind in der Früh weg und auf der Tragbahre zum Zählappell zurückgekommen, auch Dr. Sperber. Er bekam draußen Nierenblutungen, war einige Tage im Lazarett im Lager, dann verstarb er, wie viele andere, den Grund konnte man sich denken, aber in den Krankenbüchern stand als Diagnose Herzschlag.“

Ein anderer Mithäftling, Franz Jany, berichtet, dass Hugo Sperber „in der Dachauer Kiesgrube arbeiten musste, wo er auch den Tod fand.“ In dieser Kiesgrube sind viele Häftlinge umgekommen: „Man ließ einfach einen auf eine Kieslore draufsetzen und fuhr sie dann mit Tempo in die Kiesgrube, wobei sich die Lore überschlug und somit auch den Menschen unter sich begrub. Oder er bekam durch die Eisenlore so viel ab, dass er entweder gleich tot war oder sehr schwer verwundet wurde, so dass er einige Zeit später an den Folgen zugrunde ging.“

Wenn man bedenkt, dass diese Berichte viele Jahre später verfasst wurden, und außerdem berücksichtigt, dass die Verfasser in großer Zahl unfassbare Grausamkeiten mit ansehen mussten, dann sind die Divergenzen verständlich. Wie in vielen anderen Fällen auch, lässt sich nicht mehr genau eruieren, auf welche Weise Sperber zu Tode kam.

Die in Paris erscheinende Exilzeitung der Sozialdemokraten, *Der sozialistische Kampf*, berichtet am 5. November 1938 über seinen Tod. „In einem deutschen Konzentrationslager ist Hugo Sperber gestorben: niemand weiß, wann und aus welcher Ursache. Die Wiener Sozialisten werden seiner mit Rührung gedenken: seiner gutmütigen Erscheinung, seines scharfen Witzes, der eine weiche Menschlichkeit verbarg, und seiner unerschütterlichen Treue zur Partei. Als Rechtsanwalt hat Hugo Sperber mutig und mit seltener Uneigennützigkeit gegen die Fallen des Strafgesetzes gekämpft, die die Klassenjustiz dem Armen, dem Wehrlosen stellte. Viele der Prozesse, in denen er den ‚kleinen Leuten' zur Seite stand, sind durch seine Aussprüche in der Lokalgeschichte Wiens berühmt geworden; und dieser Anwalt der Armen blieb selber immer arm. Im Februar 1934 wurde er wegen seiner beherzten Pflichterfüllung von der Dollfuß-Polizei verhaftet und im Gefängnis gehalten. Im März 1938 ereilte ihn dasselbe Schicksal von der Hand der Nazis – und dieses Mal mit tödlichem Ausgang. Hugo Sperber ist 50 Jahre alt geworden. Er hat in besseren Zeiten soziologische, juristische und philosophische Schriften verfasst. Denn Hugo Sperber, der anscheinend alles ironisierte, war ein philosophischer Geist und er, der für alles einen Spaß fand, verstand keinen, wenn es um sein sozialistisches Bekenntnis ging."

Leo Perutz schreibt in einem Brief aus Tel Aviv, datiert mit 6. November 1938: „Dr. Sperber ist in Dachau an Blutvergiftung gestorben. Sie können sich nicht denken, wie sehr ich um ihn trauere. 30 Jahre unbeschwerter Heiterkeit sind mit ihm aus einer Welt verschwunden, die sie nicht mehr verdient. Wenn diese Nazihunde nicht den Geist vergiften können, vergiften sie das Blut. Ein Shakespeare'scher Narr steht jetzt oben, um sie anzuklagen. Wenn es doch noch eine Gerechtigkeit gibt, so wird man ihn hören. Die Klage des Lear'schen Narren hat auf mich immer stärker gewirkt als die des König Lear." [174]

Im Wiener Melderegister der Magistratsabteilung 8 findet sich ein Vermerk zum Tod Sperbers mit einer genauen Angabe, wann der Tod eingetreten ist: „Laut Mitteilung des Standesamtes Prittlbach am 16. 10. 1938 um 1 Uhr 30 dort gestorben." Prittlbach war ein Ortsteil von Dachau. Hier wurden die Daten über die Todesmeldungen gesammelt und in die Heimatorte weitergeleitet.

Am 27. November wird Dr. Hugo Sperber auch aus dem Anwaltsregister gelöscht. In der Rubrik „Kanzleiübernehmer" ist kein Vermerk zu finden. Dass Sperber nicht auch aus unserem Gedächtnis gelöscht wurde, ist ein Verdienst von Friedrich Torberg.

Rosa Jochmann, Widerstandskämpferin, KZ-Überlebende und nach dem Zweiten Weltkrieg sozialdemokratische Politikerin, schrieb am 15. Juni 1974 in der *Arbeiter-Zeitung*, dass Hugo Sperber zu jenen

Sperber Dr. Hugo

650/IV

Eingetragen: 29./2.-1916.

Gelöscht
gem. § 1, Buchstabe b, Z. 1 u. § 7 der Fünften Verordnung zum Reichsbürgergesetz vom 27. 9. 1938 RGBl, I, S 1403

Ausschnitt aus der Karteikarte „Hugo Sperber"
in der Wiener Rechtsanwaltskammer

gehört habe, die 1938 zögerten, das Land zu verlassen. „... denn seit Generationen lebten ihre Familien in Österreich, sie hatten ihr ganzes Können dieser ihrer Heimat gewidmet, aber sie bezahlten dieses Zögern mit der Einlieferung ins Konzentrationslager ..." [175] In einem Artikel vom 17. August 1981 im selben Blatt strich sie hervor, dass Hugo Sperber in den 1920er Jahren gemeinsam mit dem Chefredakteur der *Arbeiter-Zeitung*, Friedrich Austerlitz, die Sozialdemokratische Partei beraten hatte. „Genosse Austerlitz war ein Genie, und dabei hatte er keine höheren Schulen besucht, aber er und Dr. Hugo Sperber (...) wurden bei den schwersten juristischen Entscheidungen zu Rate gezogen, sie waren beide einmalig und in ihrer Art unersetzbar." [176]

In den späten 1930er Jahren schenkt Leo Perutz den Berichten aus Dachau große Beachtung. „Es wird Dich vielleicht nicht sehr interessieren, aber mich macht es unendlich froh, daß mein Freund Dr. Franz Elbogen, den ich, trotz allem was gegen ihn spricht, gerne habe, seit vier Tagen aus Dachau draußen ist", schreibt Perutz am 12. Jänner 1939 aus Tel Aviv an Richard A. Bermann. „Ich sammle jetzt verlässliche Berichte aus Dachau. Vielleicht werde ich Dir einmal diese Berichte, die ich vorher durchgearbeitet haben werde, zusenden. Ich glaube, es wird notwendig sein, einen Tatsachenbericht hierüber in New Yorker Blättern zu veröffentlichen. Du wirst Dich dann darauf verlassen können, daß nicht ein Wort drinnen stehen wird, für das ich nicht einstehen könnte.“ [177] Den geplanten Tatsachenbericht hat Perutz offensichtlich nicht veröffentlicht, auch im Nachlass war kein Manuskript zu finden.

Am 20. April 1939 kritisiert Perutz in einem Brief an Bermann die Pläne des früheren österreichischen P.E.N.-Präsidenten Raoul Auernheimer, über seine mehrmonatige Inhaftierung in Dachau zu schreiben. Er könne sich vorstellen, „daß Auernheimer sehr gelassen über die Dinge schreibt, die ihm in Dachau angetan wurden und die er nun hinter sich hat. Aber er [hat] ja diese Dinge nicht nur selbst ertragen, sondern auch zugesehen, wie andere an ihnen zugrunde gegangen sind. (...) Gestern Abend war ein Mensch bei mir, der vier Monate Dachau und vier Monate Buchenwald hinter sich hat. Und es wurde mir, als er erzählte, totenübel vor Wut, nicht nur über die Nazis, sondern auch über die Auernheimers, die graziöse und überlegene Berichte aus dem Inferno schreiben. Dr. Sperber kann heute nicht schreiben und konnte es auch vorher nicht. Aber sein Stammeln über Dachau wäre ein wertvolleres Dokument gewesen als Auernheimers ‚graziöse‘ Schilderungen.“ [178]

Als die Vernichtungsmaschinerie voll angelaufen war, verzichteten die Nazis darauf, Totenscheine auszustellen und in die Heimatorte der Opfer weiterzuleiten. So galt auch Olga Jolesch, die Mutter „des Neffen Franzl“, lange Zeit als vermisst, ehe bekannt wurde, wo sie ermordet wurde.

Heute wissen wir, dass sich Olga Jolesch, geborene Zeisl, im November 1940 in Prag eine Wohnung mietete. Sie wollte über die ‚Zentralstelle für jüdische Auswanderung‘ emigrieren. Die Auswanderung kam jedoch nicht zustande. Wir finden die Mutter von Franz Jolesch in der Opferdatenbank www.holocaust.cz mit folgender Eintragung:

Olga Joleschová (Jolesch)
Geboren 18. 04. 1879
Letzte Wohnadresse vor Deportation: Prag, II
Adresse/Ort der Registrierung im Protektorat:
Prag II, Ve Smečkách 30
Transport AAt, č. 821 (23.07.1942 Prag ➤ Theresienstadt)
Transport Be, č. 975 (01.09.1942 Theresienstadt ➤ Raasiku)
Ermordet

Olga Jolesch wurde am 23. Juli 1942 von der Gestapo aus ihrer Wohnung in Prag II abgeholt, nach Theresienstadt (Terezín) deportiert und am 1. September desselben Jahres in das von Nazi-Deutschland besetzte Estland verlegt. Der Transport von etwa 2.100 Juden erreichte nach fünf Tagen Fahrt den Bahnhof von Raasiku. Olga Jolesch gehörte mit großer Wahrscheinlichkeit zu jenen Frauen, Kindern und älteren Menschen, die in ein Dünengebiet an der Ostsee bei Kalevi-Liiva gebracht und dort von einem deutsch-estnischen Kommando erschossen wurden. Zuvor mussten sie sich ausziehen und die Wertsachen abgeben. Ihre Leichname wurden in einem zuvor ausgehobenen Massengrab verscharrt.

Nicht weniger entsetzlich ist das Schicksal der Ehefrau und der Nachkommen von Heinrich Jolesch. Dieser starb ja 1919 und hinterließ eine Witwe, Helene Jolesch, geborene Eisner, und zwei Kinder, Ernst und Elisabeth (Lisl).

Ernst Jolesch war Eigentümer einer Strumpfwarenfabrik in Wien 6, Mariahilferstraße 101. Diese Firma ist im *Compass* des Jahres 1937 verzeichnet. Er heiratete Karoline Justitz aus Wolkersdorf, sie gebar ihm am 6. März 1939 einen Sohn. Dieser bekam den Namen seines Großvaters: Heinrich.

Helena Joleschová (Helene Jolesch)
Geboren 27. 05. 1875
Letzte Wohnadresse vor Deportation: Prag, XII
Adresse/Ort der Registrierung im Protektorat: Prag XII,
Soběslavská 1
Transport AAr, č. 56 (16.07.1942 Prag ➤ Theresienstadt)
Transport Dz, č. 480 (15.05.1944 Theresienstadt ➤ Auschwitz)
Ermordet

Arnošt (Ernst) Jolesch
Geboren 02. 05. 1898
Letzte Wohnadresse vor Deportation: Prag, II
Adresse/Ort der Registrierung im Protektorat: Prag II, Truhlářská 4
Transport W, č. 617 (08.02.1942 Prag ➤ Theresienstadt)
Transport Em, č. 610 (01.10.1944 Theresienstadt ➤ Auschwitz)
Ermordet 03. 03. 1945 Dachau

Jindřich (Heinrich) Jolesch
Geboren 06. 03. 1939
Letzte Wohnadresse vor Deportation: Prag, II
Adresse/Ort der Registrierung im Protektorat: Prag II, Truhlářská 4
Transport W, č. 622 (08.02.1942 Prag ➤ Theresienstadt)
Transport Eo, č. 113 (06.10.1944 Theresienstadt ➤ Auschwitz)
Ermordet

Karolina Joleschová (Karoline Jolesch)
Geboren 09. 01. 1907
Letzte Wohnadresse vor Deportation: Prag, II
Adresse/Ort der Registrierung im Protektorat: Prag II, Truhlářská 4
Transport W, č. 618 (08.02.1942 Prag ➤ Theresienstadt)
Transport Eo, č. 112 (06.10.1944 Theresienstadt ➤ Auschwitz)
Ermordet

Helene Jolesch wurde am 16. Juli 1942 von Prag nach Theresienstadt deportiert und am 15. Mai 1944 nach Auschwitz überstellt. Die Familie ihres Sohnes Ernst war schon zuvor ebenfalls von Prag nach Theresienstadt deportiert worden, und zwar am 8. Februar 1942: der Vater, die Mutter und der nicht einmal drei Jahre alte Bub.

Der Vater Ernst wurde am 1. Oktober 1944 nach Auschwitz überstellt, seine Frau Karoline gemeinsam mit dem kleinen Heinrich fünf Tage später. Da das Todesdatum von Mutter und Sohn das gleiche ist, nämlich 6. Oktober 1944, sind sie wahrscheinlich gemeinsam in die Gaskammer gegangen. Über das Schicksal von Elisabeth Jolesch wissen wir nichts. Auf der Liste der Deportierten nach Theresienstadt ist sie nicht zu finden.

Charlotte (Karolina) Jolesch, eine Tochter von Samuel Jolesch, ist in Maly Trostinez bei Minsk ermordet worden. Vermutlich wurde sie am 26. November 1941 dorthin deportiert. In Maly Trostinez setzte die SS neben Erschießungskommandos auch vier Gaswagen ein. Von Charlotte Jolesch kennen wir nicht einmal das Sterbedatum.

Friedrich Torberg schneidet in seinem Buch *Die Tante Jolesch* das Thema Shoah nur andeutungsweise an. Wir müssen das aus der Stimmungslage der 1970er Jahre verstehen. Bruno Kreiskys Devise war es, die Gräben der Vergangenheit nicht wieder aufzureißen. Der Historiker Oliver Rathkolb formulierte es so: „Kreisky blieb Zeit seines Lebens auf dieser Linie, dass alle Menschen für sich das Recht in Anspruch nehmen sollten, nach 1945 klüger zu sein, außer es werden Kriegsverbrechen nachgewiesen." Das sei eine Art gesellschaftlicher Konsens gewesen, an den sich auch Simon Wiesenthal bis 1970 gehalten habe. Als Wiesenthal enthüllte, dass mehrere SPÖ-Minister Mitglieder der NSDAP gewesen waren, verwendete Kreisky die gewohnte Verteidigungsstrategie, um sie politisch am Leben zu halten.

Erst mit der Kontroverse um Kurt Waldheim im Jahr 1986 begann in Österreich eine intensive Auseinandersetzung mit der Geschichte.

Die Tante Jolesch, erschienen 1975, stammt also aus der Zeit vor der Waldheim-Affäre. Wenn wir das Buch heute lesen, sollten wir daran denken. Torberg hat die Shoah trotzdem literarisch thematisiert – aber nur in seiner Lyrik.

Die Schicksaljahre haben keine heiteren Seiten

Wer Dr. Hugo Sperber nur aus der Torberg'schen Anekdotensammlung kennt, der wird sich vielleicht von ihm ein ähnliches Bild gemacht haben wie Arthur Steiner in der *Krone* vom 26. Oktober 1975. „Da gab es den hünenhaften Rechtsanwalt Doktor Hugo Sperber, der, so schien es, seinem Beruf weniger des Erwerbes wegen, sondern gewißermaßen aus sportlichen Motiven nachging. Doktor Sperber machte sich einen Spaß daraus, kleine Diebe und primitive Einbrecher gegen winziges Honorar und oft auch ohne ein solches gegen die Übermacht des Gesetzes zu verteidigen. ...“

Aus den Musterungsunterlagen wissen wir, dass Sperber einen Meter und 76 Zentimeter groß, also beileibe kein Hüne war. Und er hat nicht nur „kleine Diebe und primitive Einbrecher“ verteidigt, sondern auch politisch Verfolgte, einigen von ihnen drohte der Tod durch den Galgen.

Vielleicht entstehen diese Verzerrungen auch deshalb, weil sich Torberg der Anekdote bedient, um geschichtliche Ereignisse wie den Untergang der Sozialdemokratie im Jahr 1934 und den Untergang Österreichs im Jahr 1938 darzustellen. Wir müssen ihm allerdings zugutehalten, dass er dieses Problem erkannt hat. Im zweiten Band mit dem Titel *Die Erben der Tante Jolesch* beginnt das Kapitel „Die Zeitwende“ mit folgendem Eingeständnis: „Wenn die Funktion, die der Anekdote in diesem Buch (und dem ihm vorangegangenen) zugewiesen ist, auf das Einverständnis des Lesers rechnen darf, dann kann sich also ein bestimmter Zeitabschnitt – repräsentiert durch Personen, Einrichtungen und gesellschaftliche Zustände – in den Anekdoten, die er hervorgebracht hat, so aufschlußreich spiegeln, daß er aus ihnen darstellbar wird.“

Doch auch wenn das Einverständnis des Lesers gegeben ist, müsse er, Torberg, einen kleinen Abstrich machen: „Der anekdotische Spiegel kann das Zeitbild immer nur zu einem Teil einfangen und reflektieren, niemals zur Gänze. Aus persönlichen Anekdoten mag ein mehr oder minder komplettes Persönlichkeitsbild etwa Ferenc Molnárs erstehen, aus Kaffeehausgeschichten ein zulängliches Panorama der Literatencafés.“ [179]

Die nächsten Sätze scheinen direkt auf Hugo Sperber gemünzt zu sein: „Aber je näher sich die Anekdote an eine politische Situation heranmacht, desto unzulänglicher und fragwürdiger wird sie. An den grauenhaften Aspekten, die solchen Situationen nur allzu häufig eignen, müßte das Unterfangen, ihnen eine ‚heitere Seite‘ abzugewinnen, eigentlich hinfällig werden, oder es müßte einem in Gedanken daran, was hinter der Heiterkeit steckt, das Lachen gründlich vergehen.“

Zitieren wir weiter aus dem Band *Die Erben der Tante Jolesch*: „Die politische Anekdote ist allenfalls als Illustration zu den jeweils herrschenden Verhältnissen statthaft und illustriert weniger die Verhältnisse selbst als vielmehr das Ventil, durch das sich die jeweils Betroffenen Luft machen möchten."

„Schlüssigkeit und Totalität" sind also auch nach den Worten Torbergs in diesem Zusammenhang nicht erzielbar. Und weiter: „Der im Februar 1934 blutig niedergeschlagene Aufstand der sozialdemokratischen Arbeiterschaft Österreichs und das nachfolgende Regime des autoritären Christlichen Ständestaats waren keine komischen Anlässe, und die Ereignisse, die 1938 einsetzten, waren es erst recht nicht. Aber was sich da an peripherer und teilweise unfreiwilliger Komik begab, gehört dennoch mit dazu."

Wir haben es geschafft, Hugo Sperber ein Gesicht zu geben, das Gesicht der Tante Jolesch müssen wir noch suchen. Warum hat niemand die Genealogie der Familie Jolesch und der Familie Sperber zu einem Zeitpunkt recherchiert, als noch Nachfahren aus dem Umfeld am Leben waren? Warum habe ich nicht mit Bruno Kreisky über Hugo Sperber gesprochen?

Je weiter etwas in der Vergangenheit zurückliegt, desto interessanter ist das Recherchieren. Es ist wie die Arbeit an einem Puzzle, dessen kleine Teile sich allmählich zusammenfügen. Am Ende entsteht ein neues Ganzes. Bei den Recherchen über die Gegenwart sind die Stücke des Puzzles so groß, dass der Reiz des Zusammenbauens fehlt.

Die hundert Jahre alte Turbine läuft und läuft und läuft

Es ist Winter. Schon zwei Mal mussten wir die Fahrt nach Iglau verschieben, das eine Mal wegen eines angekündigten Eisregens, der auch tatsächlich ein Verkehrschaos auslöste, das andere Mal haben die Meteorologen die schwersten Schneefälle seit Jahren prognostiziert – auch damit lagen sie richtig.

Im dritten Anlauf sollte es klappen. Wir holen in Znaim Wolfgangs alten Freund Jindrich Foltin ab, er ist gebürtiger Tscheche. Zusammen mit seinen Eltern war er 1966 legal nach Österreich eingereist – mit der Absicht, in die Heimat nicht mehr zurückzukehren. Er arbeitet jetzt in Wien beim *Wirtschaftsblatt* als Fotograf, die Wochenenden verbringt er in Znaim.

Auf der Fahrt in die Tschechische Republik lese ich Wolfgang einige interessante Daten aus Dokumenten vor, die ich am Vortag per Mail vom Genealogen Julius Müller erhalten habe. „Im Prager Militärarchiv befinden sich zahlreiche Unterlagen über Franz Jolesch. Er besuchte von 1909 bis 1916 das deutsche k. k. Staatsgymnasium in Iglau. Am 26. April 1916 meldete er sich als ‚Einjährig freiwilliger Aspirant' zum k. u. k. Feldhaubitzregiment Nr. 10. Er besuchte die Offiziersschule in Olmütz (Olomouc) und in Bärn (Moravsky Beroun), im Ersten Weltkrieg diente er als Leutnant an der italienischen und an der französischen Front. Nach dem Krieg studierte er an der Universität Wien acht Semester Jus." – „Hat er das Studium abgeschlossen?" – „Nein, offensichtlich nicht." – „Gibt es Stellungsunterlagen?" – „Wir wissen, dass er 1,78 Meter groß war. Er wird als umgängliche Person mit festem Charakter beschrieben. Im Hauptgrundbuchblatt von 1918 steht in der Spalte ‚Sprachen': ‚Spricht Deutsch, etwas Böhmisch, schreibt Deutsch.' In einer späteren Unterlage nennt er als Fremdsprache Französisch. Nach dem Krieg diente er in der tschechoslowakischen Armee. Als Glaubensbekenntnis wird zunächst mosaisch angeführt, in einem Dokument aus dem Jahr 1921 findet sich der Vermerk ‚ohne Bekenntnis'. Er dürfte 1920 während seiner Studentenzeit in Wien aus der jüdischen Glaubensgemeinschaft ausgetreten sein ..." – „... lange Zeit bevor er Louise Gosztonyi geheiratet hat."

Jindrich hat für uns in Tschechien zwei Termine vereinbart: im Archiv in Iglau und in der Fabrik „Arcade Color" in Wiese. Zuerst fahren wir in das Staatliche Bezirksarchiv, in die Fritzova 19.

Der Archivar Dr. Vlastimil Svěrák hat drei alte Aktenbündel ausgehoben. Eines enthält eine umfangreiche Korrespondenz aus den Jahren nach 1945, als Franz Jolesch vergeblich versuchte, die Fabrik zurückzubekommen. In den anderen zwei Mappen finden wir die Testamente von Heinrich Jolesch und Emil Jolesch sowie die Niederschriften der Notare.

Das Testament von Heinrich Jolesch, aufgesetzt am 28. Juni 1917 in Wiese, umfasst drei Seiten. Er setzt seine Kinder Ernst und Elisabeth (Lisl) zu gleichen Teilen als Erben ein und Wilhelm Stöckler als Vormund. Seine Frau wird mit großzügigen Versorgungsgenüssen bedacht. Sollte sein Bruder Emil das Unternehmen allein weiterführen

Emil Jolesch, der Vater „des Neffen Franzl"

wollen, müsse er Ernst und Lisl abfinden. So geschah es schließlich auch.

Das Testament von Heinrichs Bruder Emil, aufgesetzt in Wien am 8. Jänner 1927, ist hingegen kurz und bündig. „Ich setze als alleinige Universalerbin meine Ehegattin Olga Jolesch, geb. Zeisl, nach mir ein. Mein Sohn Franz Jolesch erhält den Pflichtteil. Auch bestimme ich, dass meine Gattin Olga Jolesch das Fabriksunternehmen allein nach meinem Tode weiterführen soll, und hängt es von ihrem Willen ab, in welcher Weise sie bezüglich der Weiterführung des Unternehmens verfügen will."

Interessant ist die zeitliche Abfolge. Franz Jolesch hatte am 7. Jänner, also tags zuvor, in Budapest Louise Gosztonyi geheiratet. Louise schreibt in ihren Lebenserinnerungen, dass der Vater ihres Ehemannes gegen die Heirat war. So erklärt sich auch das Testament vom 8. Jänner. Emil Jolesch hatte große Vorbehalte gegen die Ehe seines Sohnes mit einer extravaganten Kommunistin. Es mag auch sein, dass Emil Jolesch Zweifel daran hatte, ob sein Sohn fähig war, das Unternehmen erfolgreich weiterzuführen.

Nach seiner Heirat war Franz Jolesch in der Firma geächtet und hatte nichts mitzureden. Kein Wunder, dass er sich bis zum Tod des Vaters dem Bridgespiel und der Jagd widmete.

Dass Emil Jolesch seine Gattin als Erbin einsetzte und zur zukünftigen Geschäftsführerin bestimmte, war ein ungewöhnlicher Schritt. Frauen kamen damals ganz selten in derartige Führungspositionen.

Ich habe an einer anderen Stelle dieses Buches die Vermutung geäußert, dass Sofie Jolesch, die Mutter von Emil Jolesch, in die Direktion von Mautners „Ungarischer Textilindustrie AG" berufen worden war. Wenn das stimmt, dann hätte es zu jenem Zeitpunkt, als Emil Jolesch das Testament abfasste, bereits einen Präzedenzfall für einen derart ungewöhnlichen Schritt in der Familie Jolesch gegeben.

Ich frage Herrn Dr. Svěrák, warum er annimmt, dass Samuel und Sofie Jolesch acht Kinder hatten und nicht die uns bekannten sieben. Wir vergleichen dann seinen Wissensstand mit unserem und stellen fest, dass uns Mathilda Jolesch, geboren am 15. 2. 1865, fehlt. Da Georg Gaugusch bei einem Besuch des Friedhofs in Pirnitz ihr Grab nicht finden konnte, ist sie möglicherweise gleich nach der Geburt verstorben und – wie es damals in solchen Fällen üblich war – in einem kleinen Grab ohne Grabstein am Rande des Friedhofs beerdigt worden.

Die von Georg Gaugusch mit dem Geburtsjahr 1873 angeführte Charlotte Jolesch ist ident mit einer von Dr. Svěrák angeführten Karoline Jolesch mit gleichem Geburtsjahr. Charlotte ist die romanisierte Form von Karoline und Karla.

Wir fahren mit dem Auto nach Wiese, der Ort wird heute wohl 2.000 bis 3.000 Einwohner haben. Am Ende des Ortes, eingebettet in ein kleines Areal zwischen den Eisenbahngeleisen auf der einen Seite und dem Fluss Iglau auf der anderen, liegt „Arcade Color", der Nachfolgebetrieb von „Samuel Jolesch & Söhne". Im ersten Stock finden wir in einem beengten, unattraktiven Zimmer den Eigentümer und Geschäftsführer Rostislav Fischer. Der kleine Raum wird von einem riesigen Tisch mit Resopalplatte dominiert, an einem Ende sitzt der Chef, der Rest dient als Besprechungstisch für Gäste.

Wilhelm Bernhard Bergmann im früheren Chefzimmer von Franz Jolesch, 1940er Jahre

Herr Fischer versteht ein wenig deutsch, seine Vorfahren stammen aus dem Schwarzwald, aber ohne Jindrich gäbe es keine Kommunikation. Wir erfahren, dass Fischer mit vielen Altlasten zu kämpfen hat. In der Zeit des Kommunismus wurde in den damals staatlichen Betrieb nichts investiert. Der Zahn der Zeit hat an den Betriebsgebäuden genagt, da und dort fällt der Verputz herunter.

Aber das Unternehmen hat sich offensichtlich erfolgreich spezialisiert. Der Kern der Produktion sind Spannleintücher aus Frottee in verschiedenen Farben. Als Absatzmärkte nennt uns Fischer eine Reihe europäischer Länder, darunter auch Österreich.

„Wo war das Direktionszimmer von Franz Jolesch? Er hat ja zuletzt das Unternehmen geleitet." – „Einen Stock höher. Es ist vermietet." – „Können wir es uns ansehen?" – „Leider nein." Aber Rostislav Fischer zeigt uns ein Schwarz-Weiß-Foto aus den frühen 1940er Jahren. In einer Sitzgarnitur hat es sich Wilhelm Bernhard Bergmann bequem gemacht, der Profiteur der Arisierung. Daneben sieht man seine Frau.

Wir fragen, was aus der Villa Zeisl geworden ist. „Die gibt es noch. Gleich auf der anderen Seite der Bahn. Sie gehört einem unse-

Die Villa Zeisl, 1930er Jahre

rer Beschäftigten." Er hat die Villa offensichtlich noch zu Zeiten des Kommunismus gekauft. Herr Fischer zeigt uns ein Foto der Villa aus den 1930er Jahren. „Können wir mit den Eigentümern reden?" – „Es ist zurzeit niemand da."

Was bleibt also von „Samuel Jolesch & Söhne"? Wir machen einen Rundgang durch die Fabrik. Der Schornstein raucht verdächtig schwarz, befeuert wird mit Kohle. In einem überdachten Bereich in einem kleinen Innenhof werden die Baumwollspindeln gelagert. Das Unternehmen hat heute 135 Beschäftigte, während des Zweiten Weltkriegs waren es rund 400 an diesem Standort. Nur mit den damaligen Filialbetrieben kam die Firma „Samuel Jolesch & Söhne" rechnerisch auf eine Gesamtzahl von 700 oder 800 Beschäftigten, wie wir dem *Compass* entnehmen konnten.

Dann geht es in die Weberei. Mit surrendem Geräusch werden die zwei Fadensysteme wie von Geisterhand rechtwinkelig verkreuzt. In der Färberei ist die Luft feucht und schwül, obwohl es draußen kalt ist. Auf riesigen Walzen rollen die gewebten Tücher in ein mit Farbstoff gefülltes Wasserbecken.

Rostislav Fischer vor der hundert Jahre alten Turbine, Jänner 2013

Die ehemalige Villa Zeisl im Jänner 2013

Über eine Stiege gelangen wir in die Näherei. In Reih und Glied aufgestellt stehen auf kleinen Tischen die Nähmaschinen, davor sitzen Arbeiterinnen und nähen Gummibänder in die Ränder der Spannleintücher ein.

Das Beste hat sich Rostislav Fischer für den Schluss aufgehoben. Er führt uns zur Francis-Turbine, das Herzstück der Fabrik. Bisher hatten wir nur in den *Compass*-Bänden von ihr gelesen. Jetzt sehen wir sie vor uns und hören das rhythmische Tuckern. Die Turbine ist seit 1912 dazu da, um aus der Wasserkraft des Flusses Iglau Strom für die Fabrik zu erzeugen – auf einer Plakette ist das Baujahr eingeprägt. Hersteller war die Firma „J. M. Voith" in St. Pölten. Die ehrwürdige Turbine wirkt alles andere als altersschwach, sie läuft und läuft und läuft.

Bei der Verabschiedung im Innenhof der Fabrik erzählt uns Rostislav Fischer, dass schon einige Male Mitglieder der Familie Jolesch verbeigekommen sind, um zu sehen, was aus dem Betrieb geworden ist. Er deutet noch zur Villa Zeisl, und schon läuft Jindrich die Straße hinauf und macht Fotos.

Schade, dass die Optik des Hauses durch den Zubau von zwei Garagen und durch einige Renovierungen beeinträchtigt wurde. Hier, irgendwo im Garten des Hauses, nahm Louise Jolesch an einem heißen Sommertag nackt ein Sonnenbad und die Bauern stürmten mit Heugabeln zur Fabrik. Eigentlich hatten wir noch vorgehabt, zur Villa Zeisl zu fahren und einfach anzuläuten. Vielleicht treffen wir doch jemanden an. Aber der Schneefall wird immer heftiger, und so machen wir uns auf die Heimfahrt.

Wieder in Wien sehen wir uns beim Abendessen in einem Gasthaus die Firmenbroschüre aus dem Jahr 2009 genauer an. Fischer hat sie uns mit einem wehmütigen Blick überreicht. Jetzt habe er nur noch ein Exemplar. Ins Deutsche übersetzt lautet der Titel: *Spulen über der Turbine. 150 Jahre Textilindustrie in Wiese bei Iglau*. Autoren sind Zdeněk Hrabica und unser Gesprächspartner Vlastimil Svěrák vom Archiv in Iglau.

Auf Seite 53 lesen wir, dass Franz Jolesch nach dem Tod seines Vaters im Jänner 1935 doch die Führung der Fabrik übernommen hat. Das Testament gab Olga Jolesch diesen Spielraum. Emil Jolesch hatte zwar verfügt, dass seine Gattin das Fabriksunternehmen nach seinem Tode allein weiterführen solle, der Nachsatz öffnete aber einen Türspalt für die Heimkehr des verlorenen Sohnes. Es hänge vom Willen

Tafel zum 60-jährigen Jubiläum von „Samuel Jolesch & Söhne“, 12. Juni 1928

Jagdgesellschaft mit Franz Jolesch (Zweiter von rechts), 1930er Jahre

der Olga Jolesch ab, „in welcher Weise sie bezüglich der Weiterführung des Unternehmens verfügen will."

Franz Jolesch war voller Tatendrang. Er kaufte neue Maschinen aus dem Ausland und erweiterte die Produktpalette. Es war sein Verdienst, dass die Firma auch nach England, Ägypten, Südafrika und Peru zu exportieren begann. Ein wichtiger Abnehmer war weiterhin die tschechoslowakische Armee: „Zu dieser Zeit gaben sich die Versorgungsoffiziere die Klinke in die Hand." Aber Franz Jolesch blieb wenig Zeit, um zu beweisen, dass ihn sein Vater zu Unrecht von der Leitung des Unternehmens fernhalten wollte. Am 14. März 1939 setzte er sich gerade noch rechtzeitig nach Kaschau (Košice) ab, das erst seit wenigen Monaten wieder zu Ungarn gehörte. Einen Tag später marschierten deutsche Truppen in die sogenannte „Rest-Tschechei". In der Broschüre *Spulen über der Turbine* ist eine Tafel mit den Portraits der Eigentümer und der Führungskräfte aus dem Jahr 1928 abgebildet: in der Mitte Emil Jolesch, links von ihm sein Sohn Franz Jolesch. Obwohl er zu diesem Zeitpunkt wegen seiner Hochzeit mit Louise schon in Ungnade gefallen war, gab ihm der Vater auf der Tafel dennoch jenen Platz,

Die Fabrik in Wiese, rechts das Wohnhaus mit Veranda, 1930er Jahre

der ihm gebührt. Gefeiert wurde das 60-jährige Bestehen des Unternehmens.

Ein anderes Foto zeigt Franz Jolesch bei einem Jagdausflug, wieder in einem hellen Hemd und mit Lederhose, das Jagdgewehr hängt auf der Schulter. Die Gruppe wird links und rechts von einem Jäger flankiert. Alle schauen in die Kamera, auch der Jagdhund, ein Vorstehhund der Rasse Deutsch Kurzhaar. Eine Dame des Hauses hält die Jagdbeute in der Hand.

Am nächsten Tag schickt uns Jindrich das Ergebnis einer Internetrecherche. Im Jahr 1930 wurde eine fünfjährige Jagdpacht in Hoch Studnitz (Vysoke Studnice) ausgeschrieben, drei oder vier Kilometer nordöstlich von Wiese. Nicht weniger als 14 Interessenten bewarben sich um die Pacht. Den höchsten Betrag für das 647 Hektar große Areal, nämlich 3.900 Kronen, bot ein uns nicht unbekannter „Frantisek Jolesch, Fabrikant in Luka“. Fünf Jahre später, im Jahr 1935, hatte er acht Mitbewerber, dieses Mal musste er 2.800 Kronen für die Pacht aufwenden.

Wir wissen nun, wohin die Jagdgesellschaften gezogen sind. Sie mussten nur die Iglau überqueren und schon waren sie im Jagdgebiet.

Die Haushälterin Terezia in der Wohnung der Familie Jolesch, 1930er Jahre

Vermutlich hat Friedrich Torberg seinen Freund Franz Jolesch auf dem Weg nach Hoch Studnitz hin und wieder begleitet. Dort dürfte auch das Foto entstanden sein, das David Axmann im Nachlass Torbergs gefunden hat. Auch auf diesem Foto trägt Franz Jolesch ein helles Hemd und eine Lederhose.

Jetzt hat auch Jindrich das journalistische Jagdfieber gepackt. Da Wiese von Znaim nicht weit entfernt ist, begibt er sich ein paar Mal alleine auf die Suche nach Spuren der Familie Jolesch. Im Heimatmuseum von Wiese treibt er alte Ansichten der Fabrik auf. Er fährt auch zur ehemaligen Villa Zeisl und spricht einen Mann an, der im Garten arbeitet. Dieser lädt ihn gleich ins Haus ein, denn seine Frau wisse alles über die Familie Jolesch.

Frau Marie Hujková berichtet, dass ihr Vater Josef Kolář in den späten 1930er Jahren als Maschineneinsteller in der Fabrik arbeitete, ihre Mutter Terezia führte den Haushalt der Familie Jolesch. Sie habe oft von der „liebenswürdigen Frau Olga Jolesch" erzählt.

Die Villa Zeisl war damals nur im Sommer bewohnt und beherbergte die Gäste. Das Haus mit der Holzveranda unmittelbar neben der Fabrik diente als Büro und als Wohnhaus. Im oberen Stockwerk wohnte die

Familie Jolesch, dort gab es auch ein Gästezimmer. Die Mutter habe berichtet, dass Egon Kisch oft zu Besuch war. „Er blieb meist für längere Zeit und schrieb spätabends bis tief in die Nacht hinein. Meine Mutter kochte ihm literweise Kaffee. Am liebsten saß er auf der Veranda."

Wir erinnern uns, dass Louise den Publizisten Egon Kisch kennenlernte, wahrscheinlich Ende der Zwanzigerjahre. Ein bereits zitierter Brief bezeugt, dass sie Anfang 1931 nach einer Aufführung von Brechts *Die Maßnahme* mit ihm im Romanischen Café in Berlin saß. Vermutlich war sie es, die Kisch nach Wiese eingeladen hatte.

Jindrich schaut sich mit Frau Hujková die alten Fotos an. Sie kann einige Personen auf den Fotos identifizieren und kommentiert auch das Foto mit der Jagdgesellschaft: „Das ist Franz Jolesch", sie zeigt auf den Mann mit der Lederhose. Wer die Frau daneben ist, kann sie nicht sagen. „Vielleicht eine Freundin?" Wir bezweifeln das.

Auch über Friedrich Torberg weiß Frau Hujková nichts zu erzählen – obwohl er nachweislich bei den Joleschs in Wiese oft zu Besuch war – zu einer Zeit, als Franz Jolesch mit Louise noch verheiratet war. Das ist ein Problem von Oral History. Unser Erinnerungsvermögen ist selektiv und lückenhaft.

Auf den Spuren Sperbers und der Familie Jolesch in Wien

Der berühmte Rechtsanwalt aus Torbergs Buch war erwartungsgemäß in Wien verwurzelt. Dass auch die in Mähren beheimatete Industriellenfamilie Jolesch in der Hauptstadt einige Spuren hinterlassen hat, war für uns eine Überraschung. Deshalb suchten wir bei einer Rundfahrt die Schauplätze dieser Protagonisten aus Torbergs *Die Tante Jolesch* auf – mit Friedrich Achleitners Buch *Österreichische Architektur im 20. Jahrhundert* im Handschuhfach.

Zu Beginn fahren wir zu jenem Haus, in dem Hugo Sperber geboren wurde und seine Eltern wohnten. Nach den Angaben in den Urkunden ist das Wallensteinstraße 34. Ein Plan aus dem Jahr 1888 zeigt uns allerdings, dass der Platz, als Hugo Sperbers Eltern dort wohnten, ganz anders ausgesehen hat. Er war viel größer.

Wir fahren also mit dem Auto über die Friedensbrücke, dann auf der Wallensteinstraße immer geradeaus und schauen, wo die Nummer 34 sein könnte. Die Nummer 36 ist zu finden, ein Haus mit der Nummer 34 gibt es nicht.

Wenn wir auf dem Wallensteinplatz stehen, sehen wir ein eindrucksvolles Bürgerhaus mit der Hausnummer 3–4. Dieses Gebäude im Stil des Späthistorismus wurde 1898 erbaut. Auf einem Teil der Baufläche dieses Hauses hatte sich zuvor ein älteres Haus mit Eingang Wallensteinstraße befunden. Hier wurde Hugo Sperber geboren. Als das Haus abgerissen wurde, übersiedelte die Familie Sperber in die Radetzkystraße 9 im 3. Wiener Gemeindebezirk.

Seine Kupferschmiede hatte Jacob Sperber schon seit ca. 1882 am Brigittaplatz 1. Offensichtlich ist der Betrieb rasch gewachsen. Im *Lehmann 1893* ist eine Fabrik Jacob Sperbers zur Erzeugung von Dampfkesseln und Maschinen mit der Adresse Marchfeldstraße 1/Dresdnerstraße 27 eingetragen. Nach dem Tod von Jacob Sperber im Dezember 1895 übernahm der bisherige Prokurist Alfred Heinrich Messinger die Leitung der Firma, gemeinsam mit Georg Lewy, dem Schwager der Witwe. Er wurde zum Kurator der Firma und gleichzeitig zu Hugo Sperbers Vormund bestellt.

Die Mazzesinsel lag weiter östlich. Wir fahren den Augarten entlang, sehen links die zwei Flaktürme und biegen rechts in die Malzgasse ab. Dann geht es links in die Leopoldsgasse, die in die Hollandstraße mündet. Jetzt sind wir beim Karmelitermarkt angelangt. Hier sieht man orthodoxe Juden in ihrer traditionellen Kleidung durch die Straßen gehen.

Den weiteren Weg nehmen wir zu Fuß in Angriff. In der Kleinen Sperlgasse 2c befindet sich jenes Bundesgymnasium, das Hugo Sperber von 1901 bis 2003 besuchte. Früher hatte sich hier der Tanzsaal „Zum Sperl“ befunden, eines der bekanntesten Vergnügungslokale Wiens in der Biedermeierzeit, wo Johann Strauß und Josef Lanner mit Walzerkompositionen das Publikum begeisterten. Deshalb verwendet die Schule heute die „Sperl-Polka“ von Johann Strauß (Vater) als Musikschleife am Telefon.

Im Stiegenaufgang des Hauses Kleine Sperlgasse 2c erinnert eine Tafel an Alois Pokorny, den bekannten Botaniker und ersten Direktor dieses Gymnasiums. Zu den berühmtesten Schülern gehören Eduard Sueß (Geologe), Julius Tandler (Arzt und Stadtrat), Viktor Frankl (Begründer der Logotherapie) und Carl Djerassi (Erfinder der „Pille“).

Später wird diese Schule „k. k. Erzherzog-Rainer-Realgymnasium“ genannt werden, und noch später, in der NS-Zeit, und zwar in den Jahren 1941 und 1942, wird im benachbarten Gebäude Kleine Sperlgasse 2a ein Sammellager für Transporte nach Maly Trostinec bei Minsk eingerichtet werden.

Nicht weit entfernt, auf der Praterstraße 25, war jenes Parteilokal, in dem Hugo Sperber – er war Leiter der Sektion 2 des Bezirks Leopoldstadt – einmal wöchentlich unentgeltliche juristische Sprechstunden für Parteimitglieder abhielt. Heute ist dort ein modernes Bildungszentrum der Wiener SPÖ untergebracht.

Das 1913 von dem Otto-Wagner-Schüler Rudolf Perco entworfene Gebäude wurde früher „Fürstenhof“ genannt. Wir lesen bei Achleitner, dass hier ein Café gleichen Namens untergebracht war, ferner die Rolandbühne. „Der ‚Fürstenhof‘ zählt zu den prachtvollsten Wohn- und Geschäftshäusern des Bezirks. (...) Die im Halbrelief ausgeführten Allegorien der ‚Vier Jahreszeiten‘ von A. Canciani stellen einen Konsens mit dem eher klassizistischen Duktus des Fassadenbaus her.“ [180]

Wir fahren dann stadteinwärts und die Ringstraße entlang. Am Schwarzenbergplatz könnten wir rechts abbiegen und vor der Hegelgasse 5 haltmachen. Hier wohnten Sperbers Tante Aranka und ihr Mann Georg Lewy, der Vormund Hugo Sperbers. Aber dieser Umweg lohnt sich nicht. Wir fahren weiter die Ringstraße entlang, vorbei am Burgkino, und machen dann einen Schwenk auf die Landesgerichtsstraße. Rechts passieren wir die Hinterseite des Justizpalastes, wenig später taucht auf derselben Seite das Rathaus auf und gleich anschließend halten wir auf der Landesgerichtsstraße bei der Hausnummer 20. Hier hatte Hugo Sperber seine Kanzlei und seine Wohnung.

Hans J. Thalberg (1916–2003), er gehörte zum engsten Mitarbeiterkreis des Außenministers und des späteren Bundeskanzlers Bruno Kreisky, wohnte ebenfalls in diesem Viertel. Das Haus liegt an der linken Straßenseite und hat die Adresse Friedrich-Schmidt-Platz 7. In seinem Buch *Von der Kunst, Österreicher zu sein* beschreibt Thalberg „das sogenannte Rathausviertel“ als einen „weiten Komplex imposanter, teilweise protziger Mietshäuser im besten Wiener Ringstraßenstil. Karyatiden und Säulen, Ecktürmchen und Erker, hinter denen sich riesige Luxuswohnungen verbargen, das alles gruppiert um das neugotische Wiener Rathaus. (...) Es waren Industrielle, Bankiers, Aristokraten, Anwälte und viele Ärzte, die dort zuhause waren. Gut zwei Drittel der damals bekanntesten medizinischen Autoritäten Europas konnte man im Umkreis von knapp einem Kilometer rund um das Rathaus antreffen."

Thalbergs Wohnung lag „im Zentrum der meisten politischen Demonstrationen der damaligen Zeit. Wenn die Straßenbahnwagen der Ringstraße bei uns auf der Zweierlinie fuhren, wußte ich, daß am Ring etwas los war. Die 1. Mai-Feiern spielten sich meist in diesem Raum ab, ich erinnere mich der feierlichen Umzüge, die die Sozialdemokratische Partei veranstaltete: wohlgeordnete Reihen von Straßenbahnern und Krankenschwestern, von selbstbewusst wirkenden Arbeitern mit offenem Hemdkragen, von Roten Falken auf rot geschmückten Fahrrädern zogen mit ihren Musikkapellen unter unseren Fenstern vorbei." Das Echo unter den großbürgerlichen Bewohnern des Rathausviertels sei gedämpft gewesen, was auch auf die Familie Thalberg zutraf: „Mein Vater zog sich meist in die Bibliothek zurück, wir Kinder hatten den Auftrag, uns zu Hause ruhig zu verhalten. Die Fenster, die auf die Straße gingen, gehörten dem Hauspersonal (...)" [181]

Als im Juli 1927 aus Protest gegen das Schattendorf-Urteil erzürnte Demonstranten den Justizpalast in Brand steckten und berittene Polizisten in die Menge schossen, richtete das Hausbesorger-Ehepaar im Hof eine Art Notlazarett ein.

Heute fährt auf der Landesgerichtsstraße, der früheren Zweier-Linie, keine Straßenbahn mehr. Die Fahrgäste werden unterirdisch mit der U-Bahn befördert.

Sperbers Kanzlei und Wohnung waren in einem riesigen Block untergebracht, der von der Landesgerichtsstraße über die Liebiggasse zur Rathausstraße reichte. Im letzten Stock dieses Hauses wohnte Sperber seit 1912, seine Mutter bereits seit 1906. Hier befand sich auch sein Arbeitsplatz, eine Kanzleigemeinschaft mit Rechtsanwalt Dr. Friedrich Sommer, seinem Cousin. Es war eine 210 Quadratmeter große Mietwohnung.

Für Sperber war die Wahl seines Kanzleisitzes aus mehreren Gründen ideal: Im Rathaus konnte er rasch seine sozialdemokratischen Parteifreunde treffen, bei Verhandlungen im Landesgericht I musste er nur die Straße überqueren.

Wir gehen wie Sperber zu Fuß in jenes Kaffeehaus, in das er oft essen ging. Heute heißt das Lokal Votivcafé, zu Sperbers Zeiten hieß es Café Arkaden. Wir stehen vor einem Gründerzeithaus an der Ecke Reichsratsstraße/Universitätsstraße, direkt hinter dem Hauptgebäude der Universität und in unmittelbarer Nähe der Votivkirche – von daher der heutige Name. Die parallel zur Ringstraße verlaufende Reichsratsstraße weist in ihrer Architektur eine für Wien recht ungewöhnliche Eigenheit auf: alle Häuser sind mit vorgelagerten Arkadengängen ausgestattet.

Im Café Arkaden trafen sich zu Sperbers Zeit einige Mitglieder des von Moritz Schlick begründeten Wiener Kreises, bestehend aus Philosophen und Wissenschaftstheoretikern, deren philosophischer Ansatz unter der Bezeichnung „Logischer Empirismus" bekannt wurde. Der Philosoph Rudolf Carnap war dort oft zugegen, auch der Mathematiker Kurt Gödel – er ist noch heute vielen ein Begriff, und zwar wegen Douglas R. Hofstadters Bestseller *Gödel, Escher, Bach – ein Endlos geflochtenes Band.*

Zu Fuß geht es weiter in die Innenstadt. In der Herrengasse stoßen wir linker Hand auf das Café Central, wo nicht nur Hugo Sperber, sondern auch Justinian Frisch lange Zeit Stammgast war. Es ist ein neu eingerichtetes Kaffeehaus, das mit dem früheren Künstlercafé nur die Adresse gemeinsam hat. Aber das Lokal strahlt ein angenehmes Flair aus, wenngleich das gesamte Interieur in einer leicht modernisierten Form nachgebaut wurde.

Als die hier verkehrenden Künstler und Bohemiens dem Lokal den Rücken kehrten, übersiedelten sie ein kleines Stück stadteinwärts in das Café Herrenhof. Wir gehen also jenen Weg, den Sperber und Frisch gegangen sind – aber an der Stelle des Kaffeehauses befindet sich heute ein Hotel, es führt immerhin den „Herrenhof" im Namen – zur Erinnerung an die „untergegangene Welt". Im selben Haus betrieb Eugenie Schwarzwald ihr Mädchen-Lycee, hier ging auch Louise Gosztonyi zur Schule, die spätere Frau von Franz Jolesch.

Wenn man Torbergs Anekdotenband liest, bekommt man den Eindruck, dass diese Textilindustriellen nur in Wiese bei Iglau zu Hause waren. Das ist in vielerlei Hinsicht nicht zutreffend. Erstens hatte das Unternehmen mehrere Zweigbetriebe in Mähren, und zwar im

Franz-Josefs-Kai 53, im obersten Stockwerk Wohnung der Familie Julius und Gisela Jolesch

Umkreis von rund 70 Kilometern. Im *Compass* der Ausgabe 1905, einem 1868 gegründeten Jahrbuch mit Informationen über Bilanzen, leitende Personen, Produkte und Beteiligungen, sind Fabriken an folgenden Orten vermerkt: Okřischko (tschech. Okříšky), Pirnitz (tschech. Brtnice), Přibislau (tschech. Přibyslav) und Soběslau (tschech. Soběslav). Der südlichste Betrieb von „Samuel Jolesch & Söhne" befand sich in Göllersdorf, einem kleinen Ort zwischen Stockerau und Hollabrunn in Niederösterreich.

Als Julius Jolesch das Familienunternehmen in Wiese bei Iglau verließ, verbrachte er die meiste Zeit an den Firmensitzen in Waitzen und später in Rosenberg. Daneben hatte er jedoch auch in Wien eine 260 Quadratmeter große Wohnung, und zwar am Franz-Josefs-Kai 53. Das ist unser nächstes Ziel. Im dritten und obersten Stockwerk wohnte hinter der Tür mit der Nummer 12 Julius Jolesch mit seiner Familie.

Das Gründerzeithaus gehört der Vorarlberger Industriellenfamilie Hämmerle. Franz Martin Hämmerle erwarb das Gebäude im Jahre 1875. Das sogenannte „Wiener Haus" sollte dazu dienen, den Umsatz in den Ländern der Monarchie anzukurbeln. Es ist vor einiger Zeit durchgehend renoviert worden und hat viel von seinem früheren Glanz verloren. Nur das Deckenfresko in der Eingangshalle zeugt von seiner großen Vergangenheit.

Das hier abgebildete Foto stammt aus der Festschrift *Hundert Jahre F. M. Hämmerle*, erschienen 1936, es zeigt, wie das mächtige Eckhaus zu Zeiten von Julius Jolesch ausgesehen hat.

Hausherr war über viele Jahre hindurch Theodor Hämmerle, einer der vier Söhne des Firmengründers F. M. Hämmerle – die Abkürzung stand für die Vornamen Franz und Martin.

Theodor Hämmerle war nicht nur ein erfolgreicher Geschäftsmann, sondern auch ein großzügiger Musikmäzen. Hämmerle spielte ausgezeichnet Cello und veranstalte in diesem Haus über 700 Kammermusikabende. Hier wurde um die Jahrhundertwende der „Wiener Concertverein" gegründet, aus dem später die Wiener Symphoniker hervorgingen. Theodor Hämmerle und Julius Jolesch haben einander höchstwahrscheinlich gut gekannt, beide waren in der Textilbranche tätig, sie waren auch etwa gleich alt.

Der Franz-Josefs-Kai stand früher der Ringstraße um nichts nach, im nahe gelegenen Textilviertel konnte Julius Jolesch auf kurzem Weg Geschäftspartner treffen.

Heute wohnt an der Adresse Franz-Josefs-Kai 53/12 der emeritierte Univ.-Prof. Dr. Wolfgang Dressler – ich erinnere mich noch, dass ich „Grundlagen der Sprachwissenschaft" bei ihm belegte, als ich an der Universität Wien Germanistik und Anglistik studierte. Sein Großvater Heinz Groll, Sohn des Malers Andreas Groll, hatte die Wohnung Ende 1938 bezogen, nachdem Gisela Jolesch Wien verlassen musste.

Groll hatte zuvor in einem Gebäude gewohnt, das an jenem Platz stand, wo sich heute der Ringturm befindet. Weil die Reichsgesundheitsbehörde dort ihr Wiener Hauptquartier unterbringen wollte, musste er ausziehen. „Mein Großvater war dazu ausersehen, Gretl Hladik, eine geborene Hämmerle, zu heiraten", hatte Dressler eine Woche zuvor erzählt, als ihn Wolfgang besuchte. „Die Ehe kam nicht zustande, doch die Freundschaft blieb. Beim Einzug fanden die Grolls die seit einigen Monaten leer stehende Wohnung völlig ausgeräumt vor, lediglich ein Gestell zum Gänsestopfen war in einem Abstellraum. Es gab keinen Kontakt mit der Familie Jolesch."

Heinz Groll war ab 1939 Mitglied einer monarchistischen Widerstandszelle. Nach dem gescheiterten Attentat auf Hitler im Juli 1944 wurde er festgenommen und blieb bis knapp vor Kriegsende in Polizeihaft; er wurde nur deshalb nicht von der SS abgeführt, weil der betreffende Gefängnistrakt in der Rossauer Kaserne unter Flecktyphusquarantäne war. Seine Frau versteckte in der Wohnung eine Jüdin. Diese überlebte den Krieg und ließ sich danach in Israel nieder.

Wir fahren mit dem Auto Richtung Urania und dann den Ring entlang, bis wir bei der Staatsoper angelangt sind. Eine kleine Seitengasse der Kärntner Straße ist die Mahlerstraße. Hier wohnte auf Nummer 3 Kató Jolesch, im 5. Stock auf Tür 20. Es ist ein wenig attraktives Gebäude, aber eine gute Adresse. Kató Jolesch, die Witwe von Franz Jolesch, wird auch aus einem anderen Grund mit dieser Bleibe nicht unzufrieden gewesen sein – bis zur Staatsoper waren es nur ein paar Schritte.

Unsere Reise durch die Welt der Familie Jolesch und des Rechtsanwalts Dr. Hugo Sperber ist zu Ende. Als Draufgabe fahren wir noch schnell in den 3. Wiener Gemeindebezirk. Dannebergplatz 11 – so lautete die Wohnadresse von Marietta Torberg. Als Friedrich Torberg den ORF-Fernsehfilm *Die Tante Jolesch* drehte, siedelte er hier die Wohnung der Tante Jolesch an. Das Haus symbolisiert also auch die Torberg'sche Welt.

Vom Arenbergpark aus sehen wir die beeindruckende Fassade des 1906/07 erbauten Jugendstilhauses. Auch Achleitner gerät ins Schwärmen: „Dieses Haus fällt besonders durch den secessionistischen Dekor und den Aufbau der Fassade im Sinne der frühen Otto-Wagner-Schule auf; beides ist weder Georg Berger noch dem für die Fassaden verantwortlichen Heinrich Kestel zuzutrauen. Vielleicht hat hier doch auf Wunsch des Bauherrn ein junger Wagner-Schüler in einem Büro etwas ausgeholfen?“ [182]

Im Arenbergpark stehen zwei Flaktürme. Die klobigen, beinahe unverwüstlichen Betonklötze sind Zeugen eines grausamen Kapitels der österreichischen Geschichte. Diese reicht wieder einmal bis in die Gegenwart herein.

Torbergs Zuhörer sind „eine Art Versuchskaninchen“ für die Wirkung der Anekdoten

Als ich die Flügelmappe mit den Reaktionen zum Buch *Die Tante Jolesch* aufschlage, kommt mir die Handschrift auf dem Brief mit der Archivnummer 4 bekannt vor. Der Verfasser hat mit großen und äußerst schwungvollen Lettern seine Gedanken zu Papier gebracht. Ich erkenne die Schrift von Heinz Marecek.

Der Brief Mareceks an Torberg in der Handschriftenabteilung ist mit 20. März 1976 datiert. Er habe innerhalb kürzester Zeit *Die Tante Jolesch* gelesen – „mit Genuss und Belehrung möchte ich betonen“ [dabei zitiert H. M. eine Kapitelüberschrift in Torbergs Buch]. „Aber auch mit ziemlichem Schamgefühl, daß es einer Schenkung bedurfte, um dieses köstlich originelle Buch zu lesen. Trotzdem werde ich Dich vor dem Erscheinen der Fortsetzung nach Leibeskräften mit unverwendbaren und leider oft auch gar nicht so guten Geschichten bombardieren und danke Dir schon jetzt im Voraus. Herzlichst Dein Heinz Marecek.“ [183]

Im Jahr 2002 hatte Heinz Marecek im Residenz Verlag sein Buch *Das ist ein Theater. Begegnungen auf und hinter der Bühne* herausgebracht. Ich redigierte damals das Manuskript und hielt engen Kontakt mit ihm. Da der umtriebige Schauspieler ständig unterwegs war, um in Deutschland und in Österreich Drehtermine wahrzunehmen, musste unsere Kommunikation per Telefon und Fax erfolgen.

„Ich habe oft dem Torberg zugehört“, sagte Marecek eines Tages am Telefon, „war ein Zaungast am Hauessermann-Stammtisch. Wenn Torberg nicht dort war, konnte man ihn in der Fledermaus-Bar finden.“ Ich freute mich, dass er darüber zu schreiben begann. Bald flatterten nächtens seine Erinnerungen an Torberg aus meinem Faxgerät und landeten verstreut auf dem Fußboden: „Das Schöne an Torberg war, dass man ihn nicht lange bitten, ihm nicht irgendwelche Geschichten aus der Nase ziehen musste, nein, das allerkleinste Stichwort genügte – und Schleusen öffneten sich. (...) Gelegentlich leistete auch ich einen kleinen bescheidenen Beitrag – und es gibt weniges, auf das ich so stolz bin, wie wenn es mir gelang, ihn, den Großmeister der Anekdote, mit einer Geschichte zum Lachen zu bringen.“ [184] Marecek schilderte eindrucksvoll, wie Torberg über eine gute Pointe gelacht hatte: „Kopfschüttelnd, prustend, Rauch aus der Nase stoßend. Tränen in den Augen. Und vor allem konnte er wunderbar lächeln! Wenn er lächelte verstand man, dass man einem berüchtigten *homme à femme* gegenübersaß."

Wenn Torberg eine Geschichte ein zweites oder ein drittes Mal erzählte, oft mit leicht verändertem Wortlaut, merkte man, wie er an den Reaktionen seiner Zuhörer beobachtete, welche Version eine bessere Wirkung erzielte. „Manchmal denke ich, dass wir damals so eine Art Versuchskaninchen für *Die Tante Jolesch* waren, denn als dieses Buch erschien, fand ich dort natürlich viele Geschichten wieder, die ich schon kannte – und zwar immer genau in jener Version, die in der Fledermaus den größten Erfolg gehabt hatte."

Nicht nur über Rilkes Duineser Elegien habe man mit Torberg ernsthaft reden können, sondern auch über obszöne Schüttelreime. „Sagte ich ‚Wassernixen', nickte er: ‚Geht'; als ich hingegen ‚Nasenbluten' vorschlug, winkte er unwirsch ab: ‚Denk nicht einmal daran – eine phonetische Sauerei!'"

Marecek schickte mir auch eine Anekdote, die am Haeussermann-Stammtisch im Restaurant „Zur Linde" in der Rotenturmstraße spielt. Dort vertrat Torberg die These, dass der Satz „Es ist was faul im Staate Dänemark" eine falsche Übersetzung Wilhelm Schlegels sein müsse, weil es zum besagten Zeitpunkt den Staat Dänemark nicht gab. Der berühmte Satz aus Shakespeares Hamlet „There's something rotten in the state of Denmark" müsse daher anders übersetzt werden, und zwar mit dem Wort „Zustand": „Da ist was faul am Zustand Dänemarks." In diesem Augenblick läutete das Stammtisch-Telefon, Haeussermann hob ab und sagte zu Torberg: „Das wird wahrscheinlich der Hacker sein, der ruft um diese Zeit immer aus den ‚Vereinigten Zuständen von Amerika' an." [185]

Marecek erzählte mir, dass ihm Torberg ein Exemplar von *Die Tante Jolesch* mit einer Widmung geschenkt habe: „Lieber H. M. Ein kleiner Dank für viele köstliche Geschichten! Dein F. T." Irgendein Freund Mareceks hat sich das Buch ausgeborgt und nicht mehr zurückgegeben. Deshalb an dieser Stelle der Aufruf: Wenn er schon nicht den Mut hat, den Diebstahl einzugestehen – könnte er nicht das Buch anonym per Post zurückschicken?

Hat die Tante Jolesch wirklich gelebt?

Friedrich Torberg weist im zweiten Band seiner Anekdotensammlung darauf hin, dass er Leserbriefe von Mitgliedern der Familie Jolesch erhalten habe: „Von einigen in die weite Welt verstreuten Angehörigen der seligen Tante Jolesch erhielt ich ungemein detaillierte Auskünfte über verwandtschaftliche Schichtungen und Verzweigungen, die ich nicht erwähnt hatte. (Zu meiner Entschuldigung: es lag mir fern, eine Familienchronik des Hauses Jolesch verfassen zu wollen.)“ [186] Ich frage mich, ob ich diese Leserbriefe in der Handschriftenabteilung am Josefsplatz finden werde.

Die bereitgestellte Mappe mit Reaktionen zum Buch *Die Tante Jolesch* ist ungemein dick. In einem Brief von Margit Rosenkranz aus Rottach-Egern vom 26. August 1975 geht es um Franz Jolesch, doch aus der Einleitung wird klar, dass die Verfasserin des Briefes auch Egon Erwin Kisch gekannt hat: „(...) als ich 1946 aus dem Lager entlassen wurde, war mein erster Weg ins Kischhaus. Egons Schwester aus London war dort, sie musste sich mit dem národní výbor [Nationalausschuss] herumstreiten. Egonek residierte mit Giesl im Hotel Alcron. Als ich zu ihm ging, hielt er gerade in der Halle eine Pressekonferenz mit tschechischen Journalisten ab. Sein Kommentar: samí blbci [lauter Idioten], haben keine Ahnung von Journalismus. Er war sehr verbittert und bat mich, falls ich nach USA auswandern sollte, nicht zu erzählen, wie sich die Russen in Prag benommen hatten.

Ich zerbreche mir andauernd den Kopf über Franz Jolesch, hat er nicht in Iglau gelebt? Iglau gehörte zur deutschen Sprachinsel. Mein Onkel Johann hatte dort ein Gut und ich habe das Iglauer Gymnasium besucht. In den Bridgekreisen sprach man von einem Franzi. Ich war ja damals noch ein Fratz. Sein Freund war der Grünfeld vom Großen Platz. Ich sehe ihn vor mir bei den Feuerwehrübungen mit Helm auf dem Kopf. Der alte Grünfeld trug einen weißen Backenbart à la Kaiser Franz Joseph. Es gab damals noch keine Judenfrage, alles waren alt eingesessene Bürger.“ [187]

Torberg antwortet am 11. September 1975: „(...) Was schließlich Franzl Jolesch betrifft: Er hat tatsächlich in Iglau gelebt, genauer in Wiese bei Iglau (Luka nad Jihlavou) und ich war, wie auch aus dem Buch hervorgeht, mehrmals im Haus seiner Eltern zu Gast. Seine Witwe Kato lebt in Wien, ebenso wie seine erste Frau namens Lu (Luise), die allerdings zwischendurch mit dem Komponisten Hanns Eisler und zuletzt mit dem gleichfalls kommunistischen Schriftsteller und Politiker Ernst Fischer verheiratet war. (...)

Wie gern würde ich von der offenkundigen Tatsache, daß Sie ein ‚wandelndes Altprager Lexikon' sind, Gebrauch machen! Aber wann kommt unsereins schon nach Rottach-Egern? Vielleicht darf ich Sie bitten, mir die Geschichten oder Anekdoten, die Sie parat haben, einmal brieflich zu übermitteln. Es könnte nämlich leicht passieren, daß sich eine Art Nachtragband zur ‚Tante Jolesch' ergibt." [188]

Ich blättere die Mappe weiter durch und halte schließlich ein Schreiben von Grete Barnes (früher Roth) aus Melbourne in Händen, es ist mit 23. Mai 1975 datiert. Grete Barnes ist eine Enkelin von Berta Jolesch und Adolf Podzahradsky.

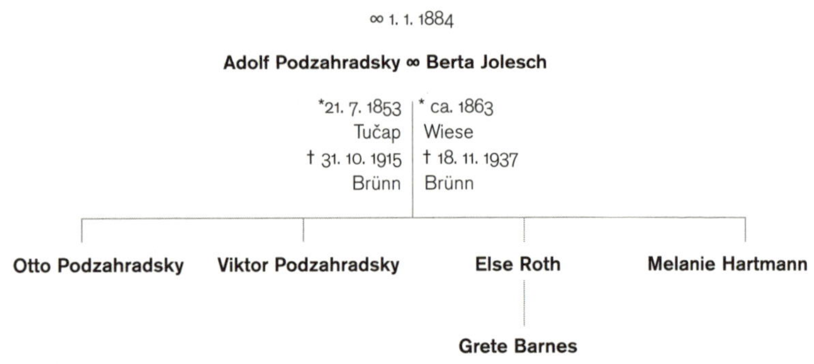

Grete Barnes bringt zunächst zum Ausdruck, wie sehr sie sich über das Buch *Die Tante Jolesch* gefreut habe. „Was Tante Jolesch betrifft – Gott habe sie selig – es waren vier Tanten und zwei Onkel. Sie alle waren meine Großtanten bzw. Großonkel und Sie können sich meine Gefühle vorstellen, als ich alle diese längst verschwundenen Verwandten wieder vor Augen sah, und das ganze Milieu an mir vorbeizog."

Mrs. Barnes will damit wohl sagen, dass Samuel und Sofie Jolesch sieben Kinder hatten, dass es also es sieben Geschwister gab. Das achte, früh verstorbene Kind wird von ihr nicht erwähnt.

Zieht man die eigene Mutter und den eigenen Vater ab, verbleiben bei sieben Geschwistern jeweils sechs blutsverwandte Onkel und Tanten. Die angeheirateten Onkel und Tanten zählt sie nicht mit.

Ihr Cousin Franzl sei wesentlich älter als sie gewesen. Als sie im Alter von unter zehn Jahren in Wiese bei Iglau Urlaub gemacht habe, sei dieser „ein umschwärmter Adonis" gewesen, zu dem sie aufschaute. Nach dem Ersten Weltkrieg begegnete sie ihm in London, wo er an einem internationalen Bridgeturnier teilnahm und für die Tschechoslowakei einen Sieg errang: „Mein Mann beobachtete ihn noch beim Spiel."

Grete Barnes fragt Torberg, wen er aus dem Kreis der Familie Jolesch persönlich gekannt habe. „Kannten Sie auch seine anderen Cousins, Hans und Dr. Karl Stöckler und Tante Giesi's Kinder, Mancsi und Sándor Jolesch? Sie [gemeint ist Margarethe Jolesch] heiratete später den berühmten Segelflieger Kronfeld und lebte auch in London, wo sie in den 60er Jahren starb. Sándor ging nach Wien zurück und starb dort."

Grete Barnes will also von Friedrich Torberg wissen, ob er auch die Kinder von Louise und Wilhelm Stöckler gekannt habe. Auch Louise Stöckler, geborene Jolesch, war eine Schwester von Emil Jolesch.

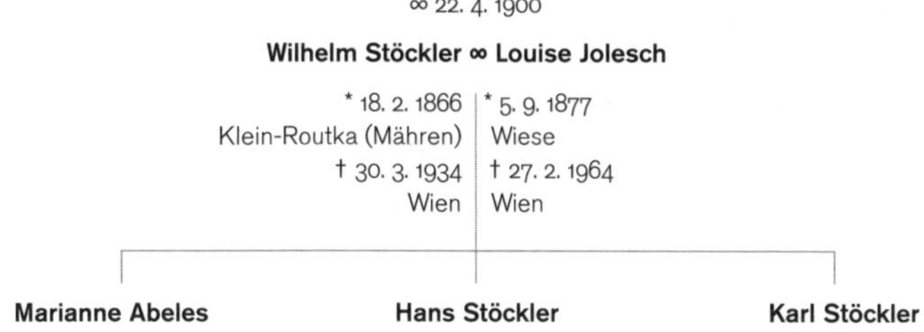

Mit „Tante Giesi" ist natürlich Gisela Jolesch gemeint, die Frau von Julius Jolesch. Sie hatte zwei Kinder.

25. 12. 1893

Julius Jolesch ∞ Gisela Salacz

*18. 2. 1862	*4. 12. 1874
Iglau	Großwardein
† 2. 7. 1931	† 14. 10. 1940
Wien	Budapest

Alexander (Sándor) Jolesch	**Margarethe (Mancsi) Jolesch**
*7. 1. 1895	* 5. 12. 1906
Waitzen	Rosenberg
† 16. 7. 1972	† 13. 2. 1960
Wien	London

Es lohnt sich, über Robert Kronfeld, den Ehemann von Margarethe Jolesch, ein paar Worte zu verlieren. Ich tue es auch deshalb, weil Marie-Theres Arnbom, die Frau von Georg Gaugusch, mit ihm weitschichtig verwandt ist.

Robert Kronfeld, geboren 1904 in Wien, war ein berühmter Segelflugpionier. Er legte als erster Mensch mehr als 100 Kilometer in einem Segelflugzeug zurück. In den Jahren 1929/30 erzielte er mehrere Strecken- und Höhenrekorde mit den Maschinen „Wien" und „Austria". Weil Juden nach der Machtergreifung Hitlers nicht als Piloten arbeiten durften, emigrierte er 1933 nach England und nahm 1939 die britische Staatsbürgerschaft an. Im Zweiten Weltkrieg stellte er sich in den Dienst der Royal Air Force, bei der er es bis zum Staffelführer im Majorsrang brachte. Am 12. Februar 1948 verunglückte er bei einem Probeflug mit einem unausgereiften rumpflosen Gleiter.

Mrs. Barnes kommt auch auf Gisela Jolesch zu sprechen. „Ich war die letzte, die Tante Jolesch in Budapest im November 1938 bei Beginn der Emigration sah. Sie lebte in einem der Donaukai-Hotels in einem kleinen Zimmer unterm Dach mit ihrem kleinen Rattler – quasi *ex gratia* – weil sie ja dort immer die Hofsuite bezogen hatte." [189] Mrs. Barnes weist darauf hin, dass diese Tante Jolesch nicht, wie Torberg schreibt, 1932 in Wien im Kreise ihrer Familie gestorben ist.

Später nahm sich Gisela Jolesch, wie Georg Gaugusch herausgefunden hat, eine Wohnung in Budapest, IV, Mária Valeria utca 4. Die letzten Jahre ihres Lebens verbrachte sie in einem Sanatorium in Budapest VII, Szövetség utca 14–16. Dort ist sie am 14. Oktober

1940 verstorben. Im Totenschein steht „Herzinsuffizienz". Sie liegt auf dem Rákoskeresztúrer Friedhof begraben, Gruppe 25, Reihe 3, Grab 3.

Die Briefschreiberin stößt sich nicht an der von Lou Eisler-Fischer angesprochenen Problematik, dass Torberg seine Tante Jolesch so darstellt, dass sie eher zur „talmudischen Ghettotradition" gehört, während die wirklichen Tanten in der Familie Jolesch der „assimilierten Kaffeehauskultur" zuzuordnen waren. Sie freut sich einfach darüber, dass sie bei der Lektüre des Buches „die längst verschwundenen Verwandten" wieder vor Augen sieht.

Mrs. Barnes hat den Verlag gebeten, ein Exemplar des Buches *Die Tante Jolesch* an ihren in Asuncion lebenden Bruder zu senden, „der älter ist als ich und bestimmt sich an die Familie mehr erinnern kann als ich." Ein weiteres Exemplar habe sie einer in Israel lebenden Cousine geschickt, die in Brünn aufgewachsen war. „Wir hoffen gegen Ende d. J. nach Wien zu kommen und würden uns freuen, inzwischen doch von Ihnen zu hören. Es gibt Zufälle im Leben und dieser zählt wohl zu den schönsten (...)" [190]

Torberg antwortet Mrs. Barnes am 5. Juli 1975: „Liebe gnädige Frau, (...) Daß die Tante Jolesch jetzt auch schon bei den Antipoden auf Resonanz und sogar auf Verwandtschaft stößt, freut mich natürlich sehr. Erst vor wenigen Tagen hatte ich den Anruf einer aus London hier zu Besuch befindlichen Frau Käthe Weigl, geb. Zeisel, verschwägerte Jolesch, die für sich in Anspruch nahm, die letzte überlebende Tante Jolesch zu sein. In Tel Aviv, wo ich voriges Jahr noch aus dem Manuskript des Buches gelesen habe, meldete sich ein Cousin meines Freundes Franzl und von den in Amerika lebenden Geschwistern Hans und Ilse Zeisel werden Sie ja sicherlich Kenntnis haben. Dem in Wien verstorbenen Sándor bin ich noch kurz vor seinem Tod einmal begegnet. Kurzum: die von mir lediglich als Symbolfigur gemeinte Dame ist immer noch in der Wirklichkeit verwurzelt. Sie hätte sich, wäre sie noch am Leben, über den Erfolg des Buches bestimmt sehr gefreut." [191] Natürlich ist die Symbolfigur nicht mehr am Leben, Torberg hat sie ja „1932 im Kreise ihrer Familie" sterben lassen.

Besagte Käthe Weigl, eigentlich Kathrin K. Weigl, ist wahrscheinlich mehrmals mit Torberg zusammengetroffen. Nach der von Torberg erwähnten Begegnung hat sie im Sommer 1975 am Semmering Urlaub gemacht, im Gästehaus Silvana. In dem mit 15. Juli datierten Brief versucht sie Torberg zu animieren, ein Buch über Anekdoten aus der Musikwelt zu schreiben. Sie könne ihm geeignetes Material zur Verfügung stellen: „Meine Familie in London steht im Zentrum des Musiklebens und die großen Virtuosen und Dirigenten sind meistens vorzügliche Raconteure." In Kürze werde sie wieder in Wien sein. Im Post Skriptum teilt sie Torberg mit, dass sie noch zwei Exemplare von *Die Tante Jolesch* gekauft habe: eines für die Schwester von Else Fischer, N. Y. (ehemalige Bridgedame im Herrenhof), die zweite für Mady Elbogen in Kalifornien.[192]

Mady Elbogen, gemeint ist Julia Elbogen, war die zweite Frau von Franz Elbogen und die Mutter von Hanni Forester. Frau Forester verdanken wir nicht nur das Foto Sperbers, sie ist auch die letzte Überlebende, die Hugo Sperber persönlich gekannt hat.

Mit Schreiben vom 6. November 1975 meldet sich dann Mrs. Greta Rafael aus New York. Mrs. Rafael bezieht sich auf einen Beitrag Torbergs im *Aufbau*, das ist eine deutsch-jüdische Zeitung, die 1934 in New York gegründet worden war. „Zu Ihrem Artikel im Aufbau ‚Tante Jolesch' möchte ich Ihnen gerne sagen, daß ich Frau Jolesch persönlich gekannt habe, denn ich stamme wie auch Frau Jolesch aus Gablonz." Mrs. Rafael hält also eine weitschichtige Verwandte aus dem Kreis der Familie Frank für Torbergs Tante Jolesch.

Mrs. Rafael macht zu dieser Person weitere Angaben. Ihr Vater sei Dr. Jakob Frank gewesen und sie habe zwei Schwestern gehabt – eine heiratete nach Wien einen Dr. Zeisel (gemeint ist offensichtlich Elsa Frank, die Ehefrau von Rechtsanwalt Dr. Otto Zeisl), die andere einen Dr. Moser nach Prag. Sie hatte auch einen Bruder, der als Offizier in Galizien stationiert war: „Ich habe alle Frank-Töchter persönlich gekannt, da diese aber eine ½ Generation älter waren als ich, so kam meine Bekanntschaft und Konversation mit ihnen nicht über ein ‚Küss die Hand' heraus. Deshalb kann ich Ihnen leider nicht mit eventuellen weiteren Aussprüchen dienen."[193]

Auch Ilse Zeisel, die Schwester von Hans Zeisel, ist in Wien aufgetaucht. Torberg war gerade auf Lesereise, so traf sie mit Marietta Torberg zusammen. Auch ihre Biografie, nachzulesen auf der Internetseite des „Archivs für die Geschichte der Soziologie in Österreich“ [194] ist interessant. Die Daten wurden in mühevoller Kleinarbeit von Prof. Reinhard Müller, Universität Graz, zusammengestellt.

Ilse Zeisel hatte in Wien das Gymnasium besucht und war Mitglied der „Vereinigung Sozialistischer Mittelschüler“ geworden. Nach der Matura studierte sie Philosophie, Englische Philologie und Kinderpsychologie an der Universität Wien. Als Studentin gehörte sie genauso wie ihr Bruder zum Projektteam der Marienthal-Studie. Später machte sie marktanalytische Studien für die „Österreichische Wirtschaftspsychologische Forschungsstelle“ ebenso für die tschechoslowakische Schuhfirma „Bata“ in Zlín (Jihormoravský Kraj), bei der ihr Bruder Hans Zeisl seit 1935 beschäftigt war. Daneben arbeitete sie als freischaffende Journalistin für die Tageszeitung *Neues Wiener Tagblatt*, außerdem war sie eine erfolgreiche Leichtathletin. Aus Protest gegen den Nationalsozialismus verweigerte sie ihre Teilnahme für Österreich an den Olympischen Spielen 1936 in Berlin.

Im Jahr 1938 emigrierte Ilse Zeisl – seither „Zeisel“ – in die Vereinigten Staaten. Sie setzte ihr Studium an der Columbia University in New York City fort, später arbeitete sie als Markt- und Medienforscherin.

Die erfolgreiche Meinungsforscherin war zunächst von Torbergs *Die Tante Jolesch* begeistert, im Gespräch mit Marietta Torberg dürfte sie sich allerdings abfällig über Gisela Jolesch geäußert haben, die Ehefrau jenes Mannes, der den Familienbetrieb Samuel Jolesch & Söhne verließ, um bei Isidor Mautner Karriere zu machen.

Ilse Zeisel musste wegen des Todes ihrer Mutter Elsa überstürzt abreisen und nach New York zurückkehren. Torberg schreibt am 9. April 1975 an Ilse Zeisel: „... es tut mir schrecklich leid, daß Sie – noch dazu aus einem so traurigen Anlaß – Wien schon verlassen hatten, als ich zurückkam. Ich hätte Sie gerne wiedergesehen und mit Ihnen über die alten Zeiten gesprochen, natürlich auch über die Tante Jolesch, von der Sie – wie mir die Marietta berichtet – nicht so viel halten wie ich. Unter uns gesagt: Auch ich halte nicht so viel von ihr, wie es in meinem Buch den Anschein hat, und es lag keineswegs in meiner Absicht, die wirkliche Tante Jolesch zu schildern. Ich habe sie als eine Art symbolische Kunstfigur verwendet, sozusagen als ‚Aufhänger' für die Atmosphäre einer bestimmten Zeit. Auch die Geschichte, die von ihrer böhmischen Köchin handelt (mit dem Hans als Quellenangabe), erhebt keinen Anspruch auf historische Richtigkeit, sondern lediglich darauf, eine gute Geschichte zu sein." [195]

Ilse Zeisel wird sich wohl darüber mockiert haben, dass ihr Bruder Hans, der Mitautor der Marienthal-Studie, in Torbergs *Die Tante Jolesch* zu merkwürdigen Ehren gelangt ist. Torberg schreibt, dass in der Familie seines „Freundes Hans Zeisel" ein „nicht wegzudenkendes Faktotum" namens Fanny als Köchin gearbeitet habe. Eine ihrer Eigenheiten war, dass sie unbedingt das letzte Wort behalten musste.

„Als ich einmal von einem längeren Spaziergang mit Freund Hans zu ihm nach Hause kam, antwortet Fanny auf die übliche Frage, ob in der Zwischenzeit etwas los gewesen sei:

‚Die Freilein Bademacher hat ang'rufen und laßt ausrichten, daß sie morgen nicht kommen kann.'

‚Dankeschön, Fanny,' sagte Hans. ‚Es ist mir sehr wichtig, das zu erfahren. Die Dame heißt übrigens Rademacher.'

Fanny zuckte die Achseln:

‚*Mir* hat's g'sagt Bademacher.'"

Torberg schickt den Anekdoten oft einen kommentierenden Satz hinterher. In diesem Fall schreibt er: „Von allen jemals behaltenen letzten Worten dürfte dieses das behaltenste sein." [196]

„Warum stellt er meinen Bruder in den Mittelpunkt einer Geschichte, an der aber schon gar nichts wahr ist?", könnte Ilse Zeisel zu Marietta Torberg gesagt haben. „In unserem Haushalt gab es keine rechthaberische Köchin namens Fanny." Und noch ein anderer Punkt wird ihr sauer aufgestoßen sein: „Die Dame, die angerufen hat, hieß Radermacher! Nicht Rademacher. Warum schreibt er den Namen falsch?"

Die Staatswissenschaftlerin Lotte Radermacher (geb. 1907, Sterbedatum unbekannt) war die Leiterin der „Österreichischen Wirtschaftspsychologischen Forschungsstelle" zum Zeitpunkt der Marienthal-Studie, wie mir Prof. Reinhard Müller mitteilt. Dass Lotte Radermacher irgendwann einmal bei Hans Zeisl anrief, ist das einzig Wahre an dieser Anekdote.

Torberg kann nur klein beigeben. Die Geschichte erhebe „keinen Anspruch auf historische Richtigkeit, sondern lediglich darauf, eine gute Geschichte zu sein."

Hans Zeisel, ein Co-Autor der Studie über die Arbeitslosen von Marienthal, und Franz Jolesch, der Industriellensohn, waren also Cousins. Friedrich Torberg hat beide gekannt. Hugo Sperber wiederum war mit der Familie Lazarsfeld befreundet, wir können davon ausgehen, dass er mit seinem Anwaltskollegen Dr. Robert Lazarsfeld und mit dessen Frau Sophie Lazarsfeld oft beisammen saß – deren Sohn Paul F. Lazarsfeld war ein anderer Co-Autor der Marienthal-Studie. Als Robert Lazarsfelds Schwiegersohn Friedrich Zerner 1934 festgenommen worden war, bemühten sich die zwei Anwälte, ihn freizubekommen. Das wissen wir aus dem Protokoll von Hugo Sperbers polizeilicher Einvernahme im Jahr 1934.

Es entsteht der Eindruck, dass sich Ilse Zeisel und Marietta Torberg schon in den Vereinigten Staaten kennenlernten. Wie gut Friedrich Torberg ihren Bruder Hans Zeisel kannte, lässt sich nicht mehr feststellen.

Jedenfalls war Hans Zeisel schon seit Jugendtagen mit Bruno Kreisky eng befreundet. Margit Schmidt, die langjährige Leiterin von Kreiskys Büros, erinnert sich, dass der Altbundeskanzler im Februar 1985 anlässlich einer Vortragsreise durch die Vereinigten Staaten seinen Jugendfreund Hans Zeisel und dessen Frau Eva in deren Wohnung in Chicago aufsuchte.

Margit Schmidt war auch Zeugin eines Treffens zwischen Bruno Kreisky, dem Ehepaar Zeisel und dem Atomphysiker Victor Weisskopf in einem Chicagoer Hotel – Weisskopf hatte so wie Robert Frisch am Manhattan-Projekt zum Bau einer Atombombe mitgewirkt.

„Diese Stunden in Chicago sind mir in besonderer Erinnerung – voll Lachen, Lebensfreude und positiver Energie“, erzählt Margit Schmidt. „Zeisel, Weisskopf und Kreisky waren ja schon etwas betagt, Kreisky war mit 74 der Jüngste, und doch spielten sie sich abwechselnd die Bälle zu und machten auf allerhöchstem Niveau geistreiche Witze.“

Nach Erscheinen der Anekdotensammlung *Die Tante Jolesch* meldeten sich also mehrere Mitglieder der weit verzweigten und in alle Himmelsrichtungen vertriebenen Familie Jolesch, um Torberg über diverse Tanten, die wirklich existiert haben, und deren Leben zu informieren. Dann gab es da auch noch die Witwe „des Neffen Franzl“, Kató Jolesch. Sie wohnte bereits seit einiger Zeit recht bescheiden in der Mahlerstraße 3, Tür 20.

Am 5. April 1975 schreibt sie Torberg. Soeben habe sie einen Anruf von einer Freundin bekommen, die ihr die „liebevollen Erinnerungen an den Franzl“ vorgelesen habe: „Ich bin ganz gerührt und will mich schön bedanken. Er hat Sie sehr geliebt. Jetzt kommt eine unbescheidene Bitte. Könnte ich als letzte Jolesch ein gewidmetes Exemplar vom liebsten Autor [er]bitten? Viel Glück und alles Liebe. Herzlichst Ihre Kató Jolesch.“ [197]

Torberg antwortet gleich am 7. April.[198] Jetzt geht er in die Offensive – um sich spätere Diskussionen zu ersparen. Kató Jolesch hat zu diesem Zeitpunkt das Buch ja noch nicht gelesen. „Liebe Kató, das war eine freudige Überraschung von Ihnen zu hören, und das gewünschte Widmungsexemplar geht mit gleicher Drucksachenpost an Sie ab. Sie werden übrigens merken, daß die Tante Jolesch kein Abbild der wirklichen ist, sondern eine symbolische Figur. Wirklich ist, was über den Franzl drinsteht. Ich bin glücklich, ihm und unserer Freundschaft auf diese Weise ein kleines Denkmal gesetzt zu haben. In den nächsten Tagen fahre ich auf eine Vorlesungstournee nach Deutschland, am 23. April lese ich hier im Konzerthaus. Vielleicht sehe ich Sie dort?“

Kató Jolesch konnte oder wollte die Lesung im Konzerthaus nicht besuchen. Inzwischen wird sie wohl das Buch gelesen und bemerkt haben, dass auch nicht alles wirklich ist, was über den Franzl drinsteht. So ist Franz Jolesch nicht kurz nach seiner Ankunft in Chile an den Folgen der KZ-Haft gestorben, wie Torberg schreibt – er hat sich dort eine neue Existenz aufgebaut, und zwar in der Textilfirma „Gentry“.

Natürlich hat Kató Jolesch gewusst, dass Torberg die Biografie ihres verstorbenen Mannes absichtlich verändert hat. Torberg hat ihr ja 1961 zum Tod von Franz Jolesch kondoliert, er wusste, dass sein Freund nicht kurz nach seiner Ankunft in Chile verstorben ist. Dennoch kann man verstehen, warum Torberg dieses Detail der Biografie umgeschrieben hat. Er wollte zeigen, dass Überlebende der Konzentrationslager oft recht bald an den dort erlittenen physischen und psychischen Wunden verstorben sind. Auch sie sind Opfer der Shoah.

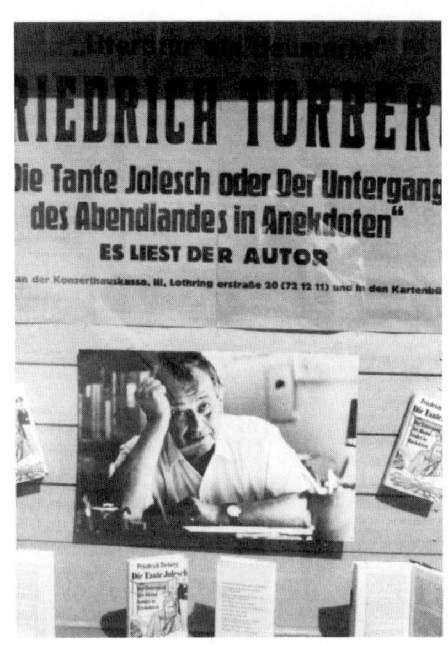

Hinweis auf eine Lesung Torbergs am 23. April 1975 im Konzerthaus, Schaufenster der ÖBV-Buchhandlung

Am Vormittag des 23. April schreibt Kató Jolesch an Torberg, warum sie nicht ins Konzerthaus kommen wird und trägt den Brief zum nicht weit entfernten Postamt in der Krugerstraße: „Ich wachte heute früh mit einem geschwollenen Gesicht auf, die Folge einer Wurzelbehandlung. So kann ich leider nicht zu Ihrem Abend gehen, was mir sehr leid tut. Meine Karte habe ich weitergegeben ...“

Wir nehmen noch einmal *Die Tante Jolesch* zur Hand und lesen die Einleitung. „Die Tante Jolesch, die dem Buch als Haupttitel voransteht, hat wie alle anderen, von denen hier die Rede sein wird, wirklich gelebt und hat – auch das gilt für alle anderen – die hier wiedergegebenen Aussprüche wirklich getan. Oder doch die meisten von ihnen. Den und jenen habe ich ihr wissentlich unterschoben, weil sie ihn getan haben *könnte*. Denn die Tante Jolesch war, um mit Christian Morgenstern zu sprechen, keine ‚Person im konventionellen Eigen-Sinn‘, sondern ein Typus.“ [199]

Um diesen Hinweis zu verstehen, müssen wir Christian Morgensterns Gedicht *Die Behörde* lesen. Es zählt zu den *Palmström-Gedich-*

ten. „Palmström reist, / mit einem Herrn v. Korf, / In ein sogenanntes Böhmisches Dorf" – aber nur des Reimes wegen. Dieser Herr von Korf ist die Hauptfigur in dem Gedicht *Die Behörde*.

Korf erhält vom Polizeibüro
ein geharnischt Formular,
wer er sei und wie und wo

Welchen Orts er bis anheute war,
welchen Stands und überhaupt,
wo geboren, Tag und Jahr.

Ob ihm überhaupt erlaubt,
hier zu leben und zu welchem Zweck,
wieviel Geld er hat und was er glaubt.

Umgekehrten Falls man ihn vom Fleck
in Arrest verführen würde, und
drunter steht: Borowsky, Heck.

Korf erwidert darauf kurz und rund:
„Einer hohen Direktion
stellt sich, laut persönlichem Befund,

untig angefertigte Person
als nichtexistent im Eigen-Sinn
bürgerlicher Konvention

vor und aus und zeichnet, wennschonhin
mitbedauernd nebigen Betreff,
Korf. (An die Bezirksbehörde in –)."

Staunend liest's der anbetroffne Chef (...).[200]

Das Gedicht könnte eine Fährte sein. Die Tante Jolesch ist „nichtexistent im Eigen-Sinn bürgerlicher Konvention". Sie ist ein Typus. Diesen Typus beschreibt Torberg gleich anschließend: „Fast in jeder der großen, vielgliedrigen, über Wien und Prag, über Brünn und Budapest, über die österreichische und die ungarische Reichshälfte verzweigten Familien gab es entweder eine Tante oder eine Großmutter, deren treffsichere, teils witzige und teils tiefgründige Aussprüche von der ganzen Verwandtschaft zitiert wurden."[201]

Friedrich Torbergs Tante Jolesch ist also ein Aufhänger für eine bestimmte Atmosphäre. Torberg räumt außerdem ein, dass er ihr „den einen oder anderen Ausspruch unterschoben" hat. Torbergs Briefpartner haben fleißig Pointen angeliefert – von Tanten und Großmüttern aus ihren eigenen Familien. Torberg hat dazu Geschichten erfunden oder übermittelte Geschichten abgewandelt. Diese haben eine so große Strahlkraft, dass es einem drängt, die Bezugsperson in der realen Familie Jolesch zu suchen.

Wenn Gisela Jolesch die Tante in Torbergs Buch wäre, dann hätte der Autor alle fundamentalen Lebensdaten dieser Person verändert. Er lässt sie 1932 in Wien zu Hause im Kreise ihrer Familie sterben, während sie in Wirklichkeit 1940 in Budapest in einem Sanatorium gestorben ist. Er zeichnet ihren Mann als eine blasse, nicht nennenswerte Person. In der Tat war Julius Jolesch ein überaus erfolgreicher Manager mit einem beachtlichen Einkommen.

Univ.-Prof. Dr. Roman Sandgruber schätzt, dass Julius Jolesch 1910 inklusive Nebentätigkeiten mehr als 30.000 Kronen Jahreseinkommen hatte. Zum Vergleich: Industriearbeiter verdienten zwischen 500 und 1.500 Kronen im Jahr, ein Mittelschulprofessor zwischen 2.000 und 3.000 Kronen, ein Ministerialrat 12.000 Kronen, ein Sektionschef etwa 20.000, ein Minister etwa 24.000 Kronen – bei einer überaus geringen Besteuerung des Gehalts. Die progressive Einkommenssteuer, die 1898 eingeführt wurde, stieg von 0,5 Prozent bis auf einen Grenzsteuersatz von 5 Prozent. Man möge sich in diesem Zusammenhang eine Szene aus Torbergs *Die Tante Jolesch* vorstellen: Gisela belächelt ihren Ehemann Julius Jolesch, weil er sich einen Überzieher schneidern lässt!

Torberg nennt seine Figur „die Tante Jolesch", er bemüht sich also gar nicht, sie genauer zu definieren, und verwendet die Verwandtschaftsbezeichnung „Tante" in Kombination mit einem Familiennamen, was ungewöhnlich ist. Normalerweise werden Tanten an Hand ihres Vornamens identifiziert; Franz Jolesch wird die Schwestern seines Vaters als „Tante Berta", „Tante Lotte" oder „Tante Ida" bezeichnet haben.

Aber gerade deswegen wird der Begriff „die Tante Jolesch" heute gern als Metapher verwendet. Als Joachim Riedl für den Ausstellungskatalog *Wien, Stadt der Juden* einen Untertitel suchte, wählte er *Die Welt der Tante Jolesch.* In dieser Ausstellung ging es um das breit gefächerte Spektrum des Wiener Judentums vom Untergang der Monarchie bis zum „Anschluss" 1938.

Einer meiner Lieblingsautoren ist Wolf Haas. In seinem Roman *Verteidigung der Missionarsstellung* finde ich eine Stelle, die mit unserem Thema in einem Zusammenhang steht: „Frei Erfundenes klingt in einem Roman oft überzeugender und realer als die aus der Realität entlehnten Geschichten. Selbsterlebtes oder Begebenheiten, die einem jemand aus dem wirklichen Leben erzählt hat, wirken oft krampfhaft originell und erfunden. Es hängt vielleicht einfach damit zusammen, dass sich erfundene Stoffe besser bearbeiten lassen, weil die Realität nicht den Erzählfluss stört."

Gilt das auch für Torbergs Buch? Die Anekdoten rund um die Tante Jolesch machen nur 11 von insgesamt 246 Seiten aus, aber sie werden landauf, landab zitiert und stellen die anderen 235 Seiten in den Schatten.

Besonders schön sind auch jene 17 Seiten geworden, in denen es um Hugo Sperber geht. Vielleicht, so denke ich mir jetzt, war es nicht so schlecht, dass Torberg im Kapitel „Räuber, Mörder, Kindsverderber ..." immer wieder Reales mit Erfundenem vermischt hat. Zu Beginn der Recherche hatte mich das geärgert.

Torberg bringt in beiden Kapiteln eine kurz gefasste und in sich geschlossene Lebensgeschichte; sie endet jeweils mit dem Tod des Protagonisten. Auch deshalb heben sich diese Seiten vom Rest des Buches ab.

Um die Frage zu klären, ob die Tante Jolesch wirklich gelebt hat, bitte ich David Axmann, Torbergs Biografen und Nachlassverwalter, um ein Interview. Wir wollen uns im Café Bräunerhof treffen. Hier wurden in den 1970er Jahren für den ORF-Film *Die Tante Jolesch* jene Szenen nachgestellt, die sich in der Zwischenkriegszeit im Café Herrenhof abgespielt hatten.

Wie haben Sie Friedrich Torberg kennengelernt?

Ich habe eine Dissertation über Karl Kraus geschrieben. Dabei bin ich auf Friedrich Torberg gestoßen, der ja Kraus noch persönlich gekannt hat. Ich wollte von ihm Eindrücke aus erster Hand erhalten.

Aus demselben Grund möchte ich Ihnen einige Fragen stellen. Aber bleiben wir noch beim Thema. Wie wird aus einem Dissertanten ein Biograf und ein Nachlassverwalter?

Ich bin in Torbergs Testament als möglicher Mitarbeiter bei der Nachlaßarbeit genannt. Nachdem die beiden vor mir Gereihten ausgefallen waren, begann ich zusammen mit Torbergs Witwe Marietta mit der Herausgabe des literarischen Nachlasses.

Wie war Torberg als Mensch?

Ich hatte von 1974 an persönlich mit ihm zu tun, also erst in den letzten Jahren seines Lebens, und das leider nicht sehr häufig.

Ich frage deshalb, weil ja die Medien oft ein verzerrtes Bild wiedergeben. Ich habe in den letzten Jahren seiner Kanzlerschaft für Bruno Kreisky gearbeitet, und wundere mich immer, wenn ich lese, er wäre griesgrämig und ungerecht gewesen – er war ein überaus angenehmer und verständnisvoller Chef.

Zu mir war Torberg immer hilfsbereit und freundlich. Aber von Marietta und anderen, die ihn gut gekannt haben, weiß ich, daß er auch grantig und zornig sein konnte.

Da er das Image eines „Kommunistenfressers" hatte, ist er politisch schwer einzuordnen. Milan Dubrovic charakterisierte ihn – und sich selbst – einmal so: „Er steht eher links mit Verständnis für rechts. Ich stehe eher rechts mit Verständnis für links."

Torberg war in der Zwischenkriegszeit ein überzeugter Sozialdemokrat. Später hat er auch Politiker anderer Parteien geschätzt, wenn sie seinen politischen Ansichten entsprochen haben, zum Beispiel Konrad Adenauer.

Aber da er in den 1970er Jahren für Kreisky Wahlempfehlungen in Inseraten abgegeben hat, wird er wohl sozialdemokratisch gewählt haben.

Das kann sein.

Friedrich Torberg und Bruno Kreisky waren oft unterschiedlicher Meinung, aber sie haben ihre Konflikte nicht in der Öffentlichkeit ausgetragen.

Torberg hat Kreisky als Politiker durchaus geschätzt, obgleich er dessen Entscheidungen nicht immer befürwortet hat. Was die Einstellung zum Judentum anlangt, war er bekanntlich anderer Auffassung. Aber kommen wir zur Sache. Sie haben in einem E-Mail angedeutet, dass Ihrer Meinung nach die Tante Jolesch gar nicht gelebt hat. Wie kommen Sie darauf?

Torberg schreibt in einigen Briefen, dass die Tante Jolesch nur eine Symbolfigur war.

Nein, so stimmt das nicht. Er schreibt im Geleitwort zu diesem Anekdotenbuch, dass die Tante Jolesch wirklich gelebt hat und dass sie für ihn später zu einer Symbolfigur geworden ist.

In einem Brief Torbergs an Bettina von Kahler aus dem Jahre 1944 hat diese Tante einen Großneffen namens Paul und der Onkel ist 72 Jahre alt.

Wer ist damit gemeint? Die reale Person oder die Symbolfigur? Im übrigen weise ich darauf hin, daß Torberg – so reich bestückt seine Erinnerung auch gewesen sein mag – hinsichtlich präziser Angaben von Namen und Jahreszahlen nicht grundsätzlich zu trauen ist.

(Ich zeige David Axmann den Stammbaum der Familie Jolesch): *Wir haben genau recherchiert, Gisela Jolesch kann nicht die Tante gewesen sein, da stimmt rein gar nichts überein ...*

... da gebe ich Ihnen recht.

Die acht Kinder von Samuel und Sofie Jolesch im Überblick

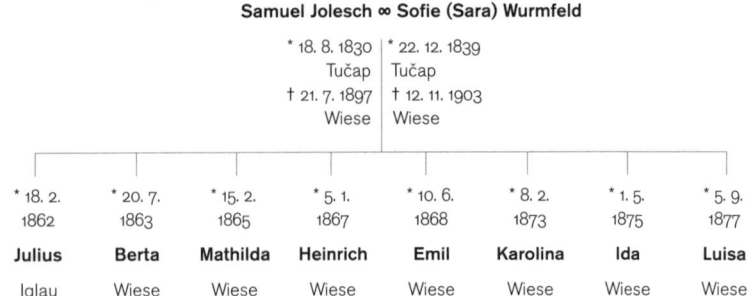

Samuel Jolesch ∞ Sofie (Sara) Wurmfeld

Samuel Jolesch	Sofie (Sara) Wurmfeld
* 18. 8. 1830	* 22. 12. 1839
Tučap	Tučap
† 21. 7. 1897	† 12. 11. 1903
Wiese	Wiese

* 18. 2. 1862	* 20. 7. 1863	* 15. 2. 1865	* 5. 1. 1867	* 10. 6. 1868	* 8. 2. 1873	* 1. 5. 1875	* 5. 9. 1877
Julius	**Berta**	**Mathilda**	**Heinrich**	**Emil**	**Karolina**	**Ida**	**Luisa**
Iglau	Wiese	Wiese	Wiese	Wiese	Wiese	Wiese	Wiese

Die einzelnen Kinder samt Ehepartnern und deren Schicksal

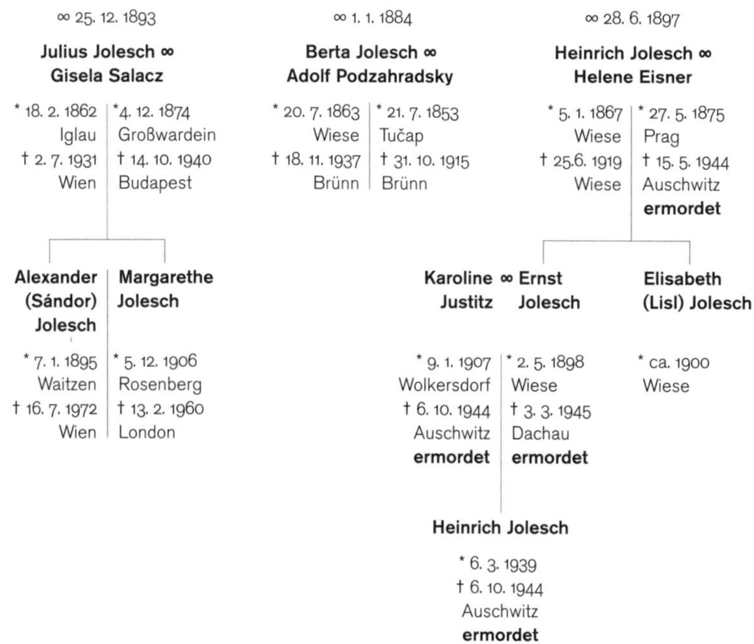

∞ 31. 10. 1897

Emil Jolesch ∞ Olga Zeisl

Emil Jolesch	Olga Zeisl
* 10. 6. 1868	* 18. 4. 1879
Wiese	Gablonz
† 20. 1. 1935	† ca. 1943
Wien	Rassiku, Estland
	ermordet

Franz Jolesch
(der „Neffe Franzl")

* 20. 12. 1898
Wiese
† ca. 1961
Santiago de Chile

∞ ?

Charlotte (Lotte)/Karolina Jolesch ∞ Dr. jur. Friedrich Lauer

Charlotte (Lotte)/Karolina Jolesch	Dr. jur. Friedrich Lauer
* 8. 2. 1873	ca. 1862
Wiese	?
† ?	† 18. 9. 1913
vermutl. Maly Trostinez bei Minsk	Trautenau
ermordet	

2. Ehe: 27. 10. 1918

Charlotte (Lotte)/Karolina Jolesch ∞ Eduard Singer

* 18. 1. 1865
Požega (Kroatien)
?
† nach Juni 1938

∞ ?

Ida Jolesch ∞ Dr. med. Samuel Dubsky

* 1. 5. 1875 Wiese | † 20. 1. 1935 Wiese

* 24. 1. 1865 Platz an der Naser (Böhmen) | † 8. 4. 1940

Auch die Schwestern von Emil Jolesch kommen nicht in Frage.

Wer weiß? Oder jemand anderer aus der weit verzweigten Familie Jolesch. Welche Beweise haben Sie, dass es die Tante Jolesch *nicht* gegeben hat?

Negativbeweise sind naturgemäß schwer zu erbringen. Gibt es ein Foto von der Tante Jolesch?

Das weiß ich nicht. In Torbergs Nachlaß gibt es jedenfalls keines.

(Ich zeige David Axmann die Buchklubausgabe von *Die Tante Jolesch*): *Halten Sie das Foto am Cover der Donauland-Ausgabe für authentisch?*

Nein. Es gibt allerdings Photographien von Franz Jolesch.

Ich kenne sie.

Wenn also Franz Jolesch existiert hat, was Sie ja nicht bezweifeln, und wenn Sie akzeptieren, daß er der Neffe der Tante Jolesch war, dann muss auch sie existiert haben.

Ich habe das Gefühl, Torberg will uns sagen: Die Tante ist eine rein literarische Figur. Dazu passt auch seine Bemerkung, dass die Tante Jolesch keine „Person im konventionellen Eigen-Sinn" war, wie es in dem Morgenstern-Gedicht „Die Behörde" heißt.

Dieses Zitat beweist doch nicht, daß die Tante Jolesch eine bloße Erfindung Torbergs ist. Nein, ich wiederhole, es ist so: Die Tante Jolesch hat wirklich gelebt und ist im Lauf der Zeit von Torberg zu einer Symbolfigur entwickelt worden.

Ich habe den Eindruck, dass Torberg ursprünglich ein Buch über Hugo Sperber schreiben wollte. In einem Brief an Justinian Frisch macht er sich schon Gedanken über die Kapiteleinteilung.

Buchumschlag der „Donauland"-Ausgabe von *Die Tante Jolesch*

Auch aus etlichen anderen Projekten, mit denen sich Torberg beschäftigt hat, ist nichts geworden.

Warum hat er sich eines Tages entschlossen, Die Tante Jolesch *zu schreiben? Oft liest man, er habe sich über das Buch* Der jüdische Witz *von Salcia Landmann so geärgert, dass er das Projekt in Angriff nahm. Wollte er deutlich machen, wie der jüdische Humor wirklich funktioniert?*

Der jüdische Witz ist schon 1960 erschienen. Torberg hat sich über das Buch sehr geärgert und seinem Zorn über die fundamentalen Defekte der Verfasserin in einer Rezension freien Lauf gelassen („‚Wai geschrien!' oder Salcia Landmann ermordet den jüdischen Witz"). Im übrigen sind Witze und Anekdoten etwas völlig Verschiedenes.

Darauf weisen wir hin.

Torberg hat in Gesprächen und Diskussionen, um eine Sache prägnant zu definieren, um ein Thema anschaulich zu erhellen, gern Anekdoten erzählt. Seine Freunde haben ihn immer wieder gedrängt: Bitte, schreib das auf, sonst wird es eines Tages vergessen sein! Und diesem Drängen hat er schließlich nachgegeben. Allerdings war es weder zu erwarten noch vorherzusehen, daß das Buch ein derart großer Erfolg sein würde.

Lassen Sie mich das Gespräch versöhnlich abschließen: Torberg hat es verstanden, die Anekdoten unterschiedlicher Herkunft zu einem harmonischen Ganzen zusammenzufügen. Dafür sind wir ihm dankbar, wir lesen sein Buch immer wieder mit großem Vergnügen.

Leider ist es uns in zwölf Monaten intensiver Recherchen nicht gelungen, die Tante Jolesch zu identifizieren. Wir konnten immerhin klären, dass die direkten Tanten von Franz Jolesch nicht in Frage kommen. Es kann jedoch irgendeine entfernte „Tante" gegeben haben, die in einem gewissen Maße Vorbild für Torbergs Figur war. Dieses Argument können und wollen wir nicht widerlegen.

Der tiefere Sinn einer Geschichte

In der Handschriftenabteilung finde ich im Nachlass Torberg eine Mappe mit dem Titel „Arbeitsmaterialien". Torberg hat offensichtlich vieles gesammelt, was ihm einmal von Nutzen sein könnte: Ausschnitte aus Zeitungen und aus Magazinen, und jede Menge persönlicher Notizen – als Schreibmaterial verwendete er kleine quadratische Merkzettel in verschiedenen Farben. Eine Systematik bei der Farbwahl ist nicht zu erkennen.

Ein Ausriss aus einer Zeitung mit der Überschrift *Eine jüdische Erzählung* springt mir ins Auge.[202] Der Name der Zeitung ist leider nicht vermerkt, es fehlt auch die Datumsangabe. Aber am Ende des Textes steht in Klammer „Gershom Scholem, Die jüdische Mystik". Es handelt sich also um einen Text des berühmten jüdischen Religionshistorikers. Der gebürtige Berliner wanderte in den 1920er Jahren nach Palästina aus und begründete die wissenschaftliche Erforschung der jüdischen Mystik und der Kabbala. Eines seiner Hauptwerke trägt den Titel *Die jüdische Mystik in ihren Hauptströmungen.*

Was ich jetzt zur Hand nehme und Zeile für Zeile mit großer Spannung lese, hat auch Torberg einmal gelesen. Und er hat es für wert befunden, in einer Mappe aufzubewahren. Vielleicht war es sogar der Anlass, mit Gershom Scholem in Briefkontakt zu treten. In dem von

David Axmann herausgegebenen Brief-Bänden findet sich auch eine Korrespondenz zwischen Torberg und Scholem. Der Text in der Zeitung hat mit unserem Thema zu tun.

„Wenn der Baal-schem etwas Schwieriges zu erledigen hatte, irgendein geheimes Werk zum Nutzen der Geschöpfe, so ging er an eine bestimmte Stelle im Walde, zündete ein Feuer an und sprach, in mystische Meditationen versunken, Gebete – und alles geschah, wie er es sich vorgenommen hatte. Wenn eine Generation später der Maggid von Meseritz dasselbe zu tun hatte, ging er an jene Stelle im Walde und sagte: ‚Das Feuer können wir nicht mehr machen, aber die Gebete können wir sprechen' – und alles ging nach seinem Willen. Wieder eine Generation später sollte Rabbi Mosche Leib aus Sassow jene Tat vollbringen. Auch er ging in den Wald und sagte: ‚Wir können kein Feuer mehr anzünden, und wir kennen auch die geheimen Meditationen nicht mehr, die das Gebet beleben; aber wir kennen den Ort im Walde, wo all das hingehört, und das muß genügen.' Und es genügte. Als aber wieder eine Generation später Rabbi Israel von Rischin jene Tat zu vollbringen hatte, da setzte er sich in seinem Schloß auf seinen goldenen Stuhl und sagte: ‚Wir können kein Feuer mehr machen, wir können keine Gebete sprechen, wir kennen auch den Ort nicht mehr, aber wir können die Geschichte davon erzählen.' Und – so fügte der Erzähler hinzu – seine Erzählung allein hatte dieselbe Wirkung wie die Taten der drei anderen". [203]

Im Buch *Die jüdische Mystik* findet sich der Hinweis Scholems, dass er diese Geschichte aus dem Munde des großen hebräischen Erzählers S. J. Aragon gehört habe. Mit dieser Geschichte schließt sein Buch.

Mit ihr soll auch dieses Buch schließen. Torbergs Anekdoten haben auf uns eine magische Wirkung ausgeübt. Sie haben uns dazu gebracht, die Geschichte von Menschen zu recherchieren, von Menschen, die schon beinahe in Vergessenheit geraten sind. Mit diesen Geschichten werden sie uns in Erinnerung bleiben – nicht nur sie, auch ihre Zeit.

Die Genealogie der Familie Jolesch und der Familie Sgalitzer/Sommer/Sperber

Georg Gaugusch hat die Stammbäume der Familien Jolesch und Sgalitzer/Sperber für uns erstellt und dabei jene platzsparende Darstellungsform gewählt, die Genealologen üblicherweise verwenden.Es handelt sich um einen Vorabdruck von zwei Kapiteln des noch nicht erschienenen zweiten Bandes von *Wer einmal war. Das jüdische Großbürgertums Wiens 1800–1938. L bis Z.* Der erste Band (A bis K) ist bei Amalthea lieferbar.

Samuel Jolesch, der Großvater von Franz Jolesch, war Wollhändler in Iglau. Er gründete in Wiese bei Iglau eine Wollspinnerei und Weberei und zog an den Fabriksstandort. Er heiratete Sofie/Sophie Wurmfeld. Das Ehepaaar hatte acht Kinder, eines starb bald nach der Geburt. Der älteste Sohn, Julius, ist noch in Iglau geboren, alle anderen Kinder in Wiese. Die älteste Tochter, Bertha, heiratete in die Familie Podzahradsky. Mitglieder der Familie Podzahradsky spielten in der Unternehmensgruppe eine nicht unbedeutende Rolle.

Die weit verzweigte Familie Sgalitzer/Sommer/Sperber stammte hauptsächlich aus Ungarn, nur Hugo Sperbers Großvater war in Mähren geboren. Hugo Sperbers Großmutter Babette Sgalitzer hatte sechs Kinder und drei Stiefkinder aus erster Ehe und sechs Kinder aus zweiter Ehe mit Julius Sommer. Dieser war Hugo Sperbers Großvater. Als Hugo Sperbers Vater Jakob starb, übernahm Georg Lewy, Ehemann von Sperbers Tante Aranka (Aurelia) Sommer, die Vormundschaft. Sperber hatte in Wien eine Kanzleigemeinschaft mit seinem Cousin und Rechtsanwalt Dr. Friedrich Sommer, genauer: Dr. Friedrich (Fritz) Paul Sommer.

Samuel **Jolesch**[1], Begründer der Firma *S. Jolesch*, Wollspinnerei und Weberei, in Wiese bei Iglau, geb. 18. August 1830 vermutlich in Tučap (Böhmen), gest. 21. Juli 1897 Wiese bei Iglau ... (begr. ... jüdischer Friedhof Pirnitz), verh. ... (...) mit Sofie (Sara) **Wurmfeld**, geb. 22. Dezember 1839 Tučap (Böhmen), gest. 12. November 1903 Wiese bei Iglau ..., ... (begr. 15. November 1903 jüdischer Friedhof Pirnitz), Tochter des Alexander b. Selig **Wurmfeld** und der am 6. Jänner 1878 zu Tučap im Alter von 76 Jahren verst. Anna **Pollak**. Acht Kinder:

A. Julius **Jolesch**[2], Generaldirektor der *Ungarischen Textil-Industrie* AG in Rosenberg und Wien, geb. 18. Februar 1862 Iglau No. 168 (Mähren), gest. 2. Juli 1931 Wien XVIII., Sternwartestraße 74 (Wohnort: I., Franz Josefs Quai 53), Herzbräune (Feuerbestattung am 6. Juli 1931 im Krematorium der Stadt Wien, die Urne wurde am 15. September 1931 auf dem Urnenhain beim Wiener Zentralfriedhof ML-3/1G beigesetzt), verh. 25. Dezember 1893 Wien[3] (IKG) mit Gisela **Salacz**, geb. 4. Dezember 1874 Großwardein (Ungarn), gest. 14. Oktober 1940 Budapest VII., Szövetség u. 14–16 (Wohnort: Budapest IV., Mária Valeria u. 4), Herzinsuffizienz (begr. ... Budapest, isr. Rákoskereszturer Friedhof 25/3/3), Tochter des am 2. August 1912 zu Rosenberg/Rózsahegy verst. praktischen Arztes in Budapest Dr. med. Siegmund **Salacz** und der am 7. November 1917 zu Wien verst. Fanny **Schwarz**[4]. Zwei Kinder:

1 Samuel **Jolesch** war der Sohn des Familianten in Tučap (Taborer Kreis, Böhmen) und späteren Wollhändlers in Neuhaus Wolf **Jolesch** und der am 27. September 1867 zu Wiese oder Pirnitz verst. und auf dem jüdischen Friedhof Pirnitz begr. Louise (Aloisia, Aloisie, Lea, Ludowika) T. Joseph **Pollak** aus Wscheraditz (Berauner Kreis, Böhmen). Eine Schwester des Samuel **Jolesch**, Eva (Eveline), heiratete am 20. Oktober 1858 in Neuhaus (IKG) den Handelsmanns und späteren Fabrikanten in Neuhaus Jakob **Adler** aus Wodokrt bei Nieder-Lukawetz (Pilsner Kreis, Böhmen). Eveline **Adler** starb im 75. Lebensjahre am 24. Jänner 1913 in Neuhaus, ihr Mann Jakob starb am 14. Februar 1901 im 70. Lebensjahre, beide liegen auf dem jüdischen Friedhof in Neuhaus begraben.

2 Seine Geburt wurde in das Geburtsbuch der röm.-kath. Pfarre Wiese bei Iglau (1854–1872) auf fol. 709 eingetragen.

3 Beistände: Dr. Eugen **Weinberger**, Advokat in Budapest und Dr. David **Podzahradsky**, praktischer Arzt in Wien.

4 Sie erscheint im Sterbebuch der IKG Wien und im Begräbnisprotokoll als Fanny **Schwarz** geb. **Salacz**, Witwe. Sie trat am 9. August 1892 aus dem Judentum aus und ließ sich 11. August 1892 in der Wiener Evang. Stadtpfarre AB taufen, ein Rücktritt zum Judentum konnte in Wien jedoch nicht nachgewiesen werden.

1. Alexander (Sándor) **Jolesch**, Ingenieur und Schriftsteller, geb. 7. Jänner 1895 Waitzen (Ungarn), gest. 16. Juli 1972 Wien XVI., ... (Feuerbestattung ..., die Urne wurde am 31. Juli 1972 auf dem Urnenhain beim Wiener Zentralfriedhof ML-3/1G beigesetzt), ledig.
2. Margarethe **Jolesch**[5], geb. 5. Dezember 1906 Rosenberg, Spinnfabrik (Rózsahegy Fonógyár, Komitat Liptó, Ungarn), gest. 13. Februar 1960 London, Charing Cross Hospital (Westminster; Wohnort: Seaford, Sussex, England), ... (...; begr. ...), verh. ... (...) mit Robert **Kronfeld**[6], Segelflugpionier in Wien und London, geb. 5. Mai 1904 Wien ... (Taufe 30. September 1908 Wien, Evang. Stadtpfarre AB), gest. 12. Februar 1948 bei Lasham, Flugzeugabsturz (Feuerbestattung am 17. Februar 1948 London, Golders Green Crematorium), Sohn des Dr. med. Robert **Kronfeld** und der Hedwig Emma **Deutsch**. (Ein Sohn).

B. Bertha **Jolesch**[7], geb. 20. Juli 1863 Wiese bei Iglau No. 83 (Mähren), gest. 18. November 1937 Brünn ... (begr. 21. November 1937 jüdischer Friedhof Brünn 22b/3/6), verh. 1. Jänner 1884 ... (...) mit Adolf **Podzahradsky**, geb. 21. Juni 1853 Tučap (Böhmen), gest. 31. Oktober 1915 Brünn, Ottgasse 30, Gefäßverkalkung (begr. 2. November 1915 jüdischer Friedhof Brünn 22b/3/5), Sohn des am 14. Jänner 1887 zu Tučap (Böhmen) verst. Kaufmanns in Tučap Veit **Podzahradsky** und der am 18. März 1898 im 74. Lebensjahre zu Tučap verst. Caroline **Wurmfeld**.

C. Mathilde **Jolesch**[8], geb. 15. Februar 1865 Wiese bei Iglau No. 83 (Mähren), gest. vermutlich als Kleinkind ... (begr. ...)

D. Heinrich **Jolesch**, Gesellschafter der Firma *S. Jolesch & Sohn* in Wiese bei Iglau, geb. 5. Jänner 1867 Wiese bei Iglau (Mähren), gest. 25. Juni 1919 Wiese bei Iglau ... (begr. 27. Juni 1919 jüdischer Friedhof Pirnitz), verh. 28. Juni 1897 Prag[9] (IKG) mit Helene **Eisner**,

5 Austritt aus dem Judentum 21. August 1933 Wien, ledig, I., Franz Josefs Quai 53.

6 Vgl. *The Times* vom 13. und 16. Februar 1948.

7 Ihre Geburt wurde in das Geburtsbuch der röm.-kath. Pfarre Wiese bei Iglau (1854–1872) auf fol. 719 eingetragen.

8 Ihre Geburt wurde in das Geburtsbuch der röm.-kath. Pfarre Wiese bei Iglau (1854–1872) auf fol. 719 eingetragen.

9 Beistände: Moritz **Eisner** und Julius **Jolesch**.

geb. 27. Mai 1875 Prag ..., am 16. Juli 1942 aus Prag nach Theresienstadt, von dort am 15. Mai 1944 nach Auschwitz deportiert und dort ermordet, Tochter des am 6. Jänner 1918 zu Prag verst. Moritz Salomon **Eisner** und der am 7. April 1925 zu Prag verst. Julie **Freund**. Zwei Kinder:

1. Ernst **Jolesch** [10], geb. 2. Mai 1898 Wiese bei Iglau (IKG Pirnitz), am 8. Februar 1942 aus Prag nach Theresienstadt, von dort am 1. Oktober 1944 nach Auschwitz deportiert und dort ermordet, verh. 2. August 1936 Wien [11] (IKG) mit Karoline **Justitz**, geb. 9. Jänner 1907 Wolkersdorf (Niederösterreich), am 8. Februar 1942 aus Prag nach Theresienstadt, von dort am 1. Oktober 1944 nach Auschwitz deportiert und dort ermordet, Tochter des Sigmund **Justitz** und der Zdenka geb. **Justitz**. Ein Sohn:
   a. Heinrich **Jolesch**, geb. 6. März 1939 ..., am 8. Februar 1942 aus Prag nach Theresienstadt, von dort am 1. Oktober 1944 nach Auschwitz deportiert und dort ermordet.
2. Elisabeth (Lisl) **Jolesch**, geb. ca. 1900 Wiese bei Iglau (Mähren), gest. ..., ...

E. Emil **Jolesch** [12], Kommerzialrat, Gesellschafter der Firma *S. Jolesch & Sohn* und Präsident der *Wirkwaren* AG in Budapest, geb. 10. Juni 1868 Wiese bei Iglau No. 83 (Mähren), gest. 20. Jänner 1935 Wien IX., Mariannengasse 20 (Wohnort: Wiese bei Iglau, Tschechoslowakei), Vergrößerung der Vorsteherdrüse (am 23. Jänner 1935 nach Pirnitz überführt und dort auf dem jüdischen Friedhof beigesetzt), verh. 31. Oktober 1897 Gablonz [13] (IKG) mit Olga **Zeisl**, geb. 18. April 1879 Gablonz an der Neiße, Haus No. 568 (Böhmen), am 23. Juli 1942 aus Prag nach Theresienstadt, von dort am 1. September 1942 nach Estland deportiert und am ... in ... ermordet, Tochter des am

10 Austritt aus dem Judentum 27. Juli 1919 Bezirkshauptmannschaft Iglau, Rücktritt zum Judentum von der Konfessionslosigkeit 26. Juni 1936 Wien, Kaufmann, VI., Mariahilferstraße 101.

11 Beistände: Camille **Eisner**, Direktor, Wien IX., Porzellangasse 22a und Sigmund **Justitz**, Lederhandlung, Wolkersdorf.

12 Seine Geburt wurde unter dem 12. Juni 1868 in das Geburtsbuch der röm.-kath. Pfarre Wiese bei Iglau (1854–1872) fol. 711 eingetragen.

13 Beistände: Josef **Zeisl**, Kaufmann in Gablonz und Julius **Jolesch**, Fabriksdirektor in Waitzen, Ungarn.

26. April 1918 zu Wien verst. Josef **Zeisl**[14] und der am 17. Februar 1933 zu Wien verst. Henriette **Lauer**[15] aus Frauenthal bei Deutsch Brod. Ein Sohn:

1. Franz **Jolesch**, Industrieller in Iglau, geb. 20. Dezember 1898 Wiese bei Iglau (IKG Pirnitz, Mähren), am ... aus ... nach Buchenwald deportiert, am ... dort befreit und ca. 1961 vermutlich in Chile verstorben, verh. **(1)** 7. Jänner 1927 Budapest[16] (StA für den 4. Bezirk, Ehe geschieden 9. September 1935 BG Iglau) mit Anna Louise **Gosztonyi de Abalehota**[17], geb. 6. März 1906 Wien ... (Taufe ... röm.-kath. Pfarre ...), gest. 4. Juli 1998 Wien ... (begr. 16. Juli 1998 Döblinger Friedhof 11/5/6; verh. **(1)** 10. August 1924 ... (..., Ehe geschieden ...) mit (Anton) Georg **Boschan**, geb. 21. November 1895 Wien II., Kaiser Josefstraße 37, am ... aus Budapest nach ... deportiert und in ... ermordet, Sohn des am 25. November 1937 zu Wien III., Untere Viaduktgasse 10 verst. Weingroßhändlers Franz **Boschan** aus Baja (Ungarn) und der Aranka **Weiss** aus Neutra; verh. **(3)** 7. Dezember 1937 Prag (...; Ehe geschieden ... 1954) mit Johannes (Hanns) **Eisler**[18], Komponist, geb. 6. Juli 1898 Leipzig ... (...), gest. 6. September 1962 Ost-Berlin ... (begr. ...), Sohn des Professors der Philosophie Rudolf **Eisler**[19] und der Maria **Fischer**; verh. **(4)** 22. September 1955 ... (...) mit Ernst **Fischer**[20], Schriftsteller und kommunistischer Politiker, geb. 3. Juli 1899 Komotau (Böhmen), gest. 31. Juli 1972 Prenning bei Deutsch Feistritz (Steiermark; Feuer-

---

14 Neben ihrer Tochter Olga und einem jung gestorbenen Sohn Hugo **Zeisl** hatte Josef **Zeisl** nur noch einen Sohn, den am 12. September 1875 zu Gablonz No. 568 (Böhmen) geborenen Wiener Rechtsanwalt Dr. jur. Otto **Zeisl**. Dieser heiratete am 15. Mai 1904 in Gablonz (IKG) Elsa **Frank**, geb. 23. August 1881 Gablonz No. 600, gest. ... März 1975 New York (USA, SSI), Tochter des Arztes in Gablonz Dr. med. Jakob **Frank** aus Amschelberg und der Auguste **Beck** aus Humpoletz. Das Paar hatte zwei Kinder, Ilse und Hans **Zeisl** (später **Zeisel**), die beide an der berühmten Studie über die Arbeitslosen von Marienthal des Soziologen Paul Felix **Lazarsfeld** mitarbeiteten.

15 Tochter des Moritz **Lauer** und der Josefa **Bondi**.

16 Beistände: Dr. Paul **Auer**, Budapest IV., Deak Ferenc tér 3 und Frau József **Kerekes** geb. Janka Árpássy, Budapest IX., Ferenc körút 6.

17 Vgl. den Nachruf in der Tageszeitung *Die Presse* vom 8. Juli 1998 p.25 und vor allem L. Eisler-Fischer: *Es war nicht immer Liebe* (2006), dort auch zu ihren drei Ehen.

18 Vgl. *Musik in Geschichte und Gegenwart* – Personenteil 6 (2001), Spalte 188–199, *Lexikon deutsch-jüdischer Autoren* 6 p. 201–208 (Familie **Eisler**).

19 Vgl. NDB 4 p. 421–422.

20 Vgl. *Biographisches Handbuch der deutschsprachigen Emigration* 1 p. 175–176.

bestattung ..., die Urne wurde am 31. August 1972 auf dem Urnenhain beim Wiener Zentralfriedhof 2/2/3/14 beigesetzt), Sohn des k. u. k. Obersten Josef **Fischer** und der Agnes **Planner von Wildinghof**[21]), Tochter des Julius (Gyula) **Gosztonyi de Abalehota**[22] (bis 9. Jänner 1906 **Gerstl**) und der Louise **Ruhmann**; verh. **(2)** ... (...) mit Katharina (Catalina) **Zahler**, geb. 8. Juli 1912 Kaschau (Ungarn), gest. 16. März 1989 Wien III., Rudolfspital (Wohnort: I., Mahlerstraße 3/5/20, ... (begr. 28. März 1989 Zentralfriedhof Wien 4. Tor 18a/36/26), Tochter des ... und der ...

F. Charlotte (Karoline, Lotte) **Jolesch**[23], geb. 8. Februar 1873 Wiese bei Iglau No. 83 (Mähren), am 28. November 1941 aus Wien I., Heinrichsgasse 4/10 nach Minsk deportiert und dort ermordet, verh. **(1)** ... (...) mit Dr. jur. Friedrich **Lauer**, Advokat in Trautenau, geb. ca. 1862 ..., gest. 18. September 1913 Altheide, Sanatorium (Preußisch Schlesien; Wohnort: Trautenau), ... (begr. 21. September 1913 jüdischer Friedhof Deutsch Brod), Sohn des ... und der ...; verh. **(2)** 27. Oktober 1918 Wien[24] (IKG) mit Eduard **Singer**, k. k. Baurat in Wien, geb. 18. Jänner 1865 Požega (Kroatien), gest. nach dem Juni 1938 ..., Sohn des Philipp **Singer** und der Louise **Bergmann**. Kinderlos.

G. Ida **Jolesch**[25], geb. 1. Mai 1875 Wiese bei Iglau No. 83 (Mähren), gest. 20. Jänner 1935 Wiese bei Iglau No. 49, Myodegeneratio cordis (begr. 22. Jänner 1935 jüdischer Friedhof Pirnitz, Familiengrab Dubsky), verh. ... (...) mit Dr. med. Samuel **Dubsky**, städtischer Arzt in Wiese bei Iglau, geb. 24. Jänner 1865 Platz an der Naser (Böhmen), gest. 8. April 1940 ... (begr. ... jüdischer Friedhof Pirnitz, Familiengrab Dubsky), Sohn des Handelsmanns in Platz Bernhard **Dubsky** und der Sophie T. Jakob **Löwy** aus Kalladay.

---

21 Vgl. WGT 7 (1935/36) p.126.

22 Austritt aus dem Judentum 11. November 1902 Wien, Kaufmann, verh., I., Elisabethstraße 6.

23 Ihre Geburt wurde in das Geburtsbuch der röm.-kath. Pfarre Wiese bei Iglau (1854–1872) auf fol. 709 eingetragen.

24 Beistände: Julius **Jolesch**, Generaldirektor, I., Franz Josefs Quai 53 und Wilhelm **Stöckler**, Fabrikant, I., Vorlaufstraße 4.

25 Ihre Geburt wurde in das Geburtsbuch der röm.-kath. Pfarre Wiese bei Iglau (1854–1872) auf fol. 710 eingetragen.

H. Louise **Jolesch**[26], geb. 5. September 1877 Wiese bei Iglau No. 83 (Mähren), gest. 27. Februar 1964 Wien IX., Privatklinik (Wohnort: I., Heinrichsgasse 4), ... (begr. 1. März 1964 Zentralfriedhof Wien 50/59/65, Familiengruft), verh. **(1)** 22. April 1900 Iglau[27] (IKG, eingetragen IKG Wien) mit Wilhelm **Stöckler**, Kommerzialrat, Seniorchef der Firmen *Wilhelm Stöckler* in Wien und *Stöckler & Co.* in Neupaka, Konsul der Tschechoslowakei in Wien, geb. 18. Februar 1866 Klein-Routka (Mähren), gest. 30. März 1934 Wien IX., Sanatorium Loew (Wohnort: I., Heinrichsgasse 4), Blinddarmoperation, Bauchfellentzündung (begr. 3. April 1934 Zentralfriedhof Wien 50/59/65, Familiengruft), Sohn des Alexander **Stöckler** (**Stekler**) und der Caroline **Alt**; verh. **(2)** ... (...) mit ... **Wynborne**, geb. ..., gest. ..., Sohn des ... und der .... (Nachkommen)

Quellen:

Neue Freie Presse (verfilmt): Todesanzeigen in den Ausgaben vom 16. Jänner 1887 (Veit **Podzahradsky**), 16. Februar 1901 (Jacob **Adler**), 13. November 1903 (Sofie **Jolesch** geb. **Wurmfeld**), 3. August 1912 (Dr. Siegmund **Salacz**), 21. September 1913 (Dr. jur. Friedrich **Lauer**), 31. Oktober 1915 (Adolf **Podzahradsky**), 8. November 1917 (Fanny **Schwarz-Salacz**), 27. April 1918 (Josef **Zeisl**), 26. Juni 1919 (Heinrich **Jolesch**), 4. Juli 1931 (Julius **Jolesch**), 18. Februar 1933 (Henriette **Zeisl**), 1. April 1934 (Wilhelm **Stöckler**).

Prager Tagblatt: Todesanzeigen in den Ausgaben vom 8. Jänner 1918 (Moritz **Eisner**), 10. April 1925 (Julie **Eisner** geb. **Freund**).

Tagesbote (Brünn): Todesanzeigen in den Ausgaben vom 19. November 1937 (Berta **Podzahradsky** geb. **Jolesch**).

Wiener Stadt- und Landesarchiv: Auskünfte aus den historischen Meldeunterlagen: MA8-B-MEP 7676-2012 vom 7. Dezember 2012

---

26 Ihre Geburt wurde in das Geburtsbuch der röm.-kath. Pfarre Wiese bei Iglau (1873–1892) auf fol. 767 eingetragen.

27 Beistände: Alexander **Stekler** und David **Wurmfeld**.

betreffend Margarethe **Jolesch**: Geboren 5. Februar 1906 Rybarpol, Tschechoslowakei, von 17. August 1933 bis 23. Jänner 1934 gemeldet in Wien I., Franz Josefs Kai 53/3/12 mit Abmeldevermerk *als verehelichte Kronfeld*, von 4. Juli 1935 bis 19. August 1935 in Wien I., Franz Josefs Kai 53/2/12 als Margarete **Kronfeld** geb. **Jolesch**, geb. 3. Februar 1906 Rybarpok, Tschechoslowakei (vorher London), abgemeldet nach London, von 20. Dezember 1936 bis 2. Februar 1937 und von 20. Jänner 1938 bis 14. Juni 1938 an der selben Adresse, dazwischen und nachher London, von 2. Juni 1951 bis 25. Jänner 1952 Wien III., Veithgasse 4/8, ordentlicher Wohnsitz: Seaford, Sussex, England mit Abmeldevermerk *im Sommer 1951 nach England*, vom 20. März 1952 bis 16. August 1953 Wien I., Seilerstätte 22/8, ordentlicher Wohnsitz: Innsbruck, mit Abmeldevermerk *vor Ostern nach England*.

MA8-B-MEP 7677/2012 vom 7. Dezember 2012 betreffend Alexander **Jolesch**: Geboren 7. Jänner 1895 in Vácz (Ungarn), mosaisch, ledig, ungarischer, dann tschechoslowakischer Staatsangehöriger, er erwarb 1956 mit Zahl MA61-J 83/4/56 die österreichische Staatsbürgerschaft, von 12. Juli 1946 bis 2. Dezember 1946 Wien VIII., Wickenburggasse 19/8 (vorher London), 3. Dezember 1946 bis ... IX., Währinger Straße 26/8, 22. Mai 1947 bis 22. Oktober 1948 Wien XVIII., Karl Beck-Straße 11/17 *amtlich abgemeldet*, von 2. Oktober 1947 bis 30. Dezember 1947 Wien VIII., Josefsgasse 7/9, abgemeldet nach Innsbruck, von 24. Jänner 1949 bis 30. September 1955 Wien I., Seilerstätte 22/8, vorher England, London W2, 15 Arthur Court Queensway, von 17. September 1953 bis 23. Oktober 1956 Wien XIII., Hietzinger Kai 5/9, von 20. Oktober 1955 bis 16. Juli 1972 Wien XVI., Haymerlegasse 28/1/1/29, gestorben am 16. Juli 1972 in Wien. MA8-B-MEP 7678/2012 und 7681/2012 vom 7. Dezember 2012 betreffend Julius **Jolesch** und seine Frau Gisela: Julius **Jolesch**, geb. 18. Februar 1862 Iglau, mosaisch, nach Vácz (Ungarn) heimatzuständig, Generaldirektor, von 1. Dezember 1909 bis 2. Juli 1931 gemeldet in Wien I., Franz Josefs Kai 53/3/12 (mitgemeldete Ehefrau Gisela, geb. 4. Dezember 1875 und Tochter Margit, geb. 5. Februar 1906). Julius **Jolesch** starb am 2. Juli 1931 in Wien. Gisela **Jolesch** geb. **Salacz**, geb. 4. Dezember 1875 Nagyvárad, Ungarn, mosaisch, tschechoslowakische Staatsangehörige, vom 24. Oktober 1932 bis 19. Mai 1938 Wien I., Franz Josefs Kai 53/3/12, dann nach Prag abgemeldet.

Leopold **Sgalitzer**, Kaufmann in Pest, geb. ca. 1803 Nagy Kanizsa (Ungarn), gest. 24. Mai 1868 Pest ... (begr. ... Pest, alter jüdischer Friedhof in der Waitzner Straße ...), verh. ... (...) mit Nanette (Netti, Anna) **Stern**[28], geb. ca. 1810 Nagy Kanizsa (Ungarn), gest. 11. September 1906 Wien II., Nestroygasse 8, Gehirnblutung (begr. 13. September 1906 Zentralfriedhof Wien 49/14/74), Tochter des am 25. Adar 5623 (16. März 1863) zu Nagy Kanizsa verst. Jakob Löb **Stern** und der am 18. Juli 1860 zu Nagy Kanizsa verst. Therese (Telza) **Morgenstern**. Sechs Kinder:

A. Julia **Sgalitzer**, geb. ca. 1830 Nagy Kanizsa (Ungarn), gest. 11. Jänner 1901 Budapest V., Nagykorona-utcza 11, ... (begr. 13. Jänner 1901 Budapest, isr. Rákoskereszturer Friedhof 2/35/30), verh. ... (...) mit Wilhelm **Sgalitzer**, Kaufmann in Pest, geb. ca. 1814 Nagy Kanizsa (Ungarn), gest. 20. Jänner 1871 Pest ... (begr. ... Pest, alter jüdischer Friedhof in der Waitzner Straße ..., am 1. Mai 1902 exhumiert und auf dem isr. Rákoskereszturer Friedhof 2/35/31 wiederbestattet), Sohn des ... und der ... (Nachkommen in Budapest).

B. Babette **Sgalitzer**, geb. ca. 1831 Nagy Kanizsa (Ungarn), gest. 26. September 1905 Baden bei Wien, Grabengasse 20, Lungenentzündung (begr. 28. September 1905 jüdischer Friedhof Baden bei Wien ...), verh. **(1)** ca. 1852 ... (...) mit Julius **Lichtenstern**, Großhändler in Pest, geb. ca. 1810 Kittsee (Ungarn), gest. 18. November 1858 Pest ... (begr. ... Pest, alter jüdischer Friedhof in der Waitzner Straße ..., am 23. Oktober 1906 exhumiert und in Budapest auf dem isr. Rákoskereszturer Friedhof 19/20/6 wiederbestattet; verh. **(1)** ... (...) mit Charlotte **Adler**, geb. ca. 1823 Szelőcse bei Neuhäusel (Kom. Neutra, Ungarn), gest. 9. Juni 1850 Pest ... (begr. ... Pest, alter jüdischer Friedhof in der Waitzner Straße ..., am 23. Oktober 1906 exhumiert und in Budapest auf dem isr. Rákoskereszturer Friedhof 19/20/6 wiederbestattet), Tochter des am 18. Jänner 1872 zu Pest im Alter von 86 Jahren verst. Großhändlers Adam **Adler** und der Johanna **Gratzer**), Sohn des ... und der ...; verh. **(2)** ca. 1860 ...

28 Ihr Bruder war der am 28. Dezember 1896 zu Budapest VII., Rombach-utcza 13 im Alter rund 86 Jahren verst. Großgrundbesitzer Bernhard **Stern**, der am 29. Dezember 1896 auf dem isr. Kerepeser Friedhof in der Familiengruft Rechts No. 18 beigesetzt wurde.

(...) mit Julius **Sommer**, Großhändler in Budapest, geb. ca. 1827 Raab (Ungarn), gest. 9. Dezember 1879 Budapest V., Göttergasse 19, ... (begr. 11. Dezember 1879 Budapest, isr. Kerepeser Friedhof, Rechts 46/4), Sohn des Kaufmanns in Raab Wolf **Sommer** und der Regine **Lichtenstern**. Sechs Kinder jeweils aus ihrer ersten und zweiten Ehe und drei Stiefkinder aus der ersten Ehe ihres ersten Mannes:

1. Hermine **Lichtenstern**, geb. 27. April 1846 Pest (Ungarn), gest. 14. Juni 1928 Budapest V., Wekerle Sándor u. 21, ... (begr. ... Budapest, isr. Kerepeser Friedhof, Gruft Links No. 9), verh. 5. Juni 1865 Pest (IKG) mit Ludwig (Lajos, Eliezer) **Adler**, Banquier und Verwaltungsrat zahlreicher Banken und Aktiengesellschaften in Budapest, geb. 6. März 1837 Wartberg (Ungarn), gest. 3. Februar 1927 Budapest V., Wekerle Sándor u. 21, ... (begr. ... Budapest, isr. Kerepeser Friedhof, Gruft Links No. 9), Sohn des Philipp **Adler** und der Anna **Kaufmann**. Zwei Söhne:
   a. Julius (Jehuda) **Adler**, geb. 13. Februar 1866 Pest (Ungarn), gest. 4. Juni 1886 Budapest V., Nagy Korona utcza 23, ... (begr. 6. Juni 1886 Budapest, isr. Kerepeser Friedhof, Gruft Links No. 9), ledig.
   b. Siegfried **Adler**, Bankdirektor in Budapest, geb. 20. Juni 1869 Pest (Ungarn), gest. ..., verh. 13. Februar 1897 Budapest[29] (StA für den 9. Bezirk) mit Melanie **Deutsch de Halom**, geb. 8. Dezember 1873 Pest (Ungarn), gest. ..., Tochter des Alexander (Sándor) **Deutsch de Halom** und der Anna **Schosberger de Tornya**. Eine Tochter:
      1.) Marie Charlotte **Adler**, geb. 18. August 1898 Budapest ..., gest. ..., verh. 14. März 1920 Budapest[30] (StA für den 5. Bezirk) mit Rudolf (Rezső) **Wahl**, geb. 8. März 1890 ..., gest. ..., Sohn des Béla **Wahl** und der Juliane **Guttmann**.

---

29 Beistände: Moriz **Adler**, Budapest V., Széchenyi u. 1 und Ferdinand Baron **Schosberger de Tornya**, Budapest V., Nádor u. 30.

30 Beistände: Josef **Halmy-Deutsch de Halom**, Budapest IV., Károly király út 8 und Ernst **Engel**, Budapest VI., Andrássy út 52.

2. Adolf (Abraham) **Lichtenstern**, geb. 17. März 1848 Pest (Ungarn), gest. 19. August 1874 Budapest ... (begr. ... Budapest, isr. Kerepeser Friedhof, Links 61/8), ledig.
3. Josephine **Lichtenstern**, geb. 22. Jänner 1850 Pest (Ungarn), gest. 3. Jänner 1922 Budapest V., Katona József u. 21, ... (begr. 5. Jänner 1922 Budapest, isr. Kerepeser Friedhof, Links 18/8), verh. 1. Dezember 1872 Pest (IKG) mit David Hermann **Spitzer**, Großkaufmann und Repräsentant der Pester Israelitischen Kultusgemeinde, geb. 12. Februar 1841 Pest (Ungarn), gest. 25. Mai 1908 Budapest V., Váczi körut 58, ... (begr. 26. Mai 1908 Budapest, isr. Kerepeser Friedhof, Links 18/7), Sohn des Joseph **Spitzer** und der am 11. Jänner 1896 zu Budapest-Altofen im 75. Lebensjahre verst. Franziska (Fanny) **Gottlieb**. (Nachkommen).
4. Eugenie (Jenni) **Lichtenstern**, geb. 16. Jänner 1853 Pest (Ungarn), gest. nach 1879 und vor 1905 ... (begr. ...), verh. 17. November 1872 Pest (IKG) mit Oswald **Kantor**, Agent in Budapest, geb. ca. 1841 ..., gest. 25. März 1925 Budapest VII., Amerikai út 11 (Wohnort: Budapest IV., Semmelweis u. 2), ... (begr. ... Budapest, isr. Rákoskereszturer Friedhof 17/11/17), Sohn des Samuel **Kantor** und der Hermine Österreicher. Kinderlos.
5. Sigmund **Lichtenstern** (seit 1890: **Nyari**), Privatbeamter in Wien, geb. 2. Jänner 1854 Pest (Ungarn), gest. 11. August 1929 Wien IX., Allgemeines Krankenhaus (Wohnort: IX., Porzellangasse 22), Rückenmarksentzündung (begr. 13. August 1929 Zentralfriedhof Wien 4. Tor 6/3/39), ledig.
6. Moriz (Muki) **Lichtenstern** (seit 1890: **Nyari**), Kaufmann, geb. 24. Februar 1855 Pest (Ungarn), gest. 4. August 1894 Baden bei Wien, Franzensring 19, Bright'sche Krankheit (begr. 6. August 1894 jüdischer Friedhof Baden bei Wien ...), ledig.
7. Emil **Lichtenstern** (seit 1890: **Nyari**), geb. 10. August 1856 Pest (Ungarn), gest. nach 1890 und vor dem 26. September 1905, ledig und kinderlos.
8. Gisela **Lichtenstern**, geb. 24. Oktober 1857 Pest (Ungarn), gest. 5. Mai 1933 Wien I., Gluckgasse 2, Herzlähmung (begr. 10. Mai 1933 Zentralfriedhof Wien 49/14/74), verh. 12. Oktober 1879 Budapest (IKG Pest) mit ihrem Onkel Ignaz **Sgalitzer**, Agent in

Wien, geb. ca. 1847 Nagy Kanizsa (Ungarn), gest. 23. Juli 1928 Wien XVIII., Spital der IKG (Wohnort: Wien IX., Porzellangasse 22), Lungenentzündung (begr. 25. Juli 1928 Zentralfriedhof Wien 49/14/74), Sohn des Leopold **Sgalitzer** und der Nanette **Stern**. Kinderlos.

9. Julius **Lichtenstern** (seit ... **Nyari**), Disponent in Wien, geb. 5. Juni 1859 Pest (Ungarn; *Posthumus*), gest. 19. April 1925 Wien IV., Krankenhaus Wieden (Wohnort: I., Hegelgasse 5), Hirnblutung (begr. 21. April 1925 Zentralfriedhof Wien 4. Tor 6/3/39), ledig.
10. Etelka (Ottilie) **Sommer**, geb. 24. April 1862 Pest (Ungarn), gest. 14. Jänner 1934 Wien XVIII., Spital der IKG (Wohnort: I., Rathausstraße 19), Lungenentzündung (begr. 17. Jänner 1934 Zentralfriedhof Wien 20/21/28), verh. 17. Februar 1884 Budapest (IKG Pest) mit Jakob **Sperber**, Fabrikant in Wien, geb. ca. 1847 Grodzietz bei Skotschau (Österr. Schlesien), gest. 12. Dezember 1895 Inzersdorf bei Wien, Feldgasse 1 (Wohnort: III., Radetzkystraße 9), Gehirnlähmung (begr. 15. Dezember 1895 Zentralfriedhof Wien 20/21/28), Sohn des Ökonomen Leopold **Sperber** und der Katharina **Böhm**. Zwei Söhne:
    a. Dr. jur. Hugo **Sperber**, Rechtsanwalt in Wien, geb. 26. November 1885 Wien ..., am ... aus Wien ... nach Dachau deportiert und dort am 16. Oktober 1938 ermordet (Wohnort: Wien I., Landesgerichtsstraße 20; Feuerbestattung im Krematorium ..., die Urne wurde am 4. November 1938 auf dem Zentralfriedhof Wien 20/21/28 beigesetzt), ledig.
    b. Friedrich (Fritz) **Sperber**, zuletzt Fähnrich im k. u. k. Ulanenregiment No. 3, geb. 14. August 1893 Baden bei Wien ..., gefallen am 17. Juli 1915 in Pohorlaz (Galizien; Wohnort: Wien I., Rathausstraße 19), Schußwunde (begr. ... Zastawna, Bukowina, am 23. November 1915 exhumiert und am 1. Dezember 1915 auf dem Zentralfriedhof Wien 20/21/28 wiederbestattet), ledig.
11. Jakob Isidor **Sommer**, geb. 27. Oktober 1863 Pest (Ungarn), gest. 14. Jänner 1864 Pest ... (begr. ... Pest, alter jüdischer Friedhof in der Waitzner Straße ...).

12. Berthold (Béla) **Sommer**[31], kommerzieller Direktor der *Schuckert-Werke* in Preßburg, geb. 27. Jänner 1865 Pest (Ungarn; Taufe 30. Juli 1895 röm.-kath. Pfarre ...), gest. 27. Dezember 1919 Preßburg ... (Wohnort: Baden bei Wien), Blinddarmentzündung (röm.-kath., begr. 19. Februar 1920 Baden, Stadtpfarrfriedhof ...), verh. 23. November 1895 Baden[32] bei Wien (röm.-kath. Stadtpfarre St. Stephan) mit Hermine (Mimi) Magdalena Mathilde **Bausek**, geb. 6. Mai 1874 Baden bei Wien (Taufe ... röm.-kath. Pfarre ...), gest. ... (begr. ...), Tochter des am 21. Jänner 1921 zu Baden verst. Advokaten Dr. jur. Ludwig **Bausek**[33] und der Hermine **Juller**. Ein Sohn:
   a. Dr. jur. Friedrich (Fritz) Paul **Sommer**, Rechtsanwalt in Wien, geb. 29. Juni 1896 Baden bei Wien, Frauengasse 8 (Taufe[34] 16. Juli 1896 Baden, röm.-kath. Stadtpfarre St. Stephan), gest. 27. April 1958 Wien XIV., ... (Wohnort: Baden bei Wien ...), ... (begr. ...), verh. **(1)** 24. Oktober 1920 Baden[35] (röm.-kath. Stadtpfarre St. Stephan, Ehe mit Urteil des BG Baden vom 22. Juli 1927 von Tisch und Bett getrennt und mit Beschluß des Amtsgerichts Baden vom 11. Oktober 1938 geschieden) mit Klara **Winternitz**, Hausbesitzerin in Baden bei Wien, geb. 15. April 1901 Wien ... (Taufe ...), gest. 6. September 1977 Graz ... (begr. ...), Tochter des Eduard **Winternitz** und der Emma verw. **Winternitz** geb. **Trenner**; verh. **(2)** 9. Juli 1945 Baden (StA Baden) mit ..., geb. ... (Taufe ...), gest. ..., Tochter des ... und der ...

13. Aranka (Aurelia) **Sommer**, geb. 22. Februar 1867 Pest (Ungarn), gest. 11. Februar 1935 Wien I., Hegelgasse 5, Herzfehler, Herzschwäche (begr. 13. Februar 1935 Döblinger Friedhof I-3/4/3), verh. 20. Februar 1887 Budapest (IKG Pest) mit Georg (Jonas) **Lewy**, Direktor der *Albert Hahn Röhrenwalzwerke* AG in Wien,

---

31 Vgl. den Nachruf in der *Badener Zeitung* vom 3. Jänner 1920 p. 3

32 Vgl. die Notiz im *Badener Bezirks-Blatt* vom 23. November 1895.

33 Vgl. den Nachruf in der *Badener Zeitung* vom 26. Jänner 1921 p. 2.

34 Taufpate: Dr. Ludwig **Bausek**, Advokat in Baden, Frauengasse 8.

35 Beistände: Dr. Franz **Eichberg**, Regierungsrat, Wien I., Rathausstraße 21 und Ludwig **Bausek**, Rittmeister a. D., Advokaturskonzipient, Baden, Frauengasse 8, vgl. auch die Notiz in der *Badener Zeitung* vom 23. Oktober 1920 p. 2.

geb. 8. November 1857 Valescahütte bei Sohrau (Oberschlesien, Preußen), gest. 8. März 1921 Wien I., Hegelgasse 5, Gefäßverkalkung (begr. 11. März 1921 Döblinger Friedhof I-4/3/4), Sohn des Siegfried **Lewy** und der Flora **Friedmann**. Eine Tochter:

a. Else **Lewy**[36], geb. 23. November 1887 Wien ..., am 9. September 1942 aus Drancy nach Auschwitz deportiert und dort ermordet, verh. 11. Februar 1912 Wien[37] (IKG) mit Willy **Schulhof**[38], Fabrikant, Gesellschafter der Firma *Schulhof, Reichwald & Co.* in Wien, geb. 23. Dezember 1886 Prag ..., am 9. September 1942 aus Drancy nach Auschwitz deportiert und dort ermordet, Sohn des am 17. März 1915 zu Wien IX., Althanplatz 8 verst. Ignaz **Schulhof** und der am 20. November 1933 zu Wien IX., Althanplatz 8 verst. Hanchen (Hedwig) **Heymann**. [1938: Wien IX., Althanplatz 8]. Zwei Söhne:

   1.) Erik Wilfried **Schulhof**, geb. 7. Oktober 1914 Wien ..., gest. 8. Jänner 1915 Wien IX., Mariannengasse 20, Bauchfellentzündung (begr. 10. Jänner 1915 Döblinger Friedhof I-2/4/3).

   2.) Heinz Ignaz **Schulhof**[39], geb. 12. Mai 1920 Wien ..., am 9. September 1942 aus Drancy nach Auschwitz deportiert und dort ermordet, ledig.

14. Olga **Sommer**, geb. 8. Dezember 1868 Pest (Ungarn), gest. 23. Dezember 1868 Pest ... (begr. ... Pest, alter jüdischer Friedhof in der Waitzner Straße ...).

15. Melanie **Sommer**, geb. 14. Dezember 1869 Pest (Ungarn), gest. 1. April 1932 Wien IX., Lazarettgasse 16 (Wohnort: IV., Mühlgasse 11), Krebs des Dickdarms (begr. 3. April 1932 Zentralfriedhof Wien 7/29/6), verh. **(1)** 16. März 1890 Wien[40] (IKG, Ehe mit dem Beschluß des k. k. BG Innere Stadt II vom 28. März 1905 für aufgelöst erklärt) mit Karl **Stern**, Kaufmann in Wien, geb. 16. April 1866 Wien ..., gest. ..., Sohn des Wilhelm **Stern** und der

36 Für tot erklärt, LG Wien, 48T 2951/1946 (betrieben durch Doris **Schulhof**).

37 Beistände: Georg **Lewy** und Ignaz **Schulhof**, Fabrikant, IX., Althanplatz 8.

38 Für tot erklärt, LG Wien, 48T 2950/1946 (betrieben durch Doris **Schulhof**).

39 Für tot erklärt, LG Wien, 48T 2949/1946 (betrieben durch Doris **Schulhof**).

40 Beistände: Wilhelm **Stern** und Oswald **Kantor**, Kaufmann in Budapest, Große Kronengasse 34.

Johanna **Herzfeld**; verh. **(2)** 8. April 1906 Wien[41] (IKG IX.) mit Richard **Konrad**, k. k. Rechnungsrevident, zuletzt Rechnungsdirekter im Bundesministerium für Verkehrswesen in Wien, geb. 10. Jänner 1863 Brünn ..., gest. 20. Jänner 1922 Wien IV., Mühlgasse 11, ... (begr. 23. Jänner 1922 Zentralfriedhof Wien 7/29/6), Sohn des Sigmund **Konrad** und der Henriette **Taussig**. Kinderlos.

C. Pauline **Sgalitzer**, geb. ca. 1839 Nagy Kanizsa (Ungarn), gest. 29. April 1928 Budapest VII., Hungaria körút 142, ... (begr. ... Budapest, isr. Rákoskereszturer Friedhof 40/19/11), verh. ... (...) mit Samuel **Sgalitzer**, Kaufmann in Pest, geb. ca. 1827 Nagy Kanizsa (Ungarn), gest. 23. April 1884 Budapest V., Adlergasse 5, ... (begr. 25. April 1884 Budapest, Kerepeser isr. Friedhof, Rechts 45/33), Sohn des ... und der ... (Nachkommen in Budapest)

D. Josef **Sgalitzer**, Kaufmann, zuletzt Vertreter der *Vereinigten Jutefabriken* in Wien, geb. 24. März 1842 Nagy Kanizsa (Ungarn), gest. 5. Oktober 1906 Wien III., Adamsgasse 5, Herzmuskelentartung (begr. 7. Oktober 1906 Zentralfriedhof Wien 49/14/85), verh. 18. Februar 1872 Wien[42] (IKG) mit Helene **Weill**, geb. 4. Jänner 1849 Bezdiekau bei Strakonitz (Böhmen), gest. 21. Februar 1876 Wien II., Lilienbrunngasse 11, Kindbettfieber (begr. 22. Februar 1876 jüdischer Friedhof Währing 6932, neu 19/204), Tochter des Fezfabrikanten in Neu-Strakonitz Markus **Weill** und der Rebekka (Rosalia) **Fleischl**. Zwei Töchter:

1. Melanie (Lili) **Sgalitzer**, Buchhalterin der *Albert Hahn Röhrenwalzwerke* AG in Wien, geb. 17. Juli 1874 Wien II., Lilienbrunngasse 11, gest. ... Juli/August 1953 New York ... (Wohnort: 79 Sherman Avenue, New York), ... (Feuerbestattung ..., die Urne wurde am ... in ... beigesetzt), verh. 29. August 1917 Wien[43] (Isr. Militärseelsorge) mit Dr. phil. Leo **Herland**[44], Journalist und Schriftsteller, geb. 3. August 1888 Wien ..., gest. ... Februar 1969 New York ... (Bronx, SSI; begr. ...), Sohn des Schirmer-

41 Beistände: Sigmund **Nyári**, Wien IX., Porzellangasse 22a und Emil **Konrad**, IX., Kolingasse 15.

42 Beistände: Daniel **Fleischl** und Julius **Sommer**.

43 Beistände: Eduard **Frischauer**, Redakteur, IX., Norbergstraße 12 und Sigmund **Herland**, Kaufmann, VII., Schottenfeldgasse 26.

44 Austritt aus dem Judentum 3. Oktober 1930 Wien, verh., III., Adamsgasse 5.

zeugers Süsche (Sigmund) **Herland** und der Marie **Steiner**. (Eine Tochter).

2. Helene Franziska **Sgalitzer** [45], Bundesbeamtin, Sekretärin an der Wiener Staatsoper, geb. 12. Februar 1876 Wien II., Lilienbrunngasse 11, am 6. Mai 1942 aus Wien VI., Gumpendorferstraße 5a/4 nach Maly Trostinec deportiert und am ... dort ermordet, ledig. [1935: Wien I., Hofburg, Leopoldinischer Trakt].

E. Ignaz **Sgalitzer**, Agent in Wien, geb. ca. 1847 Nagy Kanizsa (Ungarn), gest. 23. Juli 1928 Wien XVIII., Spital der IKG (Wohnort: Wien IX., Porzellangasse 22), Lungenentzündung (begr. 25. Juli 1928 Zentralfriedhof Wien 49/14/74), verh. 12. Oktober 1879 Budapest (IKG Pest) mit seiner Nichte Gisela **Lichtenstern**, geb. 24. Oktober 1857 Pest (Ungarn), gest. 5. Mai 1933 Wien I., Gluckgasse 2, Herzlähmung (begr. 10. Mai 1933 Zentralfriedhof Wien 49/14/74), Tochter des Julius **Lichtenstern** und der Babette **Sgalitzer**. Kinderlos.

F. Franziska (Fanny) **Sgalitzer**, geb. ca. 1847 Nagy Kanizsa (Ungarn), gest. 9. Juni 1867 Pest ... (begr. ... Pest, alter jüdischer Friedhof in der Waitzner Straße ...), verh. 28. Februar 1864 Pest (IKG) mit Emanuel **Kann**, geb. ca. 1832 Pest (Ungarn), gest. 24. Februar 1901 Budapest VI., Felső erdösor 1 (begr. 26. Februar 1901 Budapest, isr. Rákoskereszturer Friedhof 2/17/4; verh. **(2)** 29. April 1869 Pest (IKG) mit Ilka (Helene) **Breitner**, geb. ca. 1850 Pest (Ungarn), gest. 1. Juli 1930 Budapest V., Akadémia u. 18, ... (begr. ... Budapest, isr. Rákoskereszturer Friedhof 2/17/4), Tochter des am 20. Dezember 1874 zu Budapest im 69. Lebensjahre verst. Franz **Breitner** aus Balassagyarmat und der am 12. August 1885 zu Budapest im 73. Lebensjahre verst. Katharina **Schlesinger**), Sohn des am 25. Oktober 1871 zu ... verst. Simon **Kann** [46] und der am 10. Dezember 1844 zu Pest verst. Anna (Nanette, Ester) verw. **Reiss** geb. **Kittseer**.

---

45 Austritt aus dem Judentum 28. April 1934 Wien ..., ledig.

46 Simon **Kann** und seine Frau wurden beide am 3. Juni 1908 vom alten jüdischen Friedhof in Pest exhumiert und auf dem isr. Rákoskereszturer Friedhof 29a/6/57 wiederbestattet.

Quellen:

Neue Freie Presse (verfilmt): Todesanzeigen in den Ausgaben vom 13. Jänner 1889 (Rosalie **Sgalitzer** geb. **Perlgrund**), 4. August 1892 (Mathilde **Sgalitzer** geb. **Porges**), 6. August 1894 (Moriz **Nyari**), 14. Dezember 1895 (Jacob **Sperber**), 15. März 1898 (Samuel **Schlesinger**), 27. September 1905 (Babette **Sommer** geb. **Sgalitzer**), 21. September 1908 (Josef **Kraus**), 24. Jänner 1912 (Betty **Sgalitzer** geb. **Schlesinger**), 17. Jänner 1915 (Julius **Bellak**), 10. März 1921 (Georg **Lewy**), 22. Jänner 1922 (Richard **Konrad**), 21. April 1925 (Julius **Nyari**), 22. Jänner 1931 (Josefine **Bellak**), 4. April 1932 (Melanie **Konrad**), 21. November 1933 (Hedwig **Schulhof**), 17. Jänner 1934 (Etelka **Sperber** geb. **Sommer**).

Pester Lloyd: Todesanzeigen in den Ausgaben vom 10. Dezember 1879 (Julius **Sommer**), 13. August 1885 (Witwe Franz **Breitner** geb. Katharina **Schlesinger**), 5. Juni 1886 (**Adler** Gyula), 12. Jänner 1901 (özv. **Sgalitzer** Vilmosné szül. **Sgalitzer** Julia), 6. Dezember 1905 (**Rákosi** Sámuel), 25. Mai 1908 (D. H. **Spitzer**), 4. Jänner 1922 (özv. **Spitzer** D. H.-né szül. **Lichtenstern** Josefin).

Prager Tagblatt: Todesanzeigen in den Ausgaben vom 9. Juli 1891 (A. S. **Porges**), 11. Februar 1894 (Abraham **Fischel**), 18. November 1898 (Rebekka **Porges** geb. **Leipen**), 27. März 1900 (Therese **Fischel**), 18. Jänner 1903 (Sami **Brandl**), 23. September 1925 (Josefine **Brandl** geb. **Pollak**), 25. Dezember 1930 (Wilhelm **Adler**), 2. Februar 1931 (Laura **Adler**), 5. Dezember 1933 (Sabine **Heller**), 4. März 1936 (Ottilie **Sgalitzer**).

Országos Széchényi Könyvtár (Ungarische Nationalbibliothek): Partezettelsammlung (digitalisiert): Adam **Adler** (1872).

Magyar Zsidó Levéltár – Családkutató Központ (Family Research Center), Budapest VIII., Wesselényi utca 7: Pester Judenkonskription 1857, Band 1 p.109 Familie No. 551 (Julius **Lichtenstern** mit Familie, Leopoldstadt, Zwei Adlergasse No. 8).

Anhang

Anmerkungen

TJ bedeutet *Die Tante Jolesch*; ETJ bedeutet *Die Erben der Tante Jolesch.* Die Seitenangaben beziehen sich in beiden Fällen auf die erste hart gebundene Ausgabe und deren Nachdrucke. Die späteren Taschenausgaben haben andere Schriftgrößen und Seitenumbrüche, sodass die Seitenangaben für diese Ausgaben keine Relevanz haben.

Die erwähnten Autographen sind im Nachlass Torberg, Handschriftenabteilung der Österreichischen Nationalbibliothek, archiviert.

1 ETJ, S. 62
2 TJ, S. 208
3 TJ, S. 210
4 ETJ, S. 63
5 TJ, S.208
6 Elbogen, S. 175
7 Lehmann, S. 45
8 Lehmann, S. 103–104
9 Lehmann, S. 95
10 Lehmann, S. 133
11 Lehmann, S. 136
12 Lehmann, S. 102–103
13 Der Internet-Bericht basiert auf einem Beitrag von Erich Müller in: Kriminalpolizei, Nr. 6/7, 2004
14 Kurier vom 16. Mai 2004 und Kurier vom 24. Oktober 2004
15 TJ, S. 15
16 TJ, S. 25
17 ETJ, S. 16
18 Atze, S. 53
19 Axmann, S. 252
20 Axmann, S. 288
21 TJ, S. 208
22 FT, Kaffeehaus, S. 128–192
23 Kreisky-Archiv, Wien, Korrespondenz mit Mitarbeitern
24 Petritsch, S. 71
25 Kreisky, Zw. D. Z., 258
26 Petritsch, S. 193–194
27 Torberg, In diesem Sinne, S. 75
28 Axmann, FT 186
29 TJ, S. 224
30 Kreisky, Zw. d. Z., S. 196
31 Rede vom 5. Sept. 1981 in der Koppreiter Remise, Kreisky-Archiv
32 Müller, H.-H. S. 256
33 Neugebauer, Repressionsapparat, S. 303
34 Mündliche Informationen seines Enkels, Rechtsanwalt Dr. Johannes Hock
35 Safrian, S. 272
36 Sauer, S. 21
37 Band III, 1908
38 TJ, S. 195
39 Das jüdische Echo, Nr. 1, Sept. 1983, S. 113–115
40 Fischer, S. 245
41 Eisler-Fischer, S. 34
42 TJ, S. 15
43 Fischer, S. 246
44 Marschalek, Wr. Soz.pr., S. 455
45 Kreisky, Zw. d. Z., S. 243
46 Autogr. 1353/40-6
47 Autogr. 1353/19-3
48 Autogr. 1353/29-6
49 TJ, S. 21
50 Autogr. 1353/29-7
51 Autogr. 1353/46-4
52 FT, Kaffeehaus, S. 271
53 Autogr. 1553/51-2
54 Autogr. 1353/27-1
55 Autogr. 1353/44-1
56 Marschalek, S. 381
57 Brecht, Jüd. Frau, S. 61–62
58 Neugebauer: Das Standgerichtsverfahren, S. 374
59 TJ, S. 225
60 TJ, S. 225
61 Autogr. 1193/62-17
62 Kreisky-Archiv, Wien, private Korrespondenz, Box 61
63 Kreisky, Mensch im Mittelpunkt 79
64 ETJ, S. 94–96
65 Ringel, Seele, S. 10ff.
66 Ringel, Seele, S. 10
67 Ringel, Seele, S. 17
68 Sperber, Die Lüge, S. 6–7
69 Sperber, Die Lüge, S. 33–34
70 Sperber, Die Lüge, S. 52–53
71 Sperber, Todesgedanke, S. 41
72 TJ, S. 107
73 TJ, S. 107
74 TJ, S. 185–186
75 Torberg, Kaffeehaus, S. 45

76 Dubrovic: Vom Schüler Gerber zur ..., S. 21
77 Torberg, Kaffeehaus, S. 48–52
78 Torberg, Kaffeehaus, S. 52–56
79 Torberg, Kaffeehaus, S. 56–61
80 Autogr. 1193/60-7
81 Autogr. 1193/62-7
82 FT, Kaffeehaus, S. 60
83 FT, Kaffeehaus, S. 45
84 TJ, S. 185
85 Autogr. 1193/59-1
86 Autogr. 1193/62-2
87 Autogr. 1193/59-4
88 Autogr. 1193/62-10
89 Autogr. 1193/60-3
90 TJ, S. 220
91 Autogr. 1193/62-17
92 Beilage zu 1193/62-16
93 Autogr. 1193/62-17
94 Autogr. 1193/60-3
95 ETJ, S. 63
96 Autogr. 1193/59-9
97 Autogr. 1193/60-1
98 Autogr. 1193/60-3
99 Autogr. 1193/60-2
100 Autogr. 1193/60-5
101 Autogr. 1193/60-6
102 Autogr. 24.804-158
103 Autogr. 24.804-157
104 Autogr. 1354/38-1
105 Autogr. 1354-38-1
106 Autogr. 1354/38-2
107 Autogr. 1354/38-2
108 Tichy, S. 138 u. S. 150
109 Eisler-Fischer, Es war nicht immer, S. 36
110 http://vault.fbi.gov/Bertolt%20Brecht
111 Stephan, S. 119
112 Der Spiegel, 39/1997
113 TJ, S. 219–220
114 Siebauer, S. 174
115 ETJ, S. 64
116 Siebauer, Fußnote 98, S. 327
117 ETJ, S. 64
118 Lehmann, S. 45
119 Rocek, S. 363
120 ETJ, S. 65
121 Perutz-Nachlass, Deutsche Bibliothek, Frankfurt/Main
122 Personenlexikon Ö, S. 86
123 Autogr. 1193/59-4
124 Autogr. 1354/54-1
125 Beilage zu Autogr. 1354/54-1
126 TJ, S. 13
127 TJ, S. 20
128 TJ, S. 15
129 Autogr. 1195/69-1
130 TJ, S. 93
131 Autogr., 1195/68-1
132 Wienbibliothek, Torberg-Nachlass
133 Kunz, S. 23–24
134 Axmann, S. 217
135 Kreisky, Zw. d. Z., S. 243
136 Autogr. 24.804-103
137 TJ, S. 210
138 Autogr. 24.804-102
139 Autogr. 24.804-101
140 Autogr. 24.804-219
141 TJ, S. 308
142 Autogr. 24.804-181
143 Autogr. 24.804-8
144 TJ, S. 156–157
145 Autogr. 24.804-12
146 FT, Auch Nichtraucher, S. 82–83
147 Kreisky-Archiv, Wien, Reden, Box 20
148 Autogr. 24.804-4
149 Autogr. 24.804-3
150 TJ, S. 218
151 TJ, S. 15
152 Autogr. 1193/59-6
153 TJ, S. 28
154 TJ, S. 28–29
155 Kronberger, S. 99–105
156 TJ, S. 254
157 TJ, S. 257
158 TJ, S. 183
159 Axmann, S. 105
160 Axmann, S. 57
161 Kuh, S. 25–26
162 TJ, S. 17
163 TJ, S. 32
164 Jahoda, S. 33–34.
165 agso.unigraz.at
166 Zit. in Lehmann, S. 99
167 TJ, S. 186–187
168 TJ, S. 214
169 TJ, S. 212, 213
170 Autogr. 1193/59-6
171 Autogr. 1193/62-16
172 Autogr. 24.804-105
173 Autogr. 24.804-104
174 Lehmann, S. 262–263
175 Jochmann, S. 130
176 Jochmann, S. 278
177 Lehmann, S. 268–269
178 Lehmann, S. 271–272
179 ETJ, S. 184
180 Achleitner, S. 97–98
181 Thalberg, S. 37–38

182 Achleitner, S. 123
183 Autogr. 24.804-4
184 Marecek, S. 189
185 Marecek, S. 188
186 ETJ, S. 16
187 Autogr. 24.803-151
188 Autogr. 24.803-150
189 Autogt. 24.804-171
190 Autogr. 24.804-171
191 Autogr. 24.804-170
192 Autogr. 24.804-172
193 Autogr. 24.804-50
194 agso.unigraz.at
195 Autogr. 24.804-226.
196 TJ, S. 61
197 Autogr. 24.804-233
198 Autogr. 24.804-232
199 TJ, S. 10
200 Morgenstern, S. 79f.
201 TJ, S. 10
202 Autogr. 37.231-78
203 Scholem, S. 384

Editorische Notiz:

Die Rechtschreibung der Briefe wurde beibehalten, Fehler wurden stillschweigend ausgebessert. Wenn ein Brief offensichtlich auf einer Schreibmaschine verfasst wurde, die über keine Zeichen für ß und für Umlaute verfügte, so wurde die Schreibung von ß und ss nach den damals geltenden Rechtschreibregeln korrigiert und Umlaute wurden gesetzt.

Texte in eckigen Klammern sind Anmerkungen der Verfasser.

Literaturverzeichnis (Auswahl)

Achleitner, Friedrich: Österreichische Architektur im 20. Jahrhundert, Band III/1, Wien 1.–12. Bezirk, Salzburg 1990.

Adler, Alfred: Psychotherapie und Erziehung. Ausgewählte Aufsätze, Band III: 1933–1937, Frankfurt am Main 1983.

Adunka, Evelyn: Der deutschen Sprache letzter „Jud vom Dienst"; in: Atze, Marcel und Patka, Marcus G. (Hg.): Die „Gefahren der Vielseitigkeit". Friedrich Torberg 1908–1979. Katalog zur Ausstellung im Jüdischen Museum, Wien 2008, Seite 143–161.

Arnbom, Marie-Theres: „Ich bin so vielseitig, daß ich fürchte, ein ewig purzelnder, niemals Halt findender Greis zu werden. Friedrich Torberg – Kabarett und Film; in: Atze, Marcel und Patka, Marcus G. (Hg.): Die „Gefahren der Vielseitigkeit". Friedrich Torberg 1908–1979. Katalog zur Ausstellung im Jüdischen Museum, Wien 2008, Seite 25–57.

Atze, Marcel und Patka, Marcus G. (Hg.): Die „Gefahren der Vielseitigkeit". Friedrich Torberg 1908–1979. Katalog zur Ausstellung im Jüdischen Museum, Wien 2008.

Atze, Marcel: „Was von einem ganzen Lebenswerk bleibt". Friedrich Torbergs Prosatexte zwischen Produktion und Rezeption; in: Atze, Marcel und Patka, Marcus G. (Hg.): Die „Gefahren der Vielseitigkeit". Friedrich Torberg 1908–1979. Katalog zur Ausstellung im Jüdischen Museum, Wien 2008, Seite 25–57.

Axmann, David (Hg.): Und Lächeln ist das Erbteil meines Stammes. Erinnerung an Friedrich Torberg, mit Beiträgen von Klaus Maria Brandauer u. a., Wiener Journal, Wien 1988.

Axmann, David: Friedrich Torberg. Die Biographie, München 2008.

Beck, Fritz: Tartl und Zensa. Reich illustriert von Fritz Beck (Perlenreihe), Wien 1960.

Beckermann, Ruth: Die Mazzesinsel. Juden in der Wiener Leopoldstadt 1918–1938, Wien 1984.

Bergmann, Adolf: Die Klabriaspartie; in: Leitner Ulrike (Hg.): Schau'n Sie sich das an. Höhepunkte des österreichischen Kabaretts, Wien 2009, Seite 39–46.

Blei, Franz: Das große Bestiarium der Modernen Literatur, Hamburg 1995.

Brecht, Bertolt: Die jüdische Frau; eine Szene in: Furcht und Elend des Dritten Reiches, Edition Suhrkamp 392, Frankfurt am Main, 1970 [1] , Seite 59–65.

Bruckmüller, Ernst (Hg.): Österreich Lexikon, 3 Bände, Wien 2004.

Bruckmüller, Ernst (Hg.): Personenlexikon Österreich, Wien 2001.

Buttinger, Joseph: Das Ende der Massenpartei. Am Beispiel Österreichs, Frankfurt am Main 1972.

Czeike, Felix: XX Brigittenau, Wien–München 1981.

Coudenhove-Kalergi, Barbara: Zuhause ist überall. Erinnerungen. Wien 2013.

Dietrichstein, Egon: Bocksprünge des Lebens, Wien–Leipzig 1936.

Dietrichstein, Egon: Die Berühmten, Wien–Berlin 1920.

Dubrovic, Milan: Veruntreute Geschichte. Die Wiener Salons und Literatencafés, Wien–Hamburg 1985.

Dubrovic, Milan: Vom Schüler Gerber zur Tante Jolesch; in: Strelka, Josef (Hg.): Der Weg war schon das Ziel. Festschrift für Friedrich Torberg zum 70. Geburtstag, München–Wien 1978.

Eisler-Fischer, Louise: Es war nicht immer Liebe. Texte und Briefe (hg. von Maren Köster, Jürgen Schebera, Friederike Wißmann), Wien 2006.

Elbogen, Paul: Der Flug auf dem Fleckerlteppich. Wien–Berlin–Hollywood (hg. von Günter Rinke), Wien 2002.

Endler, Franz: Österreich zwischen den Zeilen. Die Verwandlung von Land und Volk seit 1848 im Spiegel der „Presse", Wien, München Zürich 1973.

Engelbrecht, Helmut: Geschichte des österreichischen Bildungswesens. Erziehung und Unterricht auf dem Boden Österreichs, Wien 1995.

Fischer, Ernst: Das Ende einer Illusion. Erinnerungen 1945–1955, Wien–München–Zürich 1973.

Gaugusch, Georg: Wer einmal war. Das jüdische Großbürgertum Wiens 1800–1938, A–K. Wien 2011.

Holmes, Deborah: Langeweile ist Gift. Das Leben der Eugenie Schwarzwald, St. Pölten, Salzburg 2012.

Hrabica Zdeněk, Svěrák Vlastimil: Cívky nad turbínou. 150 let textilního průmyslu v Lukách nad Jihlavou, Luka nad Jihlavou 2009.

Jahoda, Marie, Lazarsfeld, Paul F., Zeisel, Hans: Die Arbeitslosen von Marienthal. Ein soziographischer Versuch. Edition Suhrkamp 769, Frankfurt am Mai 1975.
Jánoska Antal, Horváth Ferenc: Zsugaléria. Képeslap és kártya a humor tükrében, Budapest 2012.
Jochmann, Rosa: Ein Kampf der nie zu Ende geht. Reden und Aufsätze (hg. von Hans Waschek), Wien 1994.
Kainz, Julius und Unterberger, Andreas: Ein Stück Österreich. 150 Jahre Die Presse. Wien 1998
Kisch, Egon Erwin: Mein Leben für die Zeitung. 1906–1925, Journalistische Texte 1, Gesammelte Werke, Bd. VIII. Berlin, Weimar 1983.
Kleinlercher, Alexandra: Zwischen Wahrheit und Dichtung. Antisemitismus und Nationalsozialismus bei Heimito von Doderer, Wien–Köln–Weimar 2011.
Koelbl, Herlinde: Jüdische Portraits. Photographien und Interviews, Frankfurt am Main 1989.
Kreisky, Bruno: Der Mensch im Mittelpunkt. Der Memoiren dritter Teil (hg. von Oliver Rathkolb, Johannes Kunz und Margit Schmidt), Wien 1996.
Kreisky, Bruno: Im Strom der Zeit. Der Memoiren zweiter Teil, Berlin 1988.
Kreisky, Bruno: Zwischen den Zeiten. Erinnerungen aus fünf Jahrzehnten, Berlin 1986.
Kronberger, Johann: Egon Erwin Kisch. Seine politische und literarische Entwicklung vom bürgerlichen Journalisten zum Schöpfer der literarischen sozialistischen Reportage, Dissertation Wien 1979.
Kronberger, Johann: Anatomie einer Anekdote. Egon Erwin Kisch und die Besetzung der „Neuen Freien Presse“; in: Publizistik Heft 1–2, Bremen 1978, S. 99–105.
Kuh, Anton: Luftlinien. Feuilletons, Essays und Publizistik, Wien 1981.
Kunz, Johannes: Ich bin der Meinung ... Kreisky in Witz und Anekdote, Wien–München–Zürich 1974 [3].
Lehmann, Klaus-Dieter (Hg.): Leo Perutz 1882–1957. Eine Ausstellung der Deutschen Bibliothek Frankfurt am Main, Wien–Darmstadt 1989.
Leitner Ulrike (Hg.): Schau'n Sie sich das an. Höhepunkte des österreichischen Kabaretts, Wien 2009.
Lötzsch, Ronald: Jiddisches Wörterbuch, Mannheim 1992 [2].
Maimann, Helene (Hg.): Über Kreisky. Gespräche aus Distanz und Nähe, Wien 2011.
Maimann, Helene und Mattl, Siegfried (Hg.): Die Kälte des Februar. Österreich 1933–1938, Wien 1984.
Marecek, Heinz: Das ist ein Theater. Begegnungen auf und hinter der Bühne, Salzburg–Wien–Frankfurt am Main 2002 [2].
Markus, Georg: Wenn man trotzdem lacht. Geschichten und Geschichte des österreichischen Humors, Wien 2012.
Marschalek, Manfred: Der Wiener Schutzbundprozess 1935; in: Stadler, Karl R. (Hg.): Sozialistenprozesse. Politische Justiz in Österreich. 1870–1936, Wien 1986, Seite 381–428.
Marschalek, Manfred: Der Wiener Sozialistenprozess 1936; in: Stadler, Karl R. (Hg.): Sozialistenprozesse. Politische Justiz in Österreich. 1870–1936, Wien 1986, Seite 429–490.
Mayr, Wolfgang, Sedlaczek, Robert, unter Mitarbeit von Kronigl, Roland: Das Große Tarockbuch, Wien, 2001.
Mayr, Wolfgang, Sedlaczek, Robert: Die Strategie des Tarockspiels, Wien, 2008 [3].
Mesner, Maria; Reiter, Margit; Venus, Theodor: Enteignung und Rückgabe. Das sozialdemokratische Parteivermögen in Österreich 1934 und nach 1945, Innsbruck 2007.
Morgenstern, Christian: Gedichte in einem Band, Frankfurt und Leipzig, 2009 [4].
Müller, Hans-Harald: Leo Perutz. Biographie, Wien 2007.
Müller Reinhard (Hg.): Mythos Marienthal. Blicke auf die Fabrik, die Arbeiterkultur und die Arbeitslosen, Innsbruck 2010.
Müller, Reinhard: Marienthal. Das Dorf – Die Arbeitslosen – Die Studie. Innsbruck–Wien–Bozen 2008.
N. N.: Dietrichstein in allen Lebenslagen, Wien 1918; Perutz-Nachlass in: Deutsche Nationalbibliothek, Deutsches Exilarchiv 1933–1945, Frankfurt am Main.
N. N.: Ungarische Textilindustrie Actiengesellschaft. Geschichte ihrer Gründung und Entwicklung dargestellt anläßlich des 50-jähr. Geschäftsjubiläums ihres Begründers und Präsidenten des Herrn Isidor Mautner, Leipzig „ca. 1918“.

Nägele, Hans: Hundert Jahre F. M. Hämmerle Baumwollspinnereien und Buntwebereien in Dornbirn. Ein Vorarlberger Textilwerk von 1836 bis 1936, Dornbirn 1936.

Nenning, Günther (Hg): „FORVM". Die berühmtesten Beiträge zur Zukunft von einst. Von Arrabal bis Zuckmayer, Wien–München 1998.

Neugebauer, Wolfgang: Das Standgerichtsverfahren gegen Josef Gerl; in: Stadler, Karl R. (Hg.): Sozialistenprozesse. Politische Justiz in Österreich. 1870–1936, Wien 1986, Seite 369–379.

Neugebauer, Wolfgang: Repressionsapparat und -maßnahmen1933–1938; in: Tálos, Emmerich und Neugebauer, Wolfgang (Hg.): Austrofaschismus. Politik, Ökonomie, Kultur 1933–1938, 2012 [6], S. 298–319.

Niederle, Helmuth A. (Hg.): Ernst Fischer. Ein marxistischer Aristoteles?, Sondernummer von Das Pult, Wien 1980.

Patka, Marcus G.: Egon Erwin Kisch. Stationen im Leben eines streitbaren Autors. Wien, Köln, Weimar 1997.

Patka, Marcus: Egon Erwin Kisch als Soldat. Zu seiner persönlichen und literarischen Entwicklung im Verlauf des Ersten Weltkriegs; Diplomarbeit, Wien 1989.

Palm, Kurt: Vom Boykott zur Anerkennung. Brecht und Österreich, Wien–München 1984 [2].

Perutz, Leo: Nachts unter der steinernen Brücke, München, 2011 [8].

Petritsch, Wolfgang: Bruno Kreisky. Die Biografie, St. Pölten–Salzburg 2011 [6].

Rathkolb, Oliver und Etzersdorfer, Irene: Der junge Kreisky. Schriften, Reden, Dokumente 1931–1945, Wien–München 1986.

Rathkolb, Oliver: Gespräch über Kreisky; in: Maimann, Helene (Hg.): Über Kreisky. Gespräche aus Distanz und Nähe, Wien 2011.

Riedl Joachim (Hg.): Wien, Stadt der Juden. Die Welt der Tante Jolesch, Katalog einer Ausstellung im Jüdischen Museum, Wien 2004.

Ringel, Erwin: Die Seele des österreichischen Autofahrers; in: Sedlaczek, Robert, Hanreich, Günther: Freiheit mit hundert PS. Der Österreicher und sein Auto, Seite 10–20.

Rocek, Roman: Die neun Leben des Alexander Lernet-Holenia. Eine Biographie, Wien, Köln, Weimar 1997.

Rosten, Leo: Jiddisch. Eine kleine Enzyklopädie, München 2002.

Sandgruber, Roman: Traumzeit für Millionäre. Die 929 reichsten Wienerinnen und Wiener im Jahr 1910, Wien–Graz 2013.

Safrian, Hans: Standgerichte als Mittel der Politik im Februar 1934 in Wien; in: Stadler, Karl R. (Hg.): Sozialistenprozesse. Politische Justiz in Österreich. 1870–1936, Wien 1986.

Sauer, Barbara und Reiter-Zatloukal, Ilse: Advokaten 1938. Das Schicksal der in den Jahren 1938 bis 1945 verfolgten österreichischen Rechtsanwältinnen und Rechtsanwälte, Wien o. J.

Scholem, Gershom: Die jüdische Mystik in ihren Hauptströmungen, Frankfurt am Main 1980.

Siebauer, Ulrike: Leo Perutz – „Ich kenne alles. Alles, nur nicht mich". Eine Biographie, Gerlingen 2001 [2].

Sindemann, Katja: Mazzesinselkochbuch. Kulinarische Streifzüge durch das jüdische Wien, Wien 2009.

Sperber, Hugo: Die Lüge im Strafrecht, Wien–Leipzig 1927.

Sperber, Hugo: Todesgedanke und Lebensgestaltung, Wien 1930.

Sperber, Manès: Alfred Adler oder Das Elend der Psychologie, Wien–München–Zürich 1970 [2].

Spiel, Hilde: Die hellen und die finsteren Zeiten. Erinnerungen 1911–1946, München 1989.

Stadler, Friedrich (Hg.): Vertriebene Vernunft II. Emigration und Exil österreichischer Wissenschaft, Wien–München 1988.

Stephan, Alexander: Im Visier des FBI. Deutsche Exilschriftsteller in den Akten amerikanischer Geheimdienste. Stuttgart 1995, Berlin 1998.

Streibel, Robert (Hg.): Eugenie Schwarzwald und ihr Kreis, Wien 1996.

Strelka, Josef (Hg.): Der Weg war schon das Ziel. Festschrift für Friedrich Torberg zum 70. Geburtstag, München–Wien 1978.

Tálos, Emmerich und Neugebauer, Wolfgang (Hg.): Austrofaschismus. Politik, Ökonomie, Kultur 1933–1938, 2012 [6n].

Thalberg, Hans J.: Von der Kunst, Österreicher zu sein. Erinnerungen und Tagebuchnotizen, Graz–Wien 1984n.

Tichy, Frank: Friedrich Torberg. Ein Leben in Widersprüchen, Salzburg–Wien 1995.
Torberg, Friedrich: Auch Nichtraucher müssen sterben. Essays – Feuilletons – Notizen – Glossen (hg. von David Axmann und Marietta Torberg), München–Wien 1985.
Torberg, Friedrich: Der Schüler Gerber hat absolviert (Titel der Erstausgabe 1930, später nur noch Der Schüler Gerber) Wien–Hamburg 1958.
Torberg, Friedrich: Die Erben der Tante Jolesch, München–Wien 1978.
Torberg, Friedrich: Die Tante Jolesch, München–Wien 1975.
Torberg, Friedrich: Hier bin ich, mein Vater, Stockholm 1948.
Torberg, Friedrich: In diesem Sinne ... Briefe an Freunde und Zeitgenossen. Mit einem Vorwort von Hans Weigel (hg. von David Axmann, Marietta Torberg und Hans Weigel), München–Wien 1981.
Torberg, Friedrich: Kaffeehaus war überall. Briefwechsel mit Käuzen und Originalen (hg. von David Axmann und Marietta Torberg), München–Wien 1982.
Torberg, Friedrich: Mein ist die Rache, Los Angeles 1942.
Tunner, Heinz: Biologie und Weltverbesserung. 1925 Die Affäre Kammerer; in: Riedl Joachim (Hg.): Wien, Stadt der Juden. Die Welt der Tante Jolesch, Katalog einer Ausstellung im Jüdischen Museum, Wien 2004, Seite 252–268.
Winter, Ernst-Karl: Christentum und Zivilisation, Wien 1956.
Wolf, Siegmund A.: Jiddisches Wörterbuch, Hamburg 1986 ^{2}.
Wrabetz, Peter: Österreichische Rechtsanwälte in Vergangenheit und Gegenwart, Wien 2008.
Wrabetz, Peter: Resonanz, Dr. Hugo Sperber; in: Österreichisches Anwaltsblatt, Mai 2005, Seite 246.
Wrabetz, Peter: Wer kannte Dr. Hugo Sperber?; in: Österreichisches Anwaltsblatt, Februar 2005, Seite 69–71.
Zeisel, Hans: Zeitzeuge; in: Stadler, Friedrich (Hg.): Vertriebene Vernunft II. Emigration und Exil österreichischer Wissenschaft, Wien–München 1988, Seite 328–331.
Zweig, Stefan: Die Welt von gestern. Erinnerungen eines Europäers. Stockholm 1944.

Abbildungsverzeichnis

Trotz intensiver Bemühungen konnten nicht alle InhaberInnen von Bildrechten ausfindig gemacht werden. Für entsprechende Hinweise sind die Autoren und der Verlag dankbar.

Personenregister

K

L

M

N

P

R

S

Aufgrund der häufigen Nennung sind Franz Jolesch und Hugo Sperber in diesem Register nicht enthalten.

Robert Sedlaczek
Wörterbuch des Wienerischen
320 Seiten, € 12.95
HAYMON taschenbuch 91
ISBN 978-3-85218-891-1

Wissen Sie, was es bedeutet, wenn jemand auf Lepschi geht? In einem Tschecherl einen alten Haberer trifft? Sich mit ihm auf ein Packl haut? Kennen Sie Wörter wie Brandineser, Gauch und Mezzie? Was versteht man unter gluren, fipseln, schmaucheln, tschinageln?

Robert Sedlaczek legt nach seinem erfolgreichen Wörterbuch der Alltagssprache Österreichs nun ein großes Wörterbuch des Wienerischen vor: Es enthält nicht nur die alten Ausdrücke, die schon beinahe in Vergessenheit geraten sind, sondern auch viele neue, erstmals dokumentierte Wörter wie Karottenballett, sich aufpudeln wie der Hustinettenbär, Armaturenschlecker, Schachtelwirt u. v. a.

Das Buch zitiert amüsante Textbeispiele aus Wienerliedern, aus Austropop-Schlagern, aus beliebten Kabarettprogrammen und vielem mehr. Als Draufgabe gibt es Informationen über die Wortherkunft – nach dem neuesten Stand der Wissenschaft. So wird das Wörterbuch des Wienerischen mit seinen mehr als 3.000 Stichwörtern zu einem unentbehrlichen Nachschlagewerk, das zugleich Wissen vermittelt und köstlich unterhält.

„Ein unverzichtbares Vademecum für alle, denen das Wienerische am Herzen liegt."
Der Standard, Christoph Winder

„Unentbehrlich, will man Wien und seine Bewohner verstehen."
Oberösterreichische Nachrichten

„Dieses handliche und preiswerte Wörterbuch ist allen Mundartfreunden zu empfehlen."
Wiener Sprachblätter, Heinz-Dieter Pohl

Robert Sedlaczek
Wörterbuch der Alltagssprache Österreichs
336 Seiten, € 12.95
HAYMON taschenbuch 73
ISBN 978-3-85218-873-7

Tauchen Sie ein in den Wortschatz der österreichischen Alltagssprache! Hier werden mehr als 2.500 Wörter und Redewendungen vorgestellt: von „jemanden buckelkraxen tragen" bis „ein Sprung in der Marille", von „das Amtskappl aufhaben" bis „in den Guglhupf kommen". Mit amüsanten Beispielen aus Schlagertexten, Kabarettprogrammen und Reden von Politikern. Und wenn Sie wissen wollen, woher ein bestimmtes Wort kommt – auch darüber gibt dieses Wörterbuch Auskunft. So stammt „Kramadanzen" aus der Ritterzeit „Nudelaug" ist von Mundl Sackbauer nicht erfunden, sondern nur verbreitet worden. Gleichermaßen sachlich wie unterhaltsam ist dieses Buch das ultimative Nachschlagewerk für Einheimische und „Zuagroaste" – schlichtweg für jeden, der die lebendige, authentische Sprache Österreichs kennenlernen will.

„So ein Wörterbuch lehrt, wie in ein und derselben Sprache das Unübersetzbare blüht."
Die Zeit, Franz Schuh

Robert Sedlaczek | Reinhardt Badegruber
Wiener Wortgeschichten
Von Pflasterhirschen und Winterschwalben
Mit Illustrationen von Reinhilde Becker
248 Seiten, gebunden
€ 14.90
ISBN 978-3-7099-7017-1

Das Wienerische zum Schmökern und Schmunzeln: Die Autoren erzählen Unterhaltsames und Wissenswertes über wienerische Ausdrücke und Wendungen – von ihrer Herkunft, ihrer genauen Bedeutung und ihrem Eingang in den Sprachgebrauch. Zitate aus Wienerliedern, Kabarettprogrammen und Kinofilmen sowie zahlreiche Anekdoten zeigen, wie heiter die Beschäftigung mit Sprache sein kann.

„Ein mitreißender Parcours ..."
FAZ, Helmut Mayer

www.haymonverlag.at

Teddy Podgorski
Geschichten aus dem Hinterhalt
168 Seiten, gebunden mit Schutzumschlag
€ 19.90
ISBN 978-3-85218-644-3

Die Fernseh-Legende Teddy Podgorski erzählt wahre und erfundene Geschichten, Erlebtes und Erdachtes, Geschichten, in denen das Komische und das Tragische nahe beisammen liegen. Mit ironischem Blick porträtiert er skurrile Gestalten und Sonderlinge: unter anderem einen Bestatter, der nicht verstehen kann, warum man sich in einem Raum voller Särge nicht wohl fühlen sollte, und der sich mit dem Bau seines eigenen Mausoleums ruiniert; einen ehemaligen Offizier, der auf dem Rücken der Pferde nicht nur alles Glück, sondern auch seinen Untergang findet; einen Mann, der im Wohnzimmer ein Segelflugzeug baut; und einen Oldtimer-Freak, der endlich sein lange gesuchtes Traumauto findet – allerdings wie ein Ikea-Möbel in alle Einzelteile zerlegt.

Podgorski mischt leichtfüßige Anekdoten und Geschichten voll schwarzem Humor und gibt so einen Einblick in die viel zitierte und oft missverstandene österreichische Seele. Dabei erweist Podgorski sich als begnadeter Erzähler, als liebevoller und scharfzüngiger Beobachter aus dem Hinterhalt – und als grandioser Entertainer.